Aura Godoy R.

Identificación y Evaluación del Diamante

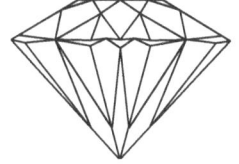

Queda Terminantemente prohibida la reproducción, total o parcial,
del texto o de las ilustraciones sin el permiso escrito de la autora

Aura Godoy
Caracas-Venezuela
IBSN: 980-07-1733-1
Diseño Gráfico: Chávez & López
Impreso por: Editorial Arte

Índice General

CAPITULO 1

El Mundo de las Gemas   13
1. Introducción   14
2. Definición de la gemología   14
3. Definición de mineral   14
4. Definición de gema   15
5. Clasificación de las gemas   16

CAPITULO 2

Evaluación del Diamante   17
1. Evolución de los sistemas de evaluación   18
   Sistemas de evaluación hoy
2. Los cuatro factores
   que determinan el precio   19
3. Uso de los cuatro factores
   para establecer el precio   20
   de los diamantes tallados

CAPITULO 3

Factor Color   21
1. Introducción   22
2. Color   22
3. El color y sus diferentes componentes   24
4. Terminología tradicional empleada
   en la clasificación de color de los diamantes   25
5. Escalas de clasificación de color modernas   28
6. Clasificación de color   31
7. Tipo de iluminación   32
8. Fluorescencia   33
9. Selección de diamantes
   para formar un patron de color   34
10. Procedimiento a seguir
    para clasificar el color de un diamante   35
11. Sumario del procedimiento
    de clasificación de color en los diamantes   39
12. Clasificación del color
    en diamantes engastados   40
13. Instrumentos empleados para la clasificación
    de color de los diamantes   41
14. Tratamientos para mejorar el color
    de los diamantes   42

CAPITULO 4

DIAMANTES FANTASÍA Y DIAMANTES
CON SATURACIÓN DE COLOR 45
1. Generalidades 46
2. Descripción del color
   en los diamantes fantasía 46
3. Variedad de colores
   de los diamantes fantasía 46
4. Evaluación del grado de saturación
   de color en los diamantes 48
5. Oferta y demanda
   de los diamantes fantasía 48
6. Precios de los diamantes fantasía 49
7. Diamantes con colorido artificial 50
8. Identificación de diamantes irradiados 52
9. Identificación de diamantes recubiertos
   con capas superficiales 53
10. El precio de los diamantes irradiados 53

CAPITULO 5

FACTOR PUREZA 55
1. Generalidades 56
2. Características de pureza 56
3. Diferentes escalas de clasificación
   de pureza más conocidas
   en la industria del diamante tallado 63
4. Nomenclatura usada en escalas
   de clasificación de pureza 65
5. Descripción del tipo de características
   que definen cada grado de pureza 65
6. Asignación del grado de pureza 67
7. Diagramación de inclusiones
   y símbolos usados en ella 71
8. Guía para hacer el diagrama de inclusiones
   de un diamante tallado 71
9. Símbolos empleados en un diagrama,
   usados en la G.I.A. y el Gemological
   Association of Great Britain 72

CAPITULO 6

EVOLUCIÓN DE LA TALLA DEL DIAMANTE 83
1. La talla del diamante 84
2. Evolución de los diferentes estilos de talla 84
3. Diferentes estilos y formas
   de la talla moderna 89
4. Partes que forman
   un brillante redondo moderno 91
5. La talla simple o talla 8/8 93

CAPITULO 7

PREPARATIVOS Y TALLA DEL DIAMANTE 95
1. Generalidades 96
2. Preparativos de la talla 96
3. Pulido automático del diamante 105

CAPITULO 8

PROPORCIONES
DE LA TALLA BRILLANTE REDONDO 107
1. Proporciones de las tallas brillantes redondos modernos 108
2. Elementos evaluados en el análisis de las proporciones de un brillante redondo 111
3. El Culet 112
4. Simetría 112

CAPITULO 9

ANÁLISIS DE LA CORONA DE UN DIAMANTE
CON TALLA BRILLANTE REDONDA 119
1. Mesa de un diamante talla brillante redondo 120
2. Métodos visuales para estimar el porcentaje de mesa de un brillante redondo 125
3. Determinación del porcentaje la mesa usando con el proporcionscopio 132
4. Ángulo de la corona 132
5. Métodos para determinar el ángulo de la corona 133
6. Altura de la corona de un diamante brillante redondo 137

CAPITULO 10

ANÁLISIS DEL CINTURÓN, PABELLÓN
Y CULET DE UN BRILLANTE REDONDO 139
1. Evaluación del espesor del cinturón 140
2. Evaluación del porcentaje de altura del pabellón 144
3. El culet 150
4. Cálculo del porcentaje de altura total de un diamante talla brillante redondo 151

CAPITULO 11

TERMINADO 155
1. Factores evaluados en el análisis del terminado 156

CAPITULO 12

EFECTOS DE LAS PROPORCIONES
EN EL VALOR DE UN DIAMANTE
TALLA BRILLANTE REDONDO 161
1. La importancia de las proporciones 162
2. Efecto que producen en el diamante tallado la variación de las proporciones "ideales" 161

	3. Desviaciones mas comunes de las proporciones de un brillante redondo	165
	4. Breve análisis de las desviaciones usadas para retener peso extra	166
	5. El porque del análisis de las proporciones de talla	170
	6. Categorías de talla	170
	7. Deducción de peso de acuerdo a la categoria de talla	171
CAPITULO 13	TALLA FANTASÍA MODERNA	173
	1. Talla fantasía	174
	2. Partes que forman un diamante talla fantasía	174
	3. Estilos de la talla fantasía	174
CAPITULO 14	ANÁLISIS DE LAS PROPORCIONES DE LAS TALLAS FANTASÍA	183
	1. Proporciones de las tallas fantasía	184
	2. Análisis de las proporciones de las tallas fantasía	184
	3. El atractivo de las formas de las tallas fantasía	196
	4. Los precios de las tallas fantasía	200
CAPITULO 15	EL FACTOR PESO EN LOS DIAMANTES - PESO, TAMAÑO Y DIMENSIONES	201
	1. Generalidades	202
	2. Unidades de peso empleadas en la Industria de las piedras preciosas	202
	3. Balanzas para pesar piedras preciosas	204
	4. Pesos y medidas	205
	5. Dimensiones requeridas para describir un diamante tallado	208
	6. Estimación del peso	210
	7. Fórmulas para estimar el peso de diamantes engastados	211
CAPITULO 16	DIAMANTES Y SUS IMITACIONES	217
	1. Generalidades	218
	2. Gemas sintéticas	218
	3. Métodos empleados en la síntesis de piedras preciosas	218
	4. El diamante sintético	222
	5. Imitaciones	224
	6. Identificación del diamante	229
	7. Procedimientos sugeridos para identificar un diamante tallado	236

CAPITULO 17

LAS ROCAS - FORMACIÓN DEL DIAMANTE — 239
1. Defición de roca — 240
2. Clasificación de las rocas — 240
3. Génesis del diamante — 243
4. La kimberlita — 245
5. Diferentes tipos de yacimientos o depósitos diamantíferos — 245

CAPITULO 18

EL MUNDO DEL CRISTAL — 251
1. Defición de mineralogía — 252
2. Definición de cristalografía — 252
3. Clasificación de las sustancias acorde a la estructura cristalina — 252
4. Cristaloquímica — 253
5. Cristalografía — 260

CAPITULO 19

HÁBITO Y FORMAS DEL DIAMANTE — 269
1. Hábito normal y otras formas externas comúnes — 271
2. Marcas de crecimiento en los diamantes — 273

CAPITULO 20

PROPIEDADES FÍSICAS DEL DIAMANTE — 275
1. Generalidades — 276
2. Composición química — 277
3. Propiedades físicas del diamante — 277
4. Exfoliación — 279
5. Fractura — 279
6. Tenacidad — 281
7. Peso específico o densidad relativa — 282
8. Otras propiedades físicas y químicas — 285
9. Clasificación de los diamantes tipo I y II — 287

CAPITULO 21

EL DIAMANTE Y LA LUZ — 291
1. Introducción — 292
2. La Luz — 292
3. Comportamiento de la luz al cambiar el medio — 296
4. Comportamiento de un rayo de luz que incide sobre la superficie de un diamante — 303
5. Ángulo crítico — 303
6. Talla y relación de ella con el escape de luz planificada en un diamante — 307
7. Transparencia — 307
8. Dispersión — 308
9. Brillo — 310
10. Titilación — 312

1
El Mundo de las Gemas

1. Introducción

Antes de iniciar nuestro recorrido a través del fascinante mundo de los diamantes, debemos definir el universo del cual forman parte y algunas de las características y propiedades generales de los luceros que lo integran.

2. Definición de la gemología

La Gemología es una rama científica de la Mineralogía, se ocupa del estudio de las gemas o piedras preciosas, a través de ella aprendemos a distinguir: las gemas naturales de las sintéticas[1] y de las imitaciones, los metales preciosos y sus diferentes aleaciones.

También se ocupa del reconocimiento de algunos materiales de origen biológico; perla, coral, ámbar, y de la evaluación de todas ellas, como de las creaciones que inspiran, las Joyas.

Los métodos de análisis de identificación de la gemología no pueden ser destructivos, no deben afectar los objetos analizados, las gemas generalmente ostentan precios muy altos.

3. Definición de mineral

Un mineral es un sólido homogéneo formado en la naturaleza, caracterizado por una composición química definida o variable y una posición y distribución generalmente ordenada de sus átomos, normalmente formado a través de procesos inorgánicos[2]. El hombre conoce alrededor de 2000 minerales, sólo 90 de ellos poseen la belleza requerida para ser llamados gemas y menos de 20 tienen marcada importancia en el mundo de las piedras preciosas.

(1): Gemas Sintéticas son aquellas piedras preciosas fabricadas por el hombre con composición química y características físicas y ópticas similares a las creadas por la naturaleza normalmente se identifica a través de las inclusiones que ellas presentan. Las inclusiones se definen como: todos aquellos imperfectos internos del cristal y los diferentes compuestos alojados dentro de ellos, los cuales pudieron formarse antes de la cristalización de la gema o durante su formación o crecimiento.

(2): Como excepciones se pueden citar el aragonito que constituye mayormente la concha de los moluscos y de las perlas que producen algunas ostras, es idéntico al que se forma a través de procesos inorgánicos, de igual manera, los lechos de carbón que fueron afectados por elevadas temperaturas, eliminaron los hidrocarburos volátiles y cristalizaron el carbón para formar grafito.

4. Definición de gema

Gemas son todos aquellos minerales o materiales de origen biológico que suelen usarse como adornos personales y poseen las siguientes características:

1. **Belleza**
2. **Durabilidad**
3. **Rareza**

1. **La belleza** de una piedra preciosa está relacionada estrechamente con sus propiedades ópticas, las cuales se manifiestan a través de la talla, sólo puede dársele el calificativo de gema a aquellos minerales que son bellos o que poseen belleza potencial, la cual se hará evidente con la talla, una gema es bella cuando tiene brillo fulgurante, mucha transparencia, intensidad de color, en la mayoría de las piedras preciosas o, ausencia de éste en el caso de algunos diamantes.

2. **La durabilidad** consiste en la propiedad que tienen las gemas de conservar su belleza a través del tiempo, no obstante el uso ordinario. Contempla tres factores:

a. Dureza
b. Tenacidad
c. Estabilidad Química y Estructural

Dureza: Es la resistencia de un mineral a ser rayado por otro, el diamante es el mineral de mayor dureza conocido.
Tenacidad: Es la resistencia de un mineral a romperse con facilidad, el diamante no es el mineral de mayor tenacidad.

Estabilidad Química y Estructural: Las piedras preciosas no sufren cambios químicos ni estructurales (generalmente), como ocurren con los metales que se oxidan y cambian.

3. **Rareza** es la característica más determinante para darle a un mineral el atributo de piedra preciosa, tiene gran efecto sobre el precio.

5. Clasificación de las gemas en especies, variedades y grupos

Las gemas son minerales, atendiendo a su composición química, estructura cristalina y propiedades físicas y ópticas que las caracterizan, se pueden clasificar en:

a. **Especies**
b. **Variedades**
c. **Grupos**

a. **Especies:** Es en sí, el tipo de mineral al cual pertenecen, por lo tanto, cada especie tiene una composición química definida, generalmente presentan una estructura cristalina característica y propiedades que las identifican, como ejemplo se puede citar el berilo.

b. **Variedades:** Son minerales gemas de una misma especie, sin embargo, a veces difieren en color, transparencias o fenómenos que presentan por ejemplo: (asterismo, la estrella que se forma en algunas gemas talladas en forma de cabuchón). La especie berilo se presenta en gemas de variados colores, cada color constituye una variedad de esta especie:

Verde: Esmeralda
Azul: Aguamarina
Amarillo: Berilo Dorado
Rosado tenue: Morganita

c. **Grupo:** Son minerales considerados casi como de una misma especie, con estructura cristalina y propiedades, similares, sin embargo, tienen ligeras variaciones en la composición química, como ejemplo se pueden citar los granates.

2
EVALUACIÓN DEL DIAMANTE

I. Evolución de los sistemas de evaluación y sistemas de evaluación de hoy

El diamante siempre ha sido sinónimo de riqueza, el poder económico que ellos confieren les ha demarcado un sitial de honor a través de la historia y en los diferentes tipos de sociedades.

Desde épocas remotas, aún antes de nacer el arte de la talla, el hombre fijó patrones que le permitieran determinar el precio de la gema. Estos patrones se basaban en el análisis de cuatro factores:

- Tamaño
- Pureza
- Color
- Forma del Cristal

Con la evolución de la talla, las proporciones y la apariencia final de la gema tallada se convirtieron también en otro factor relevante, sin embargo, no es sino hasta éste siglo cuando se cimentan las verdaderas bases de un sistema de evaluación amplio y preciso, no obstante, hasta los años 50 del siglo XX todavía no existía un sistema internacionalmente aceptado, los profesionales del ramo debían elaborar sistemas de clasificación acorde a sus necesidades, como consecuencia, la ambigüedad y diferencia de términos existentes en la industria carecía de la exactitud que requería éste comercio, por lo que la búsqueda de un sistema de evaluación mundialmente reconocido continuó. Hoy en día, se cuenta con sistemas de clasificación internacionales; en muchas ciudades del mundo existen laboratorios dotados de equipos sofisticados y personal especializado, han implantado patrones muy estrictos y precisos de comparación en los cuales, sutiles diferencias de las características intrínsecas de un diamante producen enormes cambios en los precios.

2. Los cuatro factores que determinan el precio de un diamante tallado

El precio de un diamante tallado, de acuerdo a los sistemas de evaluación de hoy, viene dado por cuatro factores (3 P-C)

a. **Pureza**
b. **Proporciones de talla**
c. **Peso**
d. **Color**

a. **Pureza**

Este factor analiza la presencia o ausencia de imperfectos externos e inclusiones en un diamante. Los sistemas de clasificación de pureza juzgan dichas características y asignan un grado en la escala de clasificación, de acuerdo a la ausencia o notoriedad de ellas.

El marcado efecto que tiene sobre el precio, el factor Pureza esta relacionado con el elemento "Rareza" (atributo imprescindible para que un cristal o material orgánico tallado sea considerado gema). Los cristales de diamante tipo gema no abundan y, mucho menos aquellos absolutamente puros, cuando la naturaleza se torna bondadosa y lega un cristal absolutamente puro, transparente, incoloro y de gran tamaño, lo convierte en una piedra preciosa asequible sólo a reyes y a clases sociales acaudaladas. Como vemos, es la rareza de este tipo de gemas, la que determina esos precios tan elevados.

b. **Proporciones de talla**

Este factor tiene gran importancia en la asignación del precio de un diamante tallado, debido a su incidencia sobre los otros tres factores y sobre la apariencia y belleza de la gema terminada. Va a depender someramente de la forma del cristal en bruto, del tamaño y las características intrínsecas de éste, sin embargo, es el tallista quien va a desempeñar el papel más importante ya que con sus conocimientos, pericia y técnica determina las proporciones requeridas por un estilo de talla, permitiendo aflorar en el diamante tallado toda la belleza escondida en él. Estas proporciones van a ser evaluadas de acuerdo a los "Patrones de Proporciones" establecidas por la industria de hoy, que no justifican retenciones de peso a expensas de la belleza y apariencia del diamante terminado.

c. **Peso**

Al igual que la pureza y el color, éste factor es determinante en el precio de un diamante tallado, gemas de gran tamaño generalmente no abundan, de nuevo la rareza eleva el precio.

d. **Color**

Este factor juzga la ausencia absoluta de tintes amarillos o marrones, así como la presencia de ellos en toda la variedad de rangos de tonos e intensidades aceptados en las escalas de clasificación de color de los diamantes, incoloros o casi incoloros (éstas no analizan diamantes sobre saturados de color, como son los diamantes "fantasía").

De nuevo, el elemento rareza establece el precio, diamantes totalmente incoloros tienen precios muy altos, especialmente si coinciden con una pureza absoluta y tamaños fuera de los rangos normales.

3. Uso de los cuatro factores para establecer el precio de los diamantes tallados

Una vez analizados los cuatro factores que inciden y determinan el valor de un diamante tallado, se puede obtener el precio con ayuda de los informes que publican periódicamente diferentes empresas internacionales del ramo, una de ellas es el "Rapaport Diamond Report" Estas publicaciones consisten en una lista de precios dadas en base al color, pureza y rangos de pesos de diamantes tallados, las gemas detalladas tienen las proporciones establecidas en los patrones de talla "ideal moderna". Estos informes son muy útiles para el profesional, le permiten determinar el precio de diamantes tallados en: tamaños que van desde los melee hasta los 6 quilates. Comenzando con las gemas totalmente incoloras "D" e incluyen las que presentan evidente tono amarillo "M". La pureza la inician con gemas absolutamente puras, hasta los grados muy incluidos o imperfectos; además muestran las tendencias de los precios en el mercado internacional del diamante.

3
FACTOR COLOR

1. Introducción

El color es uno de los factores de mayor incidencia sobre el precio de un diamante tallado, su importancia estriba en la rareza, al igual que la pureza y el tamaño.

La naturaleza no es prodiga al ofrecer sus tesoros, los escatima, es una forma de hacernos admirar las maravillas que produce.

El diamante no siempre es incoloro o de tenue tinte amarillo o marrón, también suele recrearnos con una gama de hermosos y exóticos colores denominados "Colores Fantasía".

El color en un diamante incoloro o con ligeros matices de amarillo o marrón, se define como la ausencia total o presencia de tonalidades tenues y variadas de amarillo y marrón.

La clasificación de color de un diamante tallado se hace en base a comparaciones de color de la gema analizada, con otras de color preestablecido, consiste en determinar, partiendo del absolutamente incoloro, las sutiles variaciones del tinte amarillo o marrón, hasta llegar a matices más evidentes que nunca alcanzan la saturación de color de los "diamantes fantasía". Estas sutiles diferencias de color, casi imperceptibles, tienen efectos muy marcados en los precios en especial en gemas grandes de grados óptimos de pureza y buenas proporciones de talla.

2. Color

La luz visible es una pequeña porción del espectro electromagnético, con longitudes de ondas muy cortas y otras muy largas, que van desde la onda más larga, la roja, de 7.000 Angström (Unidad de longitud equivalente a la cien millonésima parte de un centímetro 1/ 100.000.000) a través del naranja, amarillo, verde, azul hasta la onda más corta, la violeta, de 4.000 Angström. La luz blanca esta compuesta por todas las longitudes de ondas visibles. El color que observamos a nuestro alrededor resulta de la interrelación existente entre la luz, los objetos y nuestros ojos. Cuando la luz pasa a través de un objeto, este actúa como un prisma, la separa en todas las longitudes de onda que la componen, algunas de estas pueden ser absorbidas por el objeto dependiendo del tipo de material, los átomos que lo forman, la distribución de ellos y el tipo de enlace que los una, el color que percibimos será una mezcla del remanente de las ondas no absorbidas. Cuando no hay absorción de ondas, o muy poca, el objeto se percibe como blanco o incoloro, si la absorción de luz es casi total el objeto se verá negro, si es parcial y balanceada el color que veremos será gris, y, los diferentes colores saturados ocurren por la absorción de todas las longitudes de ondas menos la que produce dicho color.

Cuando la luz blanca incide sobre la superficie de una gema, una parte se refleja y otra se refracta dentro de la piedra, la luz reflejada y refractada tendrá el comportamiento de acuerdo a leyes ópticas definidas (ver capítulo 21), como consecuencia encontramos gemas incoloras y otras de variados colores.

Los diamantes tipo gema "Ideales" están constituidos en su totalidad por átomos de carbono, distribuidos en una red cristalina perfectamente uniforme, estos diamantes son totalmente incoloros. Durante el proceso de crecimiento y formación del diamante pueden incorporarse a nivel atómico, átomos de otros elementos químicos extraños a su composición química y estructura, en sí son átomos no de carbono, que van a quedar dentro de la red del cristal, se conocen más de 25 elementos químicos presentes como impurezas dentro de la red cristalina de los diamantes tipo gema, sin embargo, ellos representan solamente el 0,05 por ciento del peso del cristal. Aunque el efecto de la mayoría de ellos dentro de la estructura cristalina del diamante no ha sido bien esclarecida, si se sabe que la presencia de dos de ellos, nitrógeno y boro, son los responsables del color que exhiben aquellos diamantes que los contienen. La presencia de cualquiera de los dos produce una variación en la habilidad de absorción de las diferentes longitudes de ondas, cuando el nitrógeno reemplaza en ínfimas proporciones a los átomos de carbono, la gema comienza a absorber las longitudes de onda violeta y azul, por lo que se perciben con matices ligeramente amarillos y, sin son átomos de boro los que substituyen los de carbono, el diamante lo percibiremos con suaves matices de azul.

El color de los diamantes también puede producirse por distorsiones de la red cristalina, se cree que los colores rosado, rojo y marrón se deben a imperfecciones de ella.

Los diamantes de color verde ocurren por cambios dentro de la estructura atómica causado por radiaciones naturales de rocas radioactivas cercanas al sitio donde se hallaban las gemas. Otros colores ocurren por causa conjunta de los efectos que producen la presencia de elementos químicos distintos a los que caracterizan la composición química de la gema y por distorsiones de la red cristalina.

El tamaño del cristal, también puede afectar el color que percibimos, entre mayor sea el espacio que recorra la luz, mayor será el grado de absorción.

3. El color y sus diferentes componentes

Cuando se habla de color es necesario describirlo en base a sus tres componentes:

a. **Color**

b. **Tono**

c. **Saturación de color**

a. **Color** es la sensación que perciben nuestros ojos cuando observan la separación de la luz blanca o porción visible del espectro en todos sus componentes: rojo, naranja, amarillo, verde, azul, violeta y sus diferentes gradaciones.

b. **Tono** se refiere al matiz claro u oscuro que presenta un color variando desde el tinte incoloro hasta el negro.

c. **Saturación** indica la agudeza y cantidad de color puro que contenga el objeto y varía desde el gris neutro hasta los que alcanzan el máximo grado de saturación.

4. Terminología tradicional empleada en la clasificación de color de los diamantes

La terminología tradicional empleada en la clasificación de color, de los diamantes incoloros o casi incoloros, se basaba en términos ambiguos y poco precisos, correspondían a nombres de regiones, minas y a tipos de yacimientos de donde se extraían diamantes con tonalidades casi siempre de rangos parecidos, razones por las cuales se usaban como patrones para describir y comparar los diamantes que aparecían en el mercado.

Este tipo de términos y clasificaciones imprecisas carecía del grado de exactitud requerido por un tipo de industria que había alcanzado una dimensión internacional, caracterizada por normas estrictas y una organización absoluta en la producción y comercialización. Sin embargo, el mayor problema estribaba en el impacto que tiene sobre los precios, el factor color, donde sutiles diferencias de color en diamantes con tamaños superiores a los 0,50 quilates equivalen a cifras considerables de dinero.

Los términos más comunes usados para describir el color en los diamantes solían ser:

a. **Jager:** Se le daba este nombre a los diamantes incoloros con fluorescencia azul, debido a que la mayoría de los diamantes que se extraían de la mina Jagersfontein en Sudáfrica tenían estas características.

b. **River:** Se refería a diamantes incoloros y no fluorescentes, consideraban que los diamantes extraídos de los yacimientos de los ríos eran más incoloros que los de las chimeneas diamantíferas.

c. **Wesselton:** Describía diamantes con tintes muy tenues; la producción de la mina Wesselton en África del Sur, se caracterizaba por producir diamantes en éste rango de color, se les consideraba superiores en color a los diamantes que normalmente se extraían de otras minas.

d. **Cape:** Describía diamantes con marcado tinte amarillo, color que caracterizaba a los diamantes extraídos de los depósitos de Sur África, solían tener tintes más amarillos que los cristales producidos en Brasil.

e. **Premier:** Se usaba para describir diamantes de tinte amarillento y fuerte fluorescencia azul, que daba a las gemas una apariencia ligeramente nublada (como aceitosa), la mina Premier, en Transvaal, Sur África, producía diamantes con éstas características.

F. **Golconda:** Este término era usado para describir diamantes excepcionalmente transparentes e incoloros. Golconda era un antiguo reino de la India, en éste sitio se hallaban las explotaciones diamantíferas de la antigüedad.

Es evidente que estos términos no podían tener consistencia en las descripciones o clasificaciones de color, las tonalidades de color varían independientemente del lugar de origen o tipo de yacimiento.

Otro tipo de clasificación de color consistía en escalas basadas en números o letras, se complicaban cuando se quería describir o mejorar la clasificación. Podían empezar en 1 ó con la letra A, nunca tuvieron un uso universal. Otros términos comunes y poco exactos eran los que describían los colores: "Blanco-Azul", "Blanco", "Blanco Comercial". Entre los tallistas y comerciantes del ramo existían términos no muy exactos, ya que el significado podía variar, sin embargo eran bastante aceptados, éstos eran:

Blanco Azul	Blue White	
Blanco Optimo	Finest White	
Blanco Bueno	Fine White	
Blanco White		
Blanco Comercial	Commercial White	
Top Silver Cape	Línea divisoria de los incoloros y los que presentan tinte amarillento casi imperceptible	Marrón muy tenue Fine Light Brown
Silver Cape	Tinte amarillo muy tenue	Marrón tenue
Light Cape		Fine Light Brown
Cape	Tinte amarillo tenue	Light Brown
Cape Oscuro	Tinte amarillo muy evidente	Marrón Oscuro Dark Brown

Después de este debacle de terminología, los esfuerzos de la industria finalmente lograron la implementación de sistemas de clasificación de color de interpretación universal, consisten en escalas con términos precisos, integradas por diferentes grados, cada uno de estos describe un rango o gama de color.

Los norteamericanos fueron los primeros en establecer un sistema universal para las normas sobre color.

El sistema de clasificación del color de la A.G.S., consiste en una escala comparativa de color, en la cual se determina la ausencia o diferentes tonalidades que presenta un diamante, comienza con el grado incoloro y termina con gemas de evidente tinte amarillo. La nomenclatura usa números que van desde el O hasta el 10.

La escala de clasificación de la G.I.A. es la más usada a nivel internacional. Comenzó a ser empleada desde mediados del siglo XX, define una secuencia de colores que van desde el incoloro hasta los colores fantasía. El Juego de diamantes patrones que usa fue seleccionado por el Gem Trade Laboratory de la G.I.A., y consiste en una secuencia completa de colores que abarca los absolutamente incoloros hasta los que tienen tal intensidad de color que pueden clasificarse como colores fantasía. La clasificación de color, lo que evalúa, es la saturación de color del diamante y no el tipo de color, razón por la cual también pueden analizarse diamantes de color marrón. El grado del color lo determina el nivel de saturación de color que posee el diamante en estudio.

5. Escalas de clasificación de color modernas

Diferentes escalas de clasificación del color usadas en la industria moderna

C.I.B.J.O.B.*	GIA	AGS.*	SCAN D.N. -0,50qt	scan d.n. +0,50qt	UK*
Blanco Excepcional +	D	0	Rarest White	River	Rarest Finest White (Blue White)*
Blanco Excepcional	E	0	Rarest White	River	
Blanco Extra +	F	1	White Wesselton	Top Fine White	
Blanco Extra	G	2	White	Top Wesselton	Fine White
Blanco	H	3	White	Wesselton	White
Blanco con muy tenue tinte amarillento casi imperceptible	I	4	Tinted	Top White	Commercial Crystal White
Blanco con tenue tinte amarillento	J	5	Tinted White	Crystal	Top Silver Cape
Tenue tinte amarillento	K	5	Yellowish	Top Cape	Top Silver Cape
Tinte amarillento	L	6	Yellowish	Top Cape	Silver Cape
Tinte amarillento evidente	M	7		Cape	Light Cape
	N	7	Yellowish	Cape	Light Cape
	O	7	Yellowish		
	P	8	Yellowish	Light Yellow	Cape
	Q	8	Yellowish	Light Yellow	Cape
	R	8	Yellowish	Light Yellow	Cape
	Z	9.10	Yellow	Yellow	Dark Cape

Comparación de las diferentes Escalas de color
El Blanco Azul (Blue White) en sí define al color Jager, denominado incorrectamente Blanco Azul

*C.I.B.J.O.   Confederación Internacional de Joyería, Orfebrería, Diamantes, Perlas y Piedras.
*G.I.A.   Gemological Institute of America
*SCAN D.N.   Código de normas de los países Escandinavos, las siglas corresponden a Scandinavian Diamond Nomenclature and Graidung Standars
*U.K.   Reino Unido
*A.G.S.   American Gem Society

La nomenclatura que usa son letras, comienza con la letra D y termina en la letra Z, cada letra representa un grado, los grados en sí no describen un color específico, sino un rango de color.

Todos los diamantes clasificados en la G.I.A. son evaluados comparándolos con el juego de patrones descrito.

Los grados D-E-F de la escala, pueden describirse como grados incoloros, la diferencia de tono entre los grados E-F es casi imperceptible, especialmente en diamantes pequeños, los profesionales pueden observarlo sólo cuando se hallan sueltos. El color del grado "F" puede ser apreciado por profesionales del ramo con gemas de peso entre 0,50 y 1,00 quilates. En diamantes con peso por encima de 1,00 quilate el color puede ser clasificado sin problemas por personal entrenado en el oficio.

Los grado G-H-I son los grados casi incoloros, cuando están engastados y se observan en posición "Mesa hacia Arriba" lucen incoloros, sólo profesionales pueden observar el color, para el público es imperceptible, al menos que estén sueltos y los comparen con diamantes de grados superiores.

Los grados J-K-L describen diamantes con tenue tinte amarillo, gemas con peso por debajo de 0,50 quilates lucen casi incoloros cuando están engastados en oro amarillo y se les observa "Mesa hacia Arriba", sin embargo, el color se hace más perceptible cuando se encuentran engastados en oro blanco y son de más peso.

A partir del grado M hasta el R, los diamantes pueden describirse como amarillos muy claros, el color se hace evidente al público sin importar el tamaño de la gema.

Los diamantes ligeramente marrones se clasifican usando la misma escala que se usa con los amarillos.

Escala de clasificación del color de C.I.B.J.O.

La Organización Internacional C.I.B.J.O., con trece países miembros para 1976 (Austria. Bélgica, Gran Bretaña, Dinamarca, Francia, Finlandia, Alemania, Holanda, Italia, Noruega, España, Suecia y Suiza) acordaron el uso de una escala de clasificación de color, que usaría juegos de diamantes clasificados según el color por el Laboratorio del Dr. E. Gübelin en Suiza y los

Laboratorios de la G.I.A., estos laboratorios no tienen ninguna relación con empresas comerciales y, en base a los patrones de color de la C.I.B.J.O., con equipo de luz apropiada, emiten certificados de color y pureza. Los laboratorios de cada país miembro fueron dotados de un juego de patrones de color.

Los grados de color de la C.I.B.J.O. son correlativos con el sistema de clasificación de la G.I.A. como se puede observar en el cuadro de las escalas de clasificación de color. En esta escala, al igual que en las otras, los grados superiores son más restringidos.

Escala de color del G.I.A.

Incoloro	D E F	Incoloros	Incoloro
	G H I	Casi Incoloros	Estos grados no muestran color cuando estan engastados solo puede percibirlo profesionales del ramo y personal entrenado
	J		Los Diamantes pequeños lucen incoloros al estar engastados
	K L	Tenue tinte amarillento	
	M	Amarillo	En gemas grandes el color se hace mas evidente
	N O	Tinte Amarillento evidente	
	P		El color amarillo es evidente aun para el público
	S T U V W X Y Z	Amarillo claro	
Amarillo Fantasía	Z+	Fantasía	

6. Clasificación del color

El grado del color de un diamante tallado incoloro o ligeramente amarillo se asigna a través de comparaciones con otras gemas de color preestablecido, para estos fines se usan juegos de patrones de color, previamente clasificados por un laboratorio dedicado a ello ejemplo: los patrones vendidos por la G.I.A. o seleccionados por el comerciante, siempre y cuando cumpla con los requisitos requeridos.

Estos Juegos de patrones de color están formados por una serie de diamantes que forman una secuencia de colores, dicha secuencia comienza con diamantes incoloros y termina con diamantes que presentan tinte ligeramente amarillento.

Se debe recordar:

a. Que es la saturación de color la que determina el grado y no el color intrínseco de la gema, es por esto que también pueden clasificarse los diamantes de tinte marrón.

b. Cada grado describe un rango de color y no un color específico. El diamante patrón marca el tinte más claro del rango que representa, ejemplo; si el diamante que se esta clasificando exhibe un tono más claro que el patrón G, el grado de color que se debe asignar es el "F". Los diamantes clasificados con el grado "J" pueden tener diferentes tonalidades, pero siempre deben ser más claros que el patrón "K" o, más obscuros, o de igual tono que el patrón "J" en base al cual se esta asignando el grado.

c. El color se hace más evidente a medida que aumenta el tamaño del diamante analizado. En los grados óptimos D-E-F se juzga la diferencia de transparencia entre ellos, más que el color; diamantes con peso por debajo de 0,50 quilates se consideran como incoloros, gemas de más peso exhiben imperceptibles tonalidades que sólo pueden ser determinadas por profesionales. Cuando los diamantes tienen más de 1,00 quilate, esas tonalidades casi imperceptibles, pueden ser observadas por profesionales con mayor facilidad.

7. Tipo de iluminación requerida en la clasificación de color y medio ambiente ideal

Luz apropiada es uno de los requisitos indispensables para distinguir y evaluar eficientemente el grado de color en los diamantes. Es la única forma de apreciar las diferentes tonalidades que distinguen cada grado.

El color se juzga en luz blanca, en un sitio que no produzca reflejos de colores que afecten la clasificación; la oficina ideal debe tener paredes blancas y opacas, el fondo donde se van a observar los diamantes también debe ser absolutamente blanco y opaco. Cuando se clasifica sobre papel blanco, éste no debe tener fluorescencia. Es necesario eliminar todo viso de fluorescencia que pueda afectar al diamante; la luz ultravioleta puede causar, en algunos diamantes, fluorescencia azul visible, cuando son expuestos a dichas radiaciones. Como la luz del sol contiene rayos ultravioleta, si el diamante es ligeramente amarillo la fluorescencia azul anularía el color de la gema haciéndola aparecer con un tinte más claro de su color real. La fluorescencia es un factor que se debe considerar en la clasificación del color.

Cuando se usa luz blanca, debe estar relativamente libre de rayos ultravioletas, generalmente la luz de una ventana expuesta al norte, en el hemisferio norte y al sur, en el hemisferio sur, es la más indicada.

Otro problema que presenta la luz del día es que no es constante, varía según la hora, la estación y las condiciones atmosféricas. Para clasificar el color debe haber intensidad de luz.

El ambiente ideal y la mejor iluminación para evaluar el color lo proporcionan algunos instrumentos que se venden en el mercado, diseñados para este tipo de trabajo, están provistos de luz blanca artificial equivalente a la luz del día, uniforme, libre de rayos ultravioleta, colocada dentro de una caja metálica, abierta en la parte delantera y pintada de blanco mate para evitar reflejos del medio ambiente y reducir el efecto de dispersión de la gema, también vienen incorporados en ellos un tubo de luz ultravioleta para detectar la fluorescencia de los diamantes analizados.

Los más usados son el "Diamondlite" fabricado por Gem Instruments, una subsidiaria de la G.I.A. y el Koloriscop fabricado en Europa con patentes del Dr. E. Gübelin de Suiza (Figura 1).

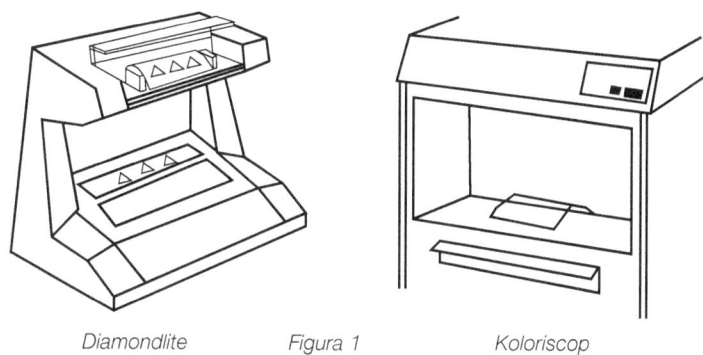

Diamondlite   *Figura 1*   *Koloriscop*

8. Fluorescencia

Para definir la fluorescencia se debe describir el fenómeno general del que ella forma parte "la luminiscencia", que es la emisión de luz de un mineral causado por efectos diferentes a temperaturas incandescentes, suele ser débil y sólo puede verse en la oscuridad. Se produce por:

a. **Calentamiento por debajo del rojo (Termoluminiscencia).**
b. **Frotamiento o pulverización (Triboluminiscencia)**
c. **Exposición a radiaciones invisibles: rayos ultravioleta (fluorescencia), rayos X o catódicos.**

Si la luminiscencia continúa, una vez retirada la causa que lo produce, el mineral es fosforescente.

Luego de esta breve descripción del fenómeno de luminiscencia podemos definir la "Fluorescencia" como la emisión de luz que exhiben algunos minerales al ser expuestos a la acción de rayos ultravioleta (en el rango de 3.660 A y 2.500 A}.

El color más común de fluorescencia en los diamantes tipo gema es el azul, sin embargo, también puede ser azul violáceo, amarilla y anaranjada, el efecto que produce la fluorescencia en la apariencia de los diamantes depende de la intensidad de la luz emitida y del color intrínseco de la gema.

Una fluorescencia azul intensa emitida por efecto de la luz solar puede producir en un diamante ligeramente amarillo, una apariencia casi incolora, si la luz emitida es demasiado intensa, la gema adquiere una apariencia poco nítida. La industria le asigna el nombre de Premier y Jagers a aquellos diamantes, que bajo los rayos ultravioleta de la luz solar exhiben fluorescencia azul y, al ser observados en luz incandescente, se perciben ligeramente amarillentos.

9. Selección de diamantes para formar un patrón de color

Para poder comparar en forma precisa y efectiva el color de los diamantes, es indispensable disponer de un buen juego de patrones.

Para seleccionar un patrón de color se debe tomar en consideración:

a. **Peso:** Este debe ser entre 0,30 y 0,40 quilate, todos los diamantes del juego deben tener el mismo tamaño, con diferencias de peso no mayores a los 0,05 quilate, la diferencia de tamaño dificulta la comparación.

b. **Fluorescencia:** No es aconsejable usar diamantes fluorescentes como patrones de color, por el cambio de color que normalmente les caracteriza, sin embargo, en última instancia pueden ser utilizados aquellos que presenten fluorescencia muy tenue.

c. **Pureza:** Los diamantes patrón pueden ser de pureza SI o mejores, sin embargo, las inclusiones no deben afectar el color o la transparencia de la gema. Si al colocar el diamante en posición "Mesa hacia Abajo", sobre una superficie blanca y, al rotarla, alguna inclusión es evidente o varía la transparencia, la gema no es apta para patrón.

d. **Rango de colores:** El color intrínseco para diamantes patrón debe ser de tonalidad amarilla, los tintes marrones no sirven para patrones, debe haber suficiente diferencia de color para poder hacer una secuencia apropiada. El grado "F" puede ser escogido como límite de comparación con las gemas óptimas y el último en la escala depende del tipo de diamantes patrón requerido.

Número de diamantes

Depende de las necesidades del comerciante, el juego puede omitir un grado, entre cada grado de la secuencia, ejemplo:

E - G - I - K - M

Si requiere de un color fantasía, evalúe la saturación del color.

Proporciones

Los diamantes patrones de color deben tener talla brillante redonda moderna, las proporciones deben hallarse dentro del parámetro aceptado por los patrones de talla "Ideal" de hoy. No sirven diamantes con coronas muy bajas, pabellones muy chatos, pabellones muy profundos o cinturones muy gruesos.

Si dispone de un juego patrón de color y quiere certificar el color, puede hacerlo a través del G.T.L. de la G.I.A. en Carlsbad, California, U.S.A.

10. Procedimiento a seguir para clasificar el color en un diamante

Una forma rápida empleada por los comerciantes del ramo para ubicar el rango del color, es el de usar una cartulina blanca doblada en forma de "V" o con varios dobleces, colocar sobre ella, en posición "Mesa hacia Abajo", el diamante (el color de los diamantes sueltos siempre se determina por el pabellón de la gema) con luz apropiada. Si no se observa color, el color del diamante debe hallarse entre los óptimos. Si muestra tenues tonalidades, puede hallase entre los grado I-J-K. Si se percibe con tonalidad amarillenta, el grado puede estar entre "L" o en grados inferiores (Figura 2).

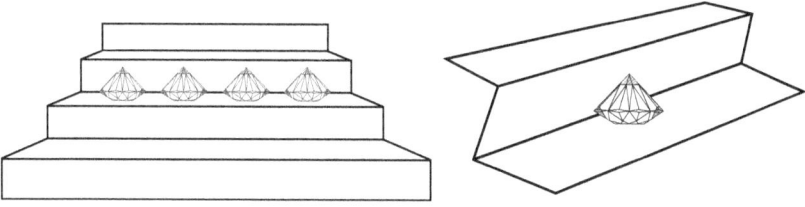

Figura 2
En un cartón doblado colocando los diamantes en posición "mesa hacia abajo" puede observarse el color
En un cartón doblado en forma de "V" puede ser usado para ubicar el rango del color

Sin embargo, para realizar una clasificación exacta, el procedimiento a seguir debe ser:

a. Limpiar bien el diamante, el sucio y el aceite dificultan la observación.
b. El medio ambiente y la luz deben ser las requeridas para éste tipo de trabajo, una oficina semi-oscura ayuda.
c. Debido al brillo y a la dispersión de los diamantes, el color no puede ser determinado a través de la corona, por esto, la posición del diamante para clasificar el color debe ser:

I. "Mesa hacia Abajo", con la línea de observación paralela al plano del cinturón.
II. Con la línea de observación perpendicular a las facetas del pabellón.
III. Otra posición es con el pabellón recostado sobre la superficie, la línea de visión paralela al plano del cinturón.
IV. Con el pabellón recostado sobre la superficie y el culet dirigido hacia el observador y, la línea de observación perpendicular a las facetas del pabellón (Figura 3. I, II, III, IV).

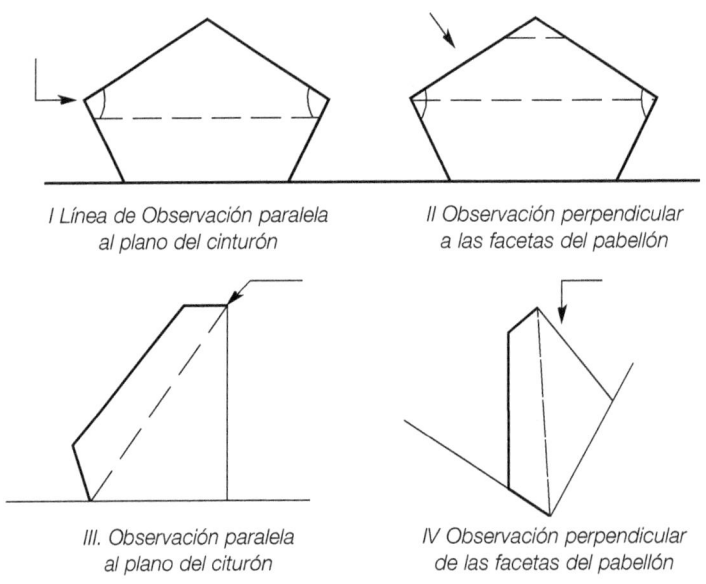

I Línea de Observación paralela al plano del cinturón

II Observación perpendicular a las facetas del pabellón

III. Observación paralela al plano del citurón

IV Observación perpendicular de las facetas del pabellón

Figura 3
Posición de un diamante para clasificar color

Si no dispone de un Koloriscop o de un Diamondlite, ilumine por encima o a través del cartón blanco que utilice. Los diamantes patrón deben ser colocados dejando suficiente espacio para colocar el diamante que se va a evaluar, utilice pinzas para ello.

El color más claro debe estar a la izquierda, en secuencia, una lupa binocular ayuda a apreciar mejor el color, el diamante de color "desconocido" se mueve a través de los patrones hasta encontrar el patrón similar de color. El color en un diamante redondo se concentra alrededor del culet y en los ángulos del cinturón (Figura 4).

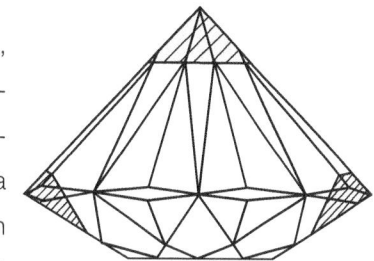

Figura 4
El color se concentra en el culet y en los ángulos del cinturón

Sin embargo, se debe observar el pabellón completo, tanto del patrón como del diamante analizado, cualquier área observada debe compararse con la del patrón. Una vez hallada la posición correcta del diamante evaluado, obsérvelo a la derecha y a la izquierda del patrón, de esta manera puede determinar si es igual a éste, más claro o más oscuro, este proceso es necesario por el efecto conocido con el nombre de "Efecto Visual del Patrón", el cual hace que algunas personas vean al diamante analizado más oscuro que el patrón, al colocarlo del lado izquierdo, aunque los dos diamantes tengan el mismo grado de color, (algunas personas pueden tener el efecto contrario) así:

a. Si el diamante luce más oscuro en el lado izquierdo del patrón pero, más claro en el lado derecho, el grado del color será igual al del patrón.
b. Si por el contrario, el diamante luce más oscuro en el lado izquierdo del patrón pero, igual, en el lado derecho el grado será ligeramente menor que el del patrón.
c. Si el diamante luce igual que el patrón en el lado izquierdo, pero más claro en el lado derecho, el color será ligeramente más claro que el del patrón.

Asigne el grado del color, para determinarlo observe si el diamante es más claro que el patrón, el color será un grado mejor- Ejemplo: si el diamante se halla entre un patrón G y un patrón I, y es ligeramente más claro que el I, el color será G-H, sin embargo, sí es ligeramente más oscuro que el patrón G, el color será "H".

Recuerde:

a. El tamaño del diamante incide sobre el color que se percibe, entre mayor sea la gema el color se percibirá con mayor facilidad, no evalúe por la facilidad que tenga de observar el color.

b. El diamante y el patrón no deben tocarse entre sí, el color de uno puede incidir sobre el otro, deje espacio entre ellos.

c. La clasificación de color se hace en base a la saturación de color y del tono, no al color intrínseco del diamante, esto le permitirá clasificar diamantes ligeramente marrones, marrón grisáceo y amarillo grisáceo.

d. No mueva los patrones, a la larga, las pinzas van dejando partículas microscópicas del metal sobre el cinturón que, con el tiempo van a afectar la apariencia del patrón.

e. Cuando clasifique el color en diamantes similares en tamaño al master, clasifique primero la pureza antes del color, esto evitará que se puedan intercambiar.

f. Aunque el efecto del color sobre el precio depende del color que se observa a través del pabellón, los diamantes al final siempre deben mirarse en posición "Mesa hacia Arriba" para verificar la apariencia general y, si el diamante luce ligeramente más oscuro en esta posición, baje el color asignado un grado, asegúrese que sea efecto del color y no una falta de las proporciones de talla.

Algunos diamantes presentan ciertas dificultades cuando se trata de clasificar el color en ellos, por lo general se debe a:

a. Tienen menos transparencia de la normal, por esta razón a veces vemos el color más oscuro del que en realidad tienen.

b. Presentan colores intrínsecos diferentes al amarillo.

c. Son muy fluorescentes.
   d. Tienen inclusiones obscuras o plumas tipo fractura a de exfoliación, lo que hace lucir al diamante más oscuro o más claro.
   e. Presentan faltas en las proporciones de talla.

Algunos diamantes con tinte marrón tienen mejor apariencia en la posición "Mesa hacia Arriba" que los de tinte amarillo del mismo grado, es por esto que algunos fabricantes de Joyas los prefieren a los de tonalidades amarillas, aunque tengan precios similares.

11. Sumario del procedimiento de clasificación de color en los diamantes

1. Limpie bien el diamante y el patrón.
2. Identifique el diamante: pese, mida sus dimensiones, clasifique la pureza y realice el diagrama de ella para poder identificarlo después de clasificar el grado de color.
3. Utilice siempre un fondo blanco.
4. Use luz blanca apropiada.
5. Haga una secuencia de colores con los diferentes patrones, colocando los grados más claros a la izquierda.
6. Ubique los patrones en posición que pueda observar a través del pabellón, bien paralelo al cinturón o perpendicular a éste.
7. Mueva el diamante a lo largo de la secuencia de patrones, comparando el color del pabellón, en todo el pabellón o áreas similares.
8. Mantenga el diamante y el patrón a cierta distancia, no permite que se toquen entre sí.
9. Compare al diamante en ambos lados del patrón.
10. Ubique el patrón más parecido al diamante.
11. Asigne el grado de color.
12. Reexamine el diamante para evitar cambios.

12. Clasificación del color en diamantes engastados

El color del metal utilizado en la joya afecta la apariencia del diamante, en la posición "Mesa hacia Arriba", por esta causa, aunque la joya este hecha en metal amarillo, las uñas y el sitio donde se va a engastar al diamante es hecho en metal blanco. El oro amarillo le dará cierta tonalidad amarilla al diamante, aún si éste estuviera en los rangos casi incoloros.

El metal más aconsejable para diamantes de óptimo color es el platino ya que el color neutro de éste no tiene ningún efecto sobre la gema engastada, al igual que el oro blanco con baño de rodio.

Los diamantes con tonalidades amarillas es más aconsejable engastarlos en oro amarillo; por el contraste con el metal el color del diamante se acentúa menos, los fabricantes evitan engastar estos diamantes en oro blanco o platino, el calor se hace más evidente en dichos metales.

La clasificación del color de los diamantes engastados nunca puede ser tan preciso como la de las gemas sueltas, la montura obscurece al pabellón lo que impide observar a estas áreas claves para la asignación del grado de color, además, no pueden limpiarse completamente, el color del metal también afecta la percepción del color. El procedimiento a seguir es:

1. Analice el diamante engastado y el patrón a 10 aumentos.
2. El área de fondo donde va a clasificar, debe ser de color blanco mate, la luz debe iluminar por encima y debe ser similar a la que se usa con los diamantes sueltos.
3. Sujete el patrón con la pinza, coloque patrón y diamante engastado con las mesas frente a frente, de perfil, cerca pero sin tocarse (Figura 5).
4. Compare la corona del diamante engastado, a la derecha y a la izquierda del patrón.
5. Diamantes con pesos menores de 0,25 quilate y diferentes en 3 grados del patrón, engastados, van a lucir del color del patrón. El color asignado debe abarcar 3 grados, ejemplo. Un diamante que, engastado, sea aparentemente G, el color asignado debe ser F-G-H,

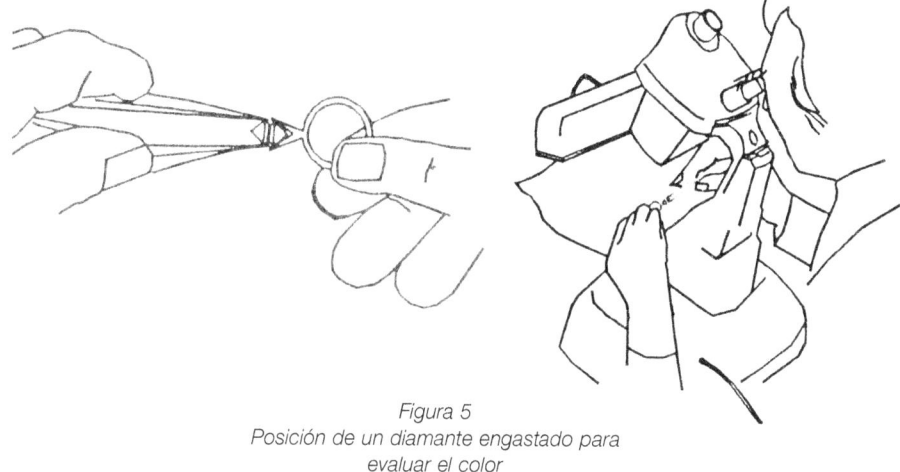

Figura 5
Posición de un diamante engastado para evaluar el color

13. Clasificación de color de los diamantes a través de instrumentos

No obstante el gran avance que ha tenido la industria del diamante en los últimos 50 años, al lograr establecer sistemas precisos de clasificación de pureza, color y talla a nivel internacional, al igual que la imposición de normas estrictas que regulan el comercio, la búsqueda de la perfección continúa, la meta es dotar al comercio de instrumentos prácticos y sencillos que eliminen las fallas humanas debido al carácter subjetivo que tiene aún hoy en día, la clasificación del color.

El primer instrumento fabricado para la clasificación de color de los diamantes fue el Colorímetro tipo filtro, lo diseñó Robert L. Shipley (fundador de la G.I.A y de la American Gem Society), con él se establecieron los datos para la escala de clasificación de color de la A.G.S., permite medir cuantitativamente el grado amarillo que posee un diamante continúa, perfeccionándosele ya que no resultó apto para un uso general (Figura 6).

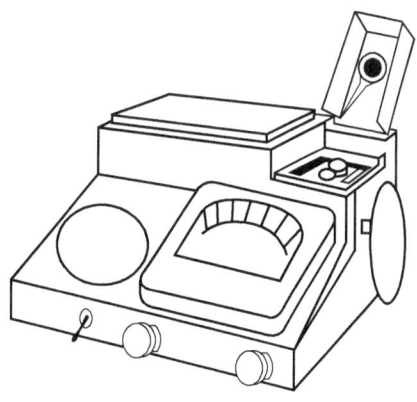

Figura 6
Colorímetro de la American Gem Society

Hoy existen en el comercio colorímetros para clasificar color en diamantes tallados. Uno de los distribuidores de estos colorímetros es Sarín, technologies Ltd, Israel.

Eickhorst, diseñó un fotómetro para diamantes, sólo puede ser usado con diamantes blancos o de tonalidades amarillas, no funciona con gemas de color marrón.

La Diamond Grading Laboratories de Londres, conjuntamente con Cari Zeiss de Alemania, desarrollaron un Foto-Espectrómetro, mide la absorción característica de los diamantes de la serie Cape.

14. Tratamientos para mejorar el color de los diamantes

Recubrimiento de la superficie del cristal tallado con tintes o capas de productos químicos removibles:

Se usa con el fin de enmascarar el color intrínseco del diamante, de tal manera que muestre un color superior o suaves matices como rosado, imperceptibles tonos de azul y también de otros colores. El efecto es temporal, puede retirarse con facilidad mediante el uso de algún disolvente orgánico o algún abrasivo suave. Estos tintes se aplican con lapiceros indelebles, por lo general alrededor del cinturón. Se aprecia con facilidad al observar el diamante con un microscopio a 10 aumentos y luz difusa reflejada, mirando detenidamente el cinturón. Las capas de esmaltes o tintes por lo general exhiben una dispersión y un brillo anormal, lucen diferentes a los diamantes no tratados.

Otro método

Para atenuar la tonalidad amarillenta de los diamantes, consiste en recubrir la gema con una capa de fluoruro; se aplica en las facetas del pabellón o alrededor del cinturón: si el cristal es grande, se detecta a simple vista por la iridiscencia característica. El producto es insoluble en disolventes ordinarios: si no se detecta con el microscopio, la única manera es hirviendo la gema en ácido sulfúrico concentrado.

Proceso de irradiación y térmico

A diferencia de la técnica de recubrimiento de la superficie con capas de esmalte o de productos orgánicos, la cual es superficial y no tiene ningún efecto sobre el diamante, cierto tipo de irradiaciones sí produce cambios en la gema afectando la estructura cristalina, por lo que se modifica la absorción de la luz en el cristal cambiando, por lo tanto, el color de la piedra preciosa. Los cambios generalmente son permanentes, aunque en algunos casos pueden perderse al repulir el diamante o al someterlo a elevadas temperaturas. La técnica de irradiación permite duplicar casi todos los colores de los diamantes con colores fantasía. Los colores más comunes obtenidos por este procedimiento suelen ser: verde amarillento, azul verdoso, amarillo, marrón y naranja, menos frecuentes son: azul puro, violeta y verde. La técnica usada hoy en día es mediante el bombardeo de partículas atómicas elementales en un ciclotrón o en un reactor nuclear; los cristales tratados no tienen radiación residual. Con el ciclotrón el efecto es poco profundo, por lo que los cristales se tratan después de tallados; sólo puede irradiarse un número pequeño de cristales simultáneamente. Con un reactor nuclear, en cambio, el efecto es más profundo y eficiente, es más económico que el ciclotrón y permite tratar cientos de quilates a la vez. El tiempo de duración del proceso es de 1 a 2 horas, aunque en ocasiones dura hasta 100 horas. Después de irradiados, los diamantes se someten durante horas a temperaturas entre 500 y 900 °C para cambiar el color verde obtenido en la irradiación por colores de mayor demanda en el mercado, como son los colores artificiales amarillo o marrón canela. Como las temperaturas usadas para tratar los diamantes verdes irradiados no son muy elevadas, el soplete de joyería puede tornar amarillas estas gemas. Los diamantes tratados en un acelerador de electrones, como el generador Van Der Graff, cambian su color original por suaves tonalidades de azul, azul verdoso y verde azul; la penetración es muy superficial y puede eliminarse al repulirse la gema. La identificación de los diamantes irradiados no es sencilla: se requiere de instrumentos sofisticados; no obstante, las siguientes líneas en el espectro de absorción confirman el color artificial de los diamantes tratados: 5920 Å, 4980 Å y 5040 Å. Un diamante natural de suave matiz azul pertenece al tipo IIB, es semiconductor de electricidad; los irradiados no lo son. Esto hace evidente que la coloración es artificial.

Nuevo tratamiento

El informe de Rapaport News Flash del 19 marzo de 1999 generó el usual desconcierto que se produce cada vez que un nuevo y desconocido tratamiento o material sintético irrumpe en el mercado de las piedras preciosas. El nuevo proceso, creado por la General Electric Corporation (G.E.), cambia el color de cierto tipo de diamantes con coloración pardusca y los convierte en gemas incoloras de óptimo brillo en los grados más altos de la escala de clasificación de color. Se especula que sólo el 1% de los diamantes son aptos para recibir dicho tratamiento, el resto no responde al mismo: los cristales escogidos deberán reunir ciertas características de tamaño y pureza, será aplicado a material en bruto, aunque también se podría usar con gemas talladas; es irreversible, permanente y hasta el momento indetectable; el precio, al igual que en los diamantes no tratados, va a ser determinado por el grado de color asignado en el momento de la clasificación: de no percibirse ningún signo de tratamiento y al no existir ninguna observación al respecto en los certificados expedidos por los laboratorios de gemología, no habrá forma de marcar diferencias de precios entre ellos.

El mayor malestar con relación al tratamiento de color hasta el momento no es el tratamiento en sí, sino la falta total de información al respecto. De nuevo, la General Electric gana otra presea (fueron los primeros en anunciar la síntesis del diamante) al conseguir arrebatarle a la naturaleza otro de sus secretos celosamente guardados.

El elevado precio de los diamantes incoloros en los tres grados más altos de la escala de color se debe a su rareza o escasez; el poder transformar diamantes abundantes en la naturaleza y llevarlos a estos grados variaría su privilegiada posición. O tal vez, el porcentaje tan reducido de ellos (1%) va a ser insignificante en la gran escala de producción de los diamantes.

4
DIAMANTES FANTASÍA Y DIAMANTES CON SATURACIÓN DE COLOR

1. Generalidades

Se da el nombre de diamantes fantasía, a todos aquellos diamantes que exhiben evidentes matices naturales y un alto grado de saturación de ellos.

Suelen presentarse en todos los colores del espectro, abarcando toda una gama de diferentes tonalidades que comprenden desde los matices más tenues (se excluyen el amarillo, el gris y el marrón), hasta los más exuberantes y vivaces colores.

2. Descripción del color en los diamantes fantasía

Describir el color de una piedra preciosa o de un objeto no es sencillo, sin embargo si se usan los tres componentes de este fenómeno, se facilita la tarea.

Los tres componentes del color son:

a. **Color intrínseco**

b. **Tono**

c. **Saturación**

La industria del diamante no es tan precisa en la descripción del color de los diamantes fantasía, permite el empleo de términos ambiguos, que expresan similitud del color de ellos con objetos o sustancias cotidianas tales como "canario", "champagne", "café marrón", "narciso", "cognac" y otros.

En el mercado se describen los diamantes saturados de amarillo con el epíteto de "canario", las gemas de color amarillo verdoso o amarillo pardo se les da el nombre de color champagne; los bellos matices amarillo naranja se denominan narcisos; los marrones combinados con un cálido matiz que va del dorado al rojizo se les llama café marrón.

3. Variedad de colores de los diamantes fantasía

Los diamantes de color marrón son los más abundantes, los tonos varían desde los tintes más claros hasta los de tonalidad oscura; por lo general son colores naranja o amarillo, con un grado bajo de saturación que no permite apreciar el color intrínseco en sí. Los diamantes fantasía marrón, generalmente exhiben matices verdosos, amarillentos, naranja o rojizos, los más atractivos y de mayor demanda son aquellos con tonos de medio a oscuro matizados con tintes que van del dorado al rojizo; además del matiz "marrón café" existen otras combinaciones de tintes los cuales se les denomina "canela", cognac, etc.

Los diamantes fantasía de color naranja, tono medio y suficiente saturación logran ocultar el color marrón, sin embargo siempre muestran ligero tinte parduzco.

Los naranja con un grado elevado de saturación son escasos; en tonos claros se asemejan a los fantasía rosado. Si el grado de saturación es moderado exhiben la bella tonalidad del durazno.

Los diamantes grises no tienen característica alguna de color, sólo varían en tono y éstos van desde los más claros hasta los más oscuros.

La belleza y rareza de algunos colores, hace de los diamantes que los exhiben, piedras preciosas muy apetecidas y de gran valor; éstos colores son: rojo, verde, azul y morado, aún en tonos claros y de baja saturación; para dárseles el epíteto de fantasía sólo se exige que muestren tenues tonalidades, al observárseles "mesa hacia arriba", no obstante, deben mantener el color en luz artificial, de otra manera resultan difíciles de vender.

Los diamantes fantasía de color azul, generalmente tienen un grado bajo de saturación y son de tonos tenues, exhiben una belleza fría, reposada, la excepción de ellos es el célebre diamante Hope, con un grado de saturación de color, similar al de un zafiro, esta hermosa gema pesa 44,50 quilates, fue valorada en el año 1.958, por un millón de dólares; fue donado en el mismo año al Smithsonian Institution de Washington por Harry Winston, comerciante de diamantes de la ciudad de New York.

Los diamantes fantasía en tonos oscuros de: rojo, verde y azul son gemas de gran rareza, ninguno de estos colores llega a tener los vivaces y saturados colores de las piedras preciosas de color de especies diferentes al diamante.

Los diamantes negros se encuentran en la escala final de tono, por lo general son cristales llenos de nudos o agregados de estructura granular conocido con el nombre de carbonado, casi imposibles de tallar, tienen muy poca demanda, suelen dejarse en bruto, para satisfacción de los coleccionistas, aunque eventualmente pueden tallarse. Un diamante negro célebre es el Orloff negro, pesa 67,50 quilates, lugar de procedencia La India.

4. Evaluación del grado de saturación de color en los diamantes

Para clasificar un diamante amarillo como fantasía, se usa un procedimiento similar al usado con los diamantes incoloros, se requiere de una "gema patrón" para comparar el color; debe estar clasificada por un instituto gemológico internacionalmente reconocido, dicha gema, aparece al final de la escala de color con la letra Z. Si el diamante exhibe un color ligeramente más saturado que la gema patrón, la clasificación es de "Fantasía ligeramente amarillo".

No obstante, debido a que en el mercado existen los diamantes con colores obtenidos por irradiación, es arriesgado, aún teniéndose un "diamante patrón fantasía", dar el epíteto de color fantasía a un diamante, sólo por comparación de color, sin tener el espectro de absorción de dicha gema o la autenticidad del color analizada por un laboratorio internacionalmente reconocido.

Los diamantes grises con tonos cercanos a los incoloros se clasifican usando la escala de colores de los diamantes incoloros, describiendo el tono.

5. Oferta y demanda de los diamantes fantasía

La comercialización de los diamantes fantasía no tiene la facilidad y organización que existe en los diamantes incoloros o de tenues tintes amarillo, la razón es que no existe una gran producción de ellos, gemas de intensos colores y de gran tamaño sólo entran al mercado a través de subastas. Ni siquiera los mayoristas especializados en la venta de ellos, pueden tener mucha variedad de ellos en sus inventarios; a veces es necesario esperar meses para obtener la gema del tamaño, color, características de pureza y estilo de talla deseado.

Todo depende del color que se busque, los fantasía marrón y amarillo, porque abundan más, son más fáciles de conseguir que otros colores; el tono también influye aún en éstos colores, los oscuros son más difíciles de conseguir que los claros.

Los diamantes fantasía de colores: azul, rosado y verde, se ven de maneras muy esporádica en el mercado. Los rojo púrpura son rarísimos y los rojos constituyen una rareza casi imposible de conseguir.

La talla de los diamantes fantasía presenta dificultades, el color final de la gema tallada es muy difícil de predecir, cuando el cristal esta en bruto; muchas veces el color se halla concentrado en áreas pequeñas que requieren gran pericia del tallista.

6. Precios de los diamantes fantasía

Los diamantes fantasía tienen gran variación de precios, aún en gemas de peso y clasificación de pureza similares. Estas diferencias estriban básicamente en la rareza, la cual no depende únicamente del color, si no en la exuberancia y atractivo que dicho color muestre, por lo tanto, se debe considerar el tono y el grado de saturación de éste. Como ejemplo podemos citar la diferencia de precios que existen entre un amarillo ligeramente más intenso que el patrón color "Z" y un amarillo canario.

Los precios de los diamantes fantasía no tienen la estabilidad que generalmente caracteriza a las gemas incoloras, escasa producción, bajos suministros, hacen el mercado de ellas discontinuo, por lo que no es raro encontrar marcadas diferencias de precios entre los diferentes proveedores por diamantes similares, además de las diferencias por efecto del color, tono y saturación de ellos.

7. Diamantes con colorido artificial

La belleza y elevado precio de los diamantes fantasía han despertado en el hombre el deseo de transformar diamantes de matices poco hermosos en piedras preciosas de apacibles o llamativos colores, las técnicas empleadas para cambiar el color de los diamantes son:

a. Recubrimiento de la superficie con tintes o capas de productos químicos.
b. Procesos de irradiación - y de irradiación y calor.
c. Recubrimiento de la superficie con tintes o capas de productos químicos removibles: Se usa con el fin de enmascarar el color intrínseco del diamante, haciendo lucir la gema con un color superior o para impartir suaves matices, como rosado o imperceptibles tonos de azul y otros colores. Por lo general se emplea con fines delictivos, estafa; el efecto sobre la gema es temporal y de corta duración, ya que las capas pueden removerse fácilmente con algún disolvente orgánico o un abrasivo suave.
d. Proceso de Irradiación y de Irradiación y calor: A diferencia de la técnica de recubrimiento de la superficie con capas de esmalte o de productos orgánicos, que es temporal y no tienen ningún efecto sobre el diamante, cierto tipo de irradiaciones si producen cambios en el diamante; afecta la estructura cristalina por lo que se modifica la absorción de la luz en el cristal, por lo que cambia el color de la piedra preciosa. Los cambios generalmente son permanentes, aunque en algunos casos puede removerse al repulir la gema o al someterla a elevadas temperaturas.

La técnica de irradiación permite duplicar casi todos los colores de los diamantes fantasía: los colores más comunes por este procedimiento son: verde amarillento, azul verdoso, amarillo, marrón y naranja.

Los diamantes que se irradian suelen ser gemas con grados de color tan bajos (colores cape) que resultan difíciles de vender.

En la industria de la Joyería es una técnica aceptada, los diamantes se venden como diamantes con color artificial; sin embargo no debe asignarse el calificativo de diamante fantasía, a diamantes con saturación de color a menos que hallan sido analizados en un instituto gemológico reconocido o se tenga el espectro de absorción de ellos.

La irradiación se puede llevar a cabo con: un ciclotrón o con un reactor nuclear. Con el ciclotrón, los diamantes se tratan con protones, deutrones y/o partículas alfa, el efecto es poco profundo; por lo que los diamantes se tratan después de tallados, los colores cambian a distintos tintes verdosos, dependiendo del color inicial de la gema.

Con un reactor nuclear, también puede alterarse el color en los diamantes, tiene efecto muy profundo; es una técnica muy eficiente y mucho más económica que el ciclotrón, permite tratar cientos de quilates a la vez, a diferencia del ciclotrón que sólo puede tratar pocas gemas simultáneamente; el proceso dura varias horas, el color de los diamantes tratados son de diversas tonalidades de verde, dependiendo siempre del color inicial de la gema tratada y del tipo (I-II).

Después de irradiados los diamantes, se les somete durante horas a temperaturas de 500 a 900°C para cambiar los diferentes matices de verde por colores de mayor demanda en el mercado, como son los colores artificiales amarillo o marrón canela. Como las temperaturas usadas para tratar térmicamente los diamantes verdes irradiados no son muy elevadas, el soplete de joyería puede cambiar en amarillo éstas gemas.

Los diamantes tratados en un acelerador de electrones, como el generador Van de Graaff cambia el color original por suaves tonalidades de azul, azul verdoso y verde azul, la penetración es muy superficial y puede eliminarse con el pulido.

El comportamiento de los diamantes sometidos a irradiación depende del tipo a que pertenezcan todos tienden a tornarse verdes, luego de bombardearse con neutrones.

El tratamiento térmico posterior, convierte los diamantes del tipo Ia en amarillo o amarillo parduzco claro y las del tipo IIa en marrón con ciertas tonalidades intermedias.

8. Identificación de diamantes irradiados

La identificación de los diamantes irradiados no es sencilla, generalmente se requiere de instrumentos muy sofisticados, sin embargo, las siguientes líneas en el espectro de absorción, confirman el color artificial del diamante, tratados térmicamente para convertirlos en amarillo marrón, la 5920 A, las líneas centradas en 5040 son inducidas a causa del nuevo color y si el diamante era del color "cape" mostrará la línea original 4155.

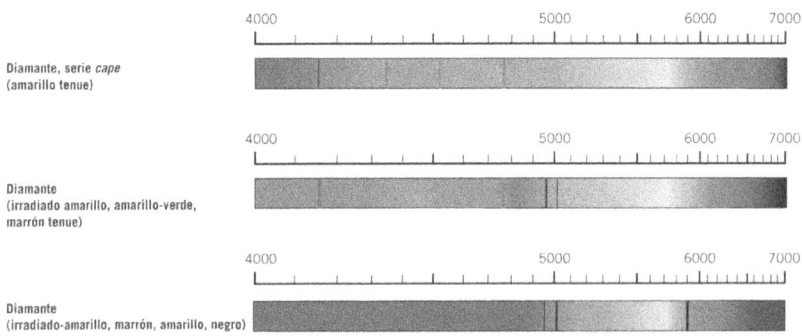

Un diamante natural IIb es semiconductor de electricidad, un diamante de color azul artificial no es conductor de electricidad, su color se debe a un cambio en la estructura cristalina, se puede reconocer haciendo una prueba de conductividad eléctrica.

Si un diamante ha sido irradiado con un ciclotrón a través de la corona, se puede apreciar un anillo oscuro, cuando se mira hacia el pabellón; si se ha tratado por el pabellón, al mirar a través de la mesa se verá alrededor del culet un efecto como de sombrilla abierta.

9. Identificación de diamantes recubiertos con capas superficiales

Los diamantes recubiertos superficialmente con capas de esmalte o tintes, por lo general exhiben una dispersión y un brillo anormal, lucen diferentes a las gemas "patrones" de color y se dificulta la clasificación del color, la mejor forma de detectarlos es observarlos con aumento y luz difusa o reflejada, mirando detenidamente las áreas cercanas al cinturón.

10. El precio de los diamantes irradiados

Se basa en el precio original del diamante, considerando el grado de pureza, tamaño, calidad de talla y color; siempre se irradian diamantes de un grado de color muy bajo en la escala de color; a éste precio se le suma el costo del tratamiento. Finalmente debe considerarse la apariencia del diamante después de completarse el proceso.

5
FACTOR PUREZA

1. Generalidades

Este es uno de los factores de mayor consideración para los efectos de precio, se refiere a la ausencia o presencia de imperfectos externos e inclusiones en un diamante tallado, visibles al examinarse la gema con un lente de 10 aumentos. (El término pureza, como factor de evaluación del diamante, se refiere a todas las características que pueden ser observadas a 10 aumentos y no a elementos químicos extraños a la estructura cristalina de la gema).

Los imperfectos externos e inclusiones constituyen las denominadas características de pureza y se clasifican según su posición, si se hallan confinadas a la superficie de la gema se denominan imperfectos externos y, si penetran el diamante o se encuentran dentro de él se les da el nombre de inclusiones.

Las características de pureza se pueden producir:

a. Durante la talla, bien por efecto de ésta o por no ser factible su eliminación sin el riesgo de que afloren otro tipo de características o por la dificultad de pulir dicha superficie.
b. Después de la talla, rayas, abrasión, debido al roce de diamantes entre sí, cuando se hallan en lotes y por efecto del uso.
c. Durante el proceso de formación y cristalización del diamante, son las llamadas inclusiones.

Las características originadas durante la talla o después de ella son los imperfectos externos, muchas veces pueden eliminarse al pulir de nuevo la gema, sin tener gran efecto sobre el peso de ésta.

2. Características de pureza

Para clasificar la pureza es necesario familiarizarse con todas las características relacionadas a ella, que suelen presentar los diamantes tallados, bien sean los confinados a la superficie o los que penetren o se hallan dentro de la gema.

Imperfectos Externos

Los más comunes suelen ser:

a. **Naturales:** Es una superficie sin pulir que presentan los diamantes tallados, es un remanente del cristal en bruto, se deja para no eliminar más material del requerido, durante el proceso de "redondear" el diamante; pueden encontrarse en cualquier faceta, sin embargo, donde más suelen verse es confinados al cinturón del diamante o cerca de éste, en pares y situados en posiciones opuestas, pueden tener forma triangular (se conocen con el nombre de trigones) o de surcos (Figura 1).

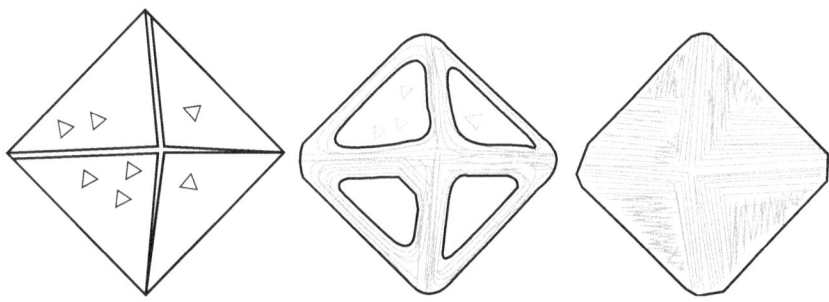

Figura 1
Marcas de crecimiento comunes en los diamantes en bruto

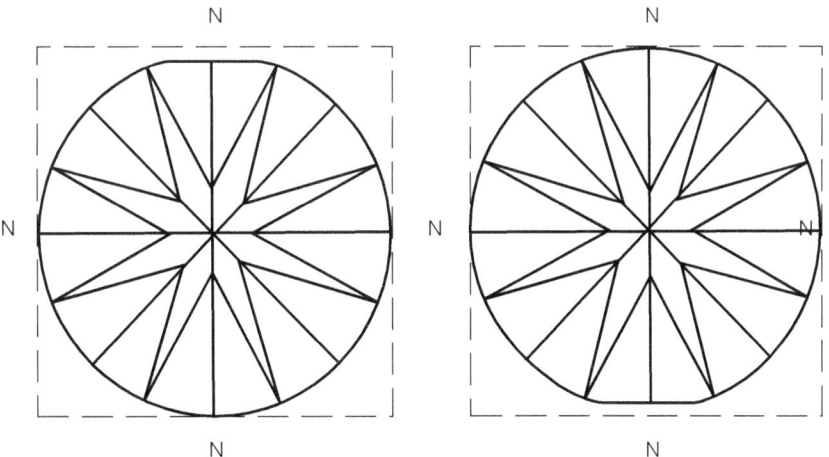

Figura 1
Naturales, efectos de marcas de crecimiento del cristal en bruto, presente en diamantes tallados

b. **Facetas extras:** Son todas aquellas facetas que no toman en cuenta la simetría de la gema y que no son parte de las requeridas en determinado estilo de talla, se hacen para pulir o eliminar un imperfecto externo como un orificio o un natural, pueden estar localizadas en cualquier faceta, pero normalmente se hallan cerca del cinturón (Figura 2).

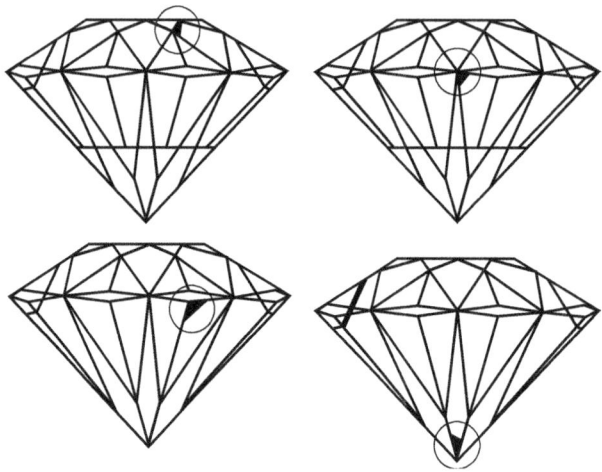

Figura 2
Facetas extras situadas en el cinturón y en otras áreas de la gema

El aspecto de la superficie nos ayuda a diferenciar una faceta extra de un natural, la faceta extra presenta una superficie suave, pulida, con bordes rectos, mientras que el natural no tiene la misma suavidad, los bordes son curvos y puede presentar marcas de crecimiento, trigones, surcos (Figura 3).

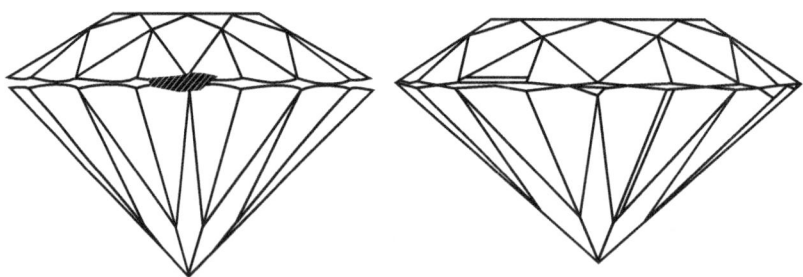

Figura 3
Natural y faceta extra

c. **Cinturón en bruto:** El cinturón de un diamante tallado se caracteriza por tener un lustre tenue, ceroso, con apariencia de "Vidrio Esmerilado", lograr este tipo de cinturón requiere tiempo y pericia/ así que muchas veces se les deja en bruto, tienen apariencia granular.

d. **Irregularidades del pulido:**

1. Algunas facetas, por hallarse paralelas o casi paralelas a la cara del octaedro, no pueden pulirse bien, tienen la apariencia de un vidrio desgastado con arena.

2. En ocasiones, por la rapidez con que se pule un diamante, el calor causado por la fricción entre el disco y la gema puede producir una nubosidad en el área afectada, es la marca del "Dop", la Superficie también puede quemarse tomando una apariencia de película blanquecina.

e. **Superficie granular:** Se debe a características intrínsecas debido a irregularidades en la estructura cristalina, suelen ser líneas de "Nudos", se ven como líneas de unión de las facetas que pasan a través de la superficie pulida, la superficie donde aparecen puede estar mejor pulida en un lado, también suelen observarse como superficies onduladas en un área de la faceta o en toda ella.

f. **Rayas:** Ocurren cuando los diamantes rozan entre sí.

g. **Hoyos:** Hueco diminuto, cavidad o fisura poco profunda, presentes en la superficie de un diamante tallado, luce como un punto blanco sobre la superficie.

h. **Abrasión:** Se produce en los bordes de las facetas y en el culet, el roce de los diamantes entre sí desgasta éstas áreas.

i. **Muesca:** Mella muy pequeña que se observa sobre el cinturón o en los bordes de las facetas.

II Inclusiones o características internas de un diamante

a. **Cristal incluido:** Son todos aquellos minerales alojados dentro del diamante, se han logrado identificar 24 especies diferentes de ellos. Varían en tamaño, forma y color; la mayoría son incoloros. Los más comunes suelen ser diminutos cristales de: diamante, granate y peridoto, a veces pueden estar rodeados de diminutas plumillas. Observándolos en un campo oscuro de iluminación exhiben su naturaleza transparente, con otro tipo de luz, lucen obscuros. Los cristales incluidos tienen poco efecto sobre la belleza del diamante, excepto cuando tienen gran tamaño. En ocasiones pueden afectar la durabilidad del diamante por tensiones que se originan dentro de la gema, debido a su presencia.

b. **Plumas:** Con éste término se describe todo tipo de separación o ruptura que presente un diamante, bien sea por exfoliación o por fractura. La exfoliación es la facilidad que tienen algunos minerales de romperse o separarse a través de superficies planas paralelas a las caras del cristal o, posibles caras (ciertos planos atómicos). El diamante presenta cuatro direcciones de exfoliación paralelas a las caras del octaedro. La separación por exfoliación produce superficies planas que semejan una astilla de madera. La fractura es cualquier ruptura irregular curva, que no sea paralela a planos de átomos del material, la fractura del diamante es peculiar ya que a veces ocurre conjuntamente con la exfoliación, es de tipo escalonada, como una astilla de madera, al igual que la separación por exfoliación, pueden desarrollarse dentro de la gema o extenderse desde la superficie; cuando se observan dentro del diamante lucen como pequeñas plumas, de ahí el nombre. Algunas plumas son tan pequeñas que lucen como una raya, se les denomina "Plumas tipo cabello".

c. **Nube:** Se da este nombre a un área lechosa o parches grisáceos que se observan en el interior de un diamante, ocupan áreas pequeñas sin embargo, cuando son mayores afectan la transparencia del diamante y, por consiguiente, el brillo y belleza de la gema. Por lo general consisten en agrupaciones de diminutos cristales internos (Figura 4).

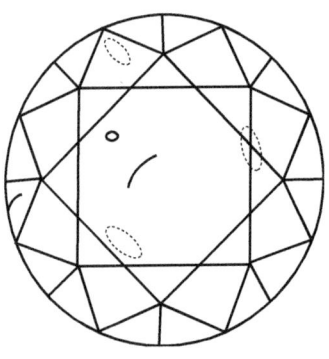

Figura 4
Cristal incluído, pluma, fractura, nube

d. **Puntos de alfiler:** Cristal incluido muy pequeño, a 10 aumentos luce como un punto blanco, pueden presentarse solos o en grupos.

e. **Cinturón con plumillas:** Se caracterizan por tener numerosas y diminutas plumillas en el contorno, que se extienden desde el cinturón hacia el interior del diamante, como no están confinados a la superficie de la gema se consideran inclusiones, ocurren durante el proceso de redondeo, en el cinturón en bruto semejan pelusas y, si está trabajado o con facetas, se aprecian como plumillas muy pequeñas (Figura 5).

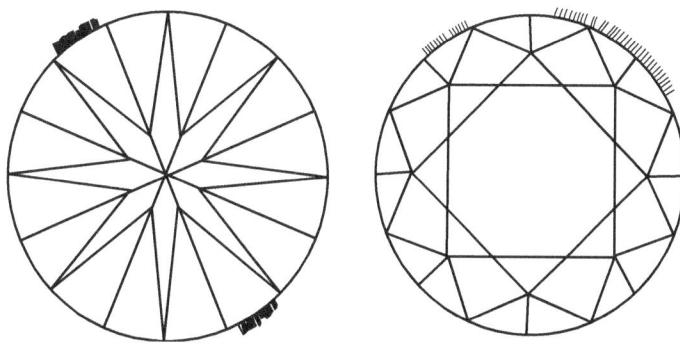

Figura 5
Cinturón con plumilla

f. **Marcas de percusión:** Son hendiduras que se observan sobre la superficie de un diamante tallado, causadas por un golpe seco, dado a la gema durante el uso, se observan como marcas blancas de contorno hexagonal o cuadrado acompañadas de diminutas plumillas "tipo cabello", se consideran inclusiones porque penetran en la gema.

g. **Desportillados:** Son muescas que penetran el diamante, se encuentran alrededor del cinturón.

h. **Naturales:** Son aquellas marcas de crecimiento que penetran dentro del diamante semejando cavidades.

i. **Grano interno:** Son irregularidades en la cristalización del diamante, los efectos suelen ser:

   1. Una apariencia lechosa, como un granizado fino.

2. Líneas finas paralelas e incoloras, o con aspecto de pliegues de papel celofán.
3. Planos de reflexión, que semejan a una hoja de plástico delgada colocada dentro del diamante.
4. Bandas blancuzcas de color.

Las líneas de grano no afectan el grado de pureza, a menos que sean blancas, reflexivas o tengan color (Figura 6).

j. **Nudo:** Es un diamante alojado en el interior de un diamante que aflora a la superficie de la gema tallada, la superficie que le rodea no presenta el mismo tipo de pulido que el resto del cristal, y a veces pueden verse líneas de pulido en un lado de este tipo de inclusión (Figura 7).

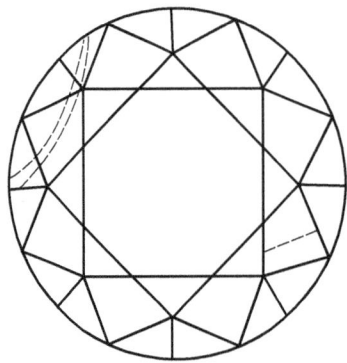

Figura 6
Línea de crecimiento interno semejan las marcas que deja un cepillo en pintura húmeda

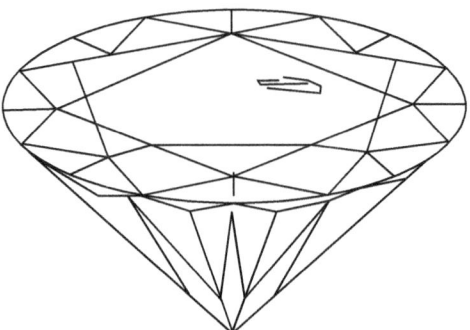

Figura 7
Nudo aflorando la superficie de un diamante

l. Perforación con láser: Este procedimiento es usado para transformar inclusiones oscuras en otras menos evidentes, generalmente se abre un orificio en el diamante y se llena con un agente químico blanqueador. Cuando se observa por encima lucen en la superficie como partículas de polvo, de lado tienen apariencia de túneles angostos que se inician desde la superficie.

Esta técnica sólo se usa con diamantes en el rango de los imperfectos "I", no mejora el grado de pureza pero si la apariencia del diamante, el cliente debe ser informado acerca de éste tratamiento artificial de la gema (Figura 8).

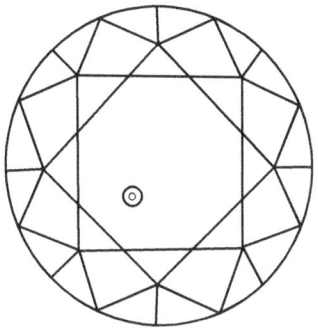

Figura 8
Diamante perforado por laser

3. Diferentes escalas de clasificación de pureza más conocidas en la industria del diamante tallado

Gemological Inst. of America	Gran Bretaña	Escandinavia	C.I.B.J.O.*
F.L.	F.L.	F.L.	–
I.F.	–	I.F.	I.F.
VVS1	VVS	VVS1	VVS1
VVS2	–	VVS2	VVS2
VS1	VS	VS1	VS
VS2	–	VS2	–
SI1	SI	SI1	S1
SI2	–	SI2	–
I1	1st. Piqué	1st. Piqué	P1
I2	2nd. Piqué	2nd. Piqué	P2
I3	3rd. Piqué	3rd. Piqué	P3

*C.I.B.J.O.: Siglas que corresponden a la abreviación de: Confederación Internacional de Joyería, Orfebrería, Diamantes, Perlas y Piedras.

Los diferentes sistemas de clasificación de pureza usados hoy en día, funcionan bajo los mismos principios y tienen gran similitud, cada uno consiste en una escala formada por diferentes grados, cada grado se asigna en base a: número, tamaño, color y posición de las características de pureza y el efecto que ellas producen en el diamante tallado. Las escalas más amplías y completas son las del G.I.A. (Gemological Institute of América) y la Escandinava, dividen en dos los grados "VS" y "SI" lo que permite una evaluación más precisa, sin embargo, dicha agudeza sólo se requiere con diamantes de tamaño mayor a los melee, la poca diferencia en los precios de las gemas pequeñas, no justifica dicha precisión.

La escala del C.I.B.J.O. es más incompleta que las dos anteriores, en especial en lo que se refiere a los grados intermedios, sin embargo, también contempla de manera amplia los grados imperfectos.

La más escueta de todas las escalas expuestas es la de Gran Bretaña, no hace división de los grados VVS - VS - SI por lo que deja una brecha muy grande en la evaluación, lo cual en términos de precios, es muy significativo, especialmente cuando se habla de tamaños grandes, en grados óptimos y buenos de color. Ejemplo: "Publicación de Listas de Precios del Repaport Diamond Report de junio 2004"

Precio en dólares americanos – por quilate

Color	Pureza 1.00qt	Peso 1.49qt.	1,00 ct a 1,49 ct		
D	VVS1	VVS2	VS1	VS2	SI1
	12.100	10.800	9.000	8.200	6.900
			4,00 ct a 4,99 ct		
D	34.600	30.200	24.100	20.200	15.800
F	24.200	20.800	18.600	17.200	13.800

La diferencia de precios existente entre los diferentes grados, nos confirma la necesidad de una escala que los contemple a todos.

4. Nomenclatura usada en las diferentes escalas de clasificación de pureza

Las siglas, de las diferentes escalas de clasificación de pureza corresponden a abreviaciones de las palabras en inglés que describen la magnitud, tamaño y efecto de las características de pureza. Ejemplo: VVS1- VVS2 (very very slightly included), la traducción literal indica: Inclusiones muy pero muy pequeñas, casi imperceptibles.

Los términos Piqué de las escalas Escandinavas y de Gran Bretaña guardan cierta correlación con las siglas de los grados imperfectos ("I" - "P") de la nomenclatura del G.I.A. y C.I.B.J.O.

El sistema de clasificación de pureza del G.I.A. es el más aceptado a nivel internacional.

5. Descripción del tipo, tamaño, posición y visibilidad de las diferentes características que distinguen cada grado de pureza

La observación del diamante tallado debe efectuarse con una lupa de 10 aumentos, aplanática y acromática o con microscopio binocular de 10 aumentos equipado de un campo oscuro de iluminación.

Flawless "Puro" se refiere a características visibles y no a nivel de estructura cristalina.

Este grado se asigna a todo diamante libre de todo tipo de característica de pureza, acepta:

1. Facetas extras en el pabellón no visibles al observarse la gema en posición "Mesa hacia Arriba".
2. Naturales muy pequeños confinados al cinturón, siempre y cuando dicho cinturón no sea muy grueso y que no distorsionen el contorno de la gema.
3. Líneas internas de crecimiento incoloras, no reflexivas ni visibles cuando se observe el diamante en posición "Mesa hacia Arriba".

I.F. (Internamente Puro): Todo diamante libre de inclusiones o características internas, sólo presenta imperfectos externos pequeños y factibles de remover al pulirse de nuevo la gema. El mismo criterio usado para juzgar las líneas de crecimiento interno, naturales y facetas extras en los diamantes puros se usa para el grado "I.F."

VVS1-VVS2 (Inclusiones muy diminutas, muy difíciles de observar): Estos grados se asignan a diamantes que contienen inclusiones diminutas, muy difíciles de ver aún para profesionales diestros. La diferencia entre el VVS1 y el VVS2 se basa en que las características de pureza del VVS1 son más difíciles de localizar que las del VVS2. Las inclusiones que presentan suelen ser: cristales incluidos, tipo cabeza de alfiler, nubes muy pequeñas no visibles en posición "Mesa hacia Arriba", Líneas de crecimiento reflexivas, desportillados muy pequeños, cinturón con plumillas.

VS1-VS2 (Inclusiones diminutas, difíciles de observar): Estos grados se asignan a todo diamante que presente inclusiones entre difícil de ver y más evidentes, aún así siguen siendo pequeñas. El tipo de inclusiones que caracteriza estos grados son: cristales incluidos pequeños, plumillas pequeñas, nubes muy pequeñas, cristales tipo cabeza de alfiler, naturales que afectan el contorno del diamante.

SI1-SI2 (Inclusiones fáciles de ver o evidentes): Estos grados se asignan a diamantes que presentan inclusiones evidentes y fáciles de observar, se localizan inmediatamente al examinar la gema con el lente de 10 aumentos, u otro instrumento indicado en posición "Mesa hacia Arriba"; en algunos SI2 las inclusiones pueden ser vistas aún a simple vista. Las características internas de ellos suelen ser cristales incluidos, nudos, nubes, plumillas, cavidades.

I1-I2-I3 o grados imperfectos (Inclusiones evidentes a 10 aumentos y visibles a simple vista en posición "Mesa hacia Arriba"): Los diamantes de estos grados se caracterizan por presentar: inclusiones muy evidentes a 10 aumentos y visibles a simple vista al observar la gema en posición "Mesa hacia Arriba", plumas tipo exfoliación tan severas que pueden extenderse y afectar la durabilidad. Las inclusiones son tan numerosas que afectan la transparencia y brillo de la gema. La diferencia entre estos tres grados depende del tamaño y cantidad de inclusiones que contengan y del efecto que ellas produzcan en el diamante. Las inclusiones del I3 son notorias, a veces suelen afectar la durabilidad de la gema.

El grado de pureza I3 marca la línea de separación entre el diamante gema y el diamante industrial. Algunos diamantes clasificados con el grado imperfecto (I), con inclusiones, cercanas al área del cinturón, a veces pueden retallarse para mejorar el grado de clasificación de pureza, el grado se asignará de acuerdo a las características que presente al ser examinado.

6. Asignación del grado de pureza

Los imperfectos externos casi no tienen efecto en los grados de pureza inferiores al I.F.

El grado de pureza es determinado por: el tamaño, cantidad, posición o visibilidad, tipo y color de las inclusiones, visibles en un diamante tallado cuando se le observa con un lente acromático y aplanático de 10 aumentos. Sin embargo, es el efecto global que ellos producen en la gema, lo que determina el grado que se asigna.

El tamaño de las inclusiones es muy importante en la asignación del grado, entre más difícil de ver sea una inclusión al observarse el diamante "Mesa hacia Arriba" mejor será el grado, el número de inclusiones y el efecto de ellas en conjunto también inciden sobre la clasificación, un diamante puede presentar grupos de cristales diminutos y, aún así, puede asignársele un grado alto de pureza. La posición de la inclusión es muy importante, si se localiza con facilidad como sucede con las inclusiones que se hallan en la mesa o en áreas cercanas, son más visibles que las que se encuentran cercanas al cinturón o debajo de las facetas siendo menos evidentes.

Algunas inclusiones se encuentran en sitios que producen reflexiones de ellas en las facetas del pabellón, cuando se observa la gema "Mesa hacia Arriba" este efecto reduce el grado de pureza.

Cierto tipo de inclusiones como plumas, que puedan en un futuro afectar la durabilidad, también afecta la clasificación. Las inclusiones generalmente son incoloras, a veces pueden ser negras, marrones, o verdes, esto las hace más evidentes por lo que el grado de pureza se hace más bajo.

Al asignar el grado de pureza de un diamante, analice: Las inclusiones son muy diminutas y muy difíciles de ver **(VVS)**, las inclusiones son pequeñas y difíciles de observar **(VS)**, las inclusiones son evidentes y fáciles de observar **(SI)**, las inclusiones son evidentes a simple vista, o pueden afectar la durabilidad del diamante **(I)**.

Breve guía de la apariencia que presentan las inclusiones en los diferentes grados de pureza

Grados de pureza	Tipo de características a 10 aumentos	A simple vista
Flawless	Libre de toda característica de pureza	
I.F.	No presenta inclusiones sólo diminutos imperfectos externos	
VVS1	Diminutas inclusiones extremadamente difíciles de localizar y de observar	
VVS2	Diminutas inclusiones muy difíciles de observar	
VS1	Pequeñas inclusiones difíciles de observar en posición "Mesa hacia Arriba"	
VS2	Pequeñas inclusiones se observan con cierta facilidad en posición "Mesa hacia Arriba"	
SI1	Inclusiones evidentes, fáciles de ver	
SI2	Inclusiones muy evidentes	A veces pueden observarse a través del pabellón sin aumento
I1	Inclusiones notorias	Visibles
I2	Inclusiones muy notorias	Fáciles de ver
I3	Inclusiones muy notorias a veces con posibles problemas de durabilidad	Fáciles de ver

Procedimiento para asignar el grado de pureza

a. Limpiar bien el diamante para eliminar toda partícula de polvo y también la grasa, nunca tome la gema con los dedos, use pañitos, los especiales para esto, con la parte más rústica de ellos (nunca toque con los dedos esta parte de los paños), luego sujétela con las pinzas.

b. Iluminación: Esta es muy importante, la mejor es aquella que permite pasar una mínima cantidad de luz sobre la corona y la mayor cantidad a través del pabellón lo más paralela al plano del cinturón, así se evita las reflexiones de la corona y la luz ilumina las inclusiones, un fondo negro produce mejores resultados, este es el campo oscuro de iluminación.

c. Analice el Diamante: el grado de pureza se asigna de acuerdo al efecto y características de pureza, la facilidad con que ellas pueden ser localizadas y observadas a 10 aumentos, en la posición "Mesa hacia Arriba", utilice la "Guía de Apariencia de las Inclusiones". Después de observar la gema en posición "Mesa hacia Arriba" coloque el diamante mesa-culet ligeramente inclinado para observarlo a través del pabellón, de esta manera se pueden localizar inclusiones muy pequeñas y difíciles de ver (ponga la piedra sobre un pañito, de esta manera le será más fácil levantarla para colocarla en posición mesa.-culet, asegúrese que este centrada y en posición correcta, no haga mucha presión, puede dañar el culet. Esta posición también permite observar todo el contorno de la gema rotándola con la ayuda de un pincel aguja.

Para distinguir una partícula extraña al diamante de las características de pureza, la mejor forma es tratar de removerla con un pincel aguja, otra forma es observar la faceta, donde aparece, con luz reflexiva, sí la partícula se ve sobresaliente es que se halla sobre la superficie, de esta manera también pueden observarse las líneas de pulido y las de crecimiento, la luz reflejada no permite ver nada que se halle debajo de la superficie.

Otro método para observar una inclusión es determinar si esta bien enfocada con relación a la superficie del diamante, si la inclusión esta en foco, cuando la mesa lo esta, la inclusión se halla sobre o cerca del plano de la mesa; si la inclusión no esta enfocada y la mesa si lo está, es por que se halla dentro de la gema, puede verificarlo enfocando el plano donde la inclusión se vea más nítida, si la mesa queda fuera de foco demuestra que la inclusión se encuentra debajo de la superficie, este procedimiento se puede emplear en cualquier faceta.

La reflexión de las pinzas a veces confunden, cuando estas sostienen al diamante por el cinturón se reflejan dentro de éste, se ve como una nube paralela al cinturón, para saber si es el reflejo de las pinzas cuando toca la gema, se coloca de nuevo el diamante y se observa si en realidad son ellas. También sucede igual cuando el diamante se coloca mesa-culet, las pinzas reflejan una nube negra debajo de la mesa, se puede verificar al rotar la piedra, observando si la imagen no cambia de apariencia y posición.

d. Asigne el Grado de Pureza: La apariencia del diamante "Mesa hacía Arriba" es la que determina el grado, considere la apariencia que tienen las inclusiones de acuerdo a la guía dada.

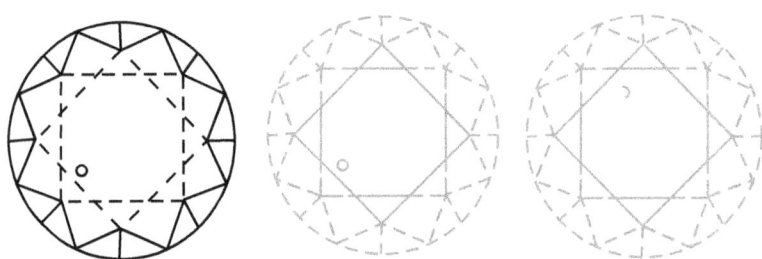

Figura 8
Inclusión observada con luz reflexiva

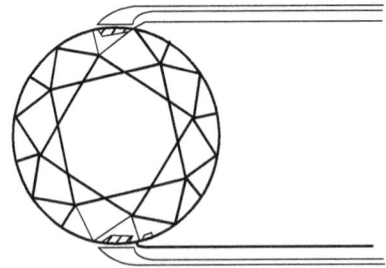

Figura 9
Reflejo de la pinza

7. Diagramación de las inclusiones

Un análisis de Pureza se halla incompleto si no va acompañado de su respectivo diagrama. Este se efectúa por tres razones:

1. Permite identificar el diamante analizado.
2. Demuestra las condiciones en que se hallaba la gema en el momento en que se asignó el grado de pureza.
3. Demuestra el grado de pureza de la gema.

La diagramación debe hacerse después de asignarse el grado de pureza y tendrá que corresponder con et grado asignado, de manera que otro profesional pueda determinar en base al diagrama, un grado de pureza similar al asignado.

Diagrame siempre antes de asignar el grado de color para evitar confundir la gema con el patrón de color.

8. Guía para hacer el diagrama de inclusiones de un diamante tallado

a. Use pluma de punta fina. Para mantener el diamante siempre en la misma posición véalo como un reloj imaginario, en posición "Mesa hacia Arriba" dibuje las características de pureza que observe en la corona, déle la vuelta para invertir la posición, así podrá diagramar las características del pabellón sin cambiar la posición de la gema. Las facetas romboidales y las principales del pabellón pueden ser utilizadas como guías.

b. Dibuje en rojo las inclusiones y, los imperfectos externos en verde con excepción de las facetas extras, las cuales van en negro, al igual que las uñas de la montura.

c. Todas las características visibles a través de la corona se dibujan en el diagrama de la corona, excepto aquellas que se encuentren en la superficie del pabellón o que sólo pueden verse a través de éste. Cuando una inclusión rompe ambas superficies, debe aparecer dibujada en ambos diagramas. Un natural confinado a la superficie del cinturón debe ser dibujado en el diagrama de la corona con una línea continua de color verde, paralela al cinturón.

d. Todas las características deben aparecer en el diagrama, en la misma posición y tamaño relativo que tienen en el diamante.

e. Sólo dibuje los imperfectos externos que halla considerado en la asignación del grado de pureza, o que sirvan para ayudar a identificar la gema analizada, sin embargo, haga alusión en la sección de comentarios de todas estas pequeñas faltas de "Terminado".

f. Después de completar el diagrama, haga una lista de Símbolos de características de Pureza que aparecen en él con el color respectivo, utilice abreviaciones para ellas.

9. Símbolos empleados en un diagrama, usados en la G.I.A.

Imperfectos externos se diagraman en tinta verde		Inclusiones se diagraman en tinta roja	
Natural (N)	N̂	Plumilla	⌒
Faceta Extra (FE)	▲	Cristal Incluído (con la forma que presente)	
HOYO (h)	∴	Cristal incluído (con la forma y color que presente)	
Desportillado	C	Nudo Fisura	Ⓚ
Marca de disco Raya	/	Cristal tipo Alfiler	
Líneas de Crecimiento Externo	∕∕	Nube	⋯
		Línea de Crecimiento Interno	∕∕
		Perforación con Láser	⊘
		Cinturon con Plumillas	‖‖ ‖‖
		Marcas de Percusión	X

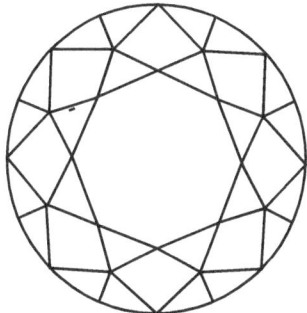 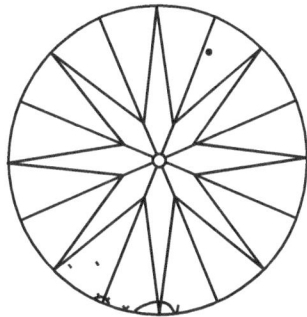

VVS2 Talla brillante redonda
Un cristal en la corona

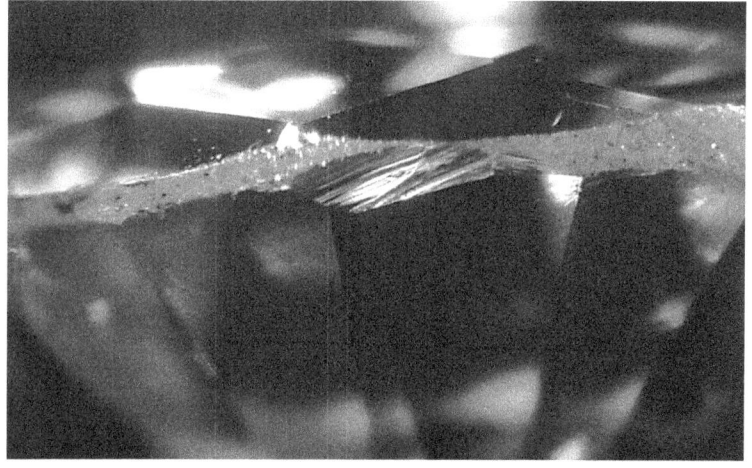

VVS2 Natural, borde del cinturón, diminuta plumilla en media faceta superioir
© Gemological Institute of America (G.I.A.). Reprinted by permission

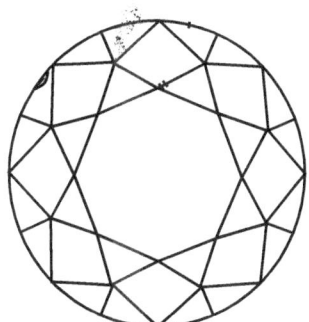 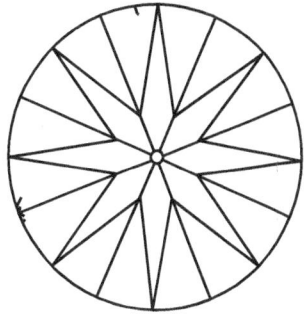

VS1 Talla brillante redonda

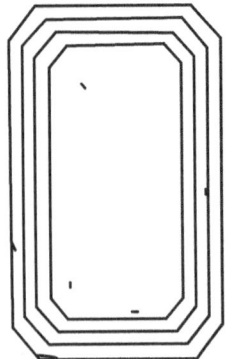 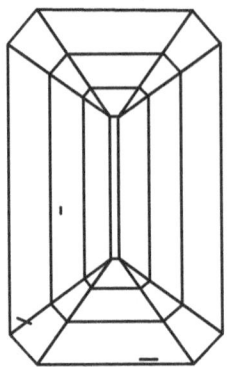

VS2 Talla esmeralda

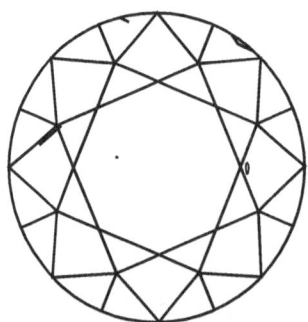 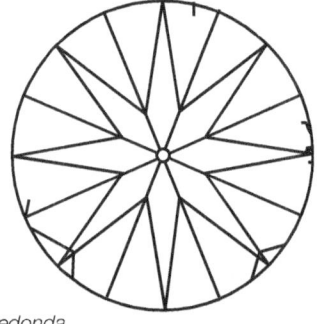

VS2 Talla brillante redonda

VS2 Cristal incluído tipo punta de alfiler en la mesa
© Gemological Institute of America (G.I.A.). Reprinted by permission

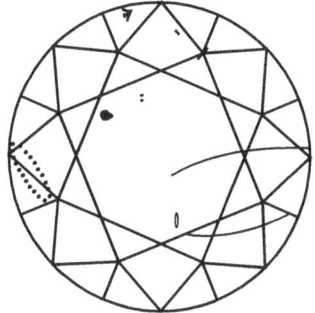
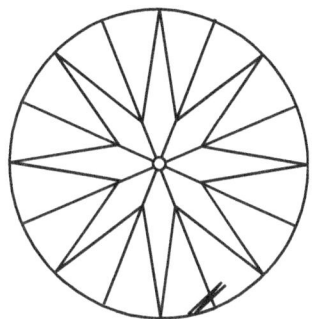

SI1 Talla brillante redonda

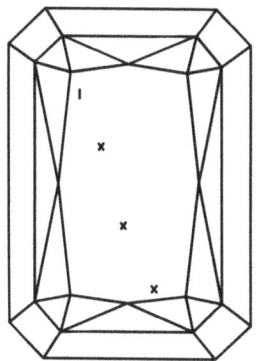
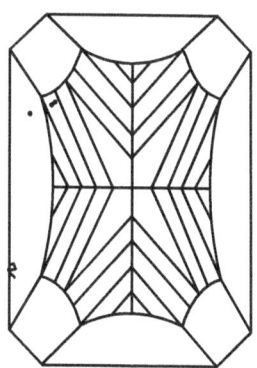

SI2 Talla esmeralda

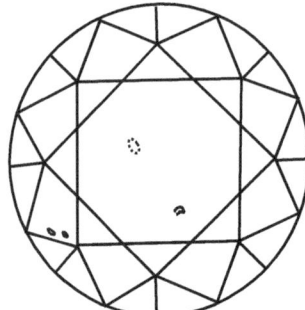 

SI2 Talla brillante redonda

SI2 Plumilla, cristal incluído en la corona
© Gemological Institute of America (G.I.A.). Reprinted by permission

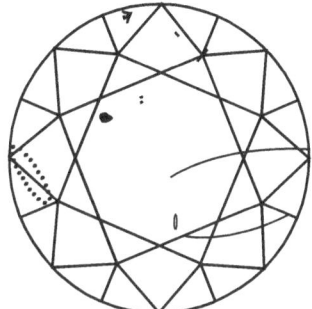 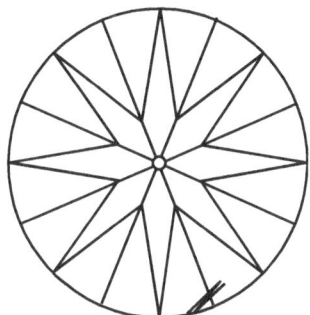

I1 Talla brillante redonda

Plumillas evidentes, nubes, cristales incluídos en la corona
© Gemological Institute of America (G.I.A.). Reprinted by permission

Tratamientos para mejorar el grado de pureza en los diamantes tallados

Por ser éste uno de los factores determinantes del precio de los diamantes, han aparecido en el mercado, desde 1970, algunos tratamientos para mejorar la apariencia de pureza de ellos, facilitando así su venta. No obstante, dichos tratamientos no son permanentes; además, el valor de la gema correspondería al grado de pureza que tenía originalmente antes de ser tratados.

1. Perforación del diamante con rayos laser

Con este tratamiento no se eliminan totalmente las inclusiones, pueden desvanecerse parcialmente o hacerse menos evidentes las de color oscuro. Consiste en abrir un orificio en la superficie de la gema con rayos láser: el calor del rayo puede desvanecer la inclusión o permite, a través de él, la penetración de ácidos que decoloren la inclusión, haciéndola menos perceptible.

Detección: se observa con una lupa de 10X o un microscopio con aumento 10X la superficie del diamante; la gema tratada muestra en la parte superior una apariencia como si tuviera partículas de polvo, y de lado muestra especie de túneles angostos que se extienden desde la inclusión semi desvanecida hasta la superficie del diamante. Con el tiempo, se llenan de suciedad, haciéndose más evidentes.

2. Relleno de fracturas o fisuras

Es el tratamiento más reciente, cuyo objetivo es hacer menos evidente cierto tipo de inclusiones como: fracturas, fisuras, nudos, mejorando aparentemente la pureza de los diamantes tratados; en ocasiones logran hasta dos grados superiores en la escala de clasificación de pureza. No es un tratamiento permanente, desaparece con el tiempo o durante los procedimientos de limpieza en los cuales se usan equipos de ultrasonido (al reasegurar las uñas de una joya, el área de relleno puede encontrarse debajo de éstas y afectarse con la presión ejercida), en la adaptación de medidas de anillos por el calor requerido en este tipo de trabajo, y al retallarse un diamante.

La detección del relleno de fracturas de los diamantes es determinante e indispensable, no sólo por la diferencia de precios entre ellos y los no tratados, sino por los problemas que pueden suscitarse al recibirse, para reparación o limpieza, joyas con diamantes que presenten dicho tratamiento. La industria de la joyería recientemente ha experimentado los desagradables problemas inherentes a este tipo de tratamiento no detectado en el momento de la compra o al recibirlo de clientes en joyas para limpieza o reparación.

En qué consiste: diamantes en grados bajos de la escala de clasificación de pureza, como SI2, I1 e I2, con inclusiones como fracturas, fisuras, nudos, se les incrusta un relleno transparente en las grietas; es un tipo de vidrio, con un índice de refracción muy similar al del diamante. Dichas gemas adquieren gran nitidez, las fracturas o nudos antes visibles a simple vista casi desaparecen o se hacen menos evidentes, mejorando notoriamente la apariencia, especialmente la de la corona, cuando se observan en posición "mesa hacia arriba".

Características de los diamantes con tratamiento de relleno de fracturas:
a) Todos tienen el llamado efecto destello de colores.

Para detectarlo se requiere lente de diez aumentos (lupa o preferiblemente microscopio) para familiarizase con dicho tratamiento, además se requiere iluminación de campo oscuro, campo claro y, en ocasiones, iluminación de fibra óptica. Para observar el efecto destello de colores con las gemas sueltas, se procede de igual manera que si se analizara un diamante no tratado: se sostiene en posición "mesa hacia arriba", de esta forma puede observarse la mesa y las demás facetas de la corona; se inclina ligeramente la gema volviendo a la posición inicial. Es necesario repetir varias veces el movimiento con el fin de captar dicho efecto, ya que sólo puede apreciarse en ciertos ángulos. Se inicia la observación con el microscopio a 10 aumentos y en campo oscuro: de esta manera la luz llega a la gema por los lados, y no directamente; luego se va incrementando el aumento hasta cuando se perciba claramente algún tipo de inclusión o característica, o el efecto destello de colores; después se invierte la posición para poder observar todas las facetas del pabellón. Finalmente se coloca el diamante en la posición "mesa culet" para examinar el perfil de la gema. Estas tres posiciones van a permitir detectar al tratamiento e inclusive determinar si existe más de una fractura rellena. A veces es necesario iluminar el diamante con luz directa, la que viene del fondo del microscopio, es decir campo claro, y en ocasiones se requiere la ayuda de iluminación de fibra óptica. El efecto destello de colores varía en intensidad en algunos diamantes tratados, puede ser tan sutil que requiere más iluminación, por lo tanto se hace necesario usar iluminación de fibra óptica; este efecto se aprecia como reflejos de colores dentro del diamante. Con frecuencia se observan antes de localizar la fractura rellena. En iluminación de campo oscuro, los colores del efecto suelen ser naranja amarillento y violeta hacia morado o rosado; en ocasiones también pueden observarse de color naranja rosáceo y, con poca frecuencia, pueden ser amarillo, azul, verde y rojo. En iluminación de campo claro, los colores del efecto pueden ser de azul a verde azulado y de verde a amarillo, es decir los colores complementarios de los vistos en iluminación de campo oscuro; algunos ejemplares atípicos pueden exhibir destellos violeta. Tanto en la iluminación de campo claro como en la de campo oscuro, una fractura rellena puede mostrar un color en un área y otro diferente en otra, o diversos colores en un mismo ángulo de observación. Los destellos de colores pueden variar en toda la fractura o en algunas partes de ella, en especial cuando se inclina el diamante levemente y se vuelve a la posición original varias veces consecutivamente; ocasionalmente puede apreciarse una reversibilidad de los colores vistos en los dos tipos de iluminación: de esta manera, los colores en campo oscuro podrían ser de azul a verde y en campo claro amarillo naranja o rosado. Al observar diamantes con fracturas, se debe tener cierta precaución, es posible que dichas fracturas no estén rellenas y exhiban una película de iridiscencia, observados en el microscopio en campo oscuro pueden mostrar algunos colores del espectro, tales como amarillo y naranja, o azul y morado; sin embargo, no van a mostrar colores complementarios en campo claro. Los colores de iridiscencia se aprecian mejor en ángulos perpendiculares al plano de la fractura, mientras que los colores del efecto de destellos de los diamantes con relleno de fracturas se detectan mejor observando la gema casi paralelamente a la fractura. Un disco polarizador ayuda a hacer la distinción: los colores de iridiscencia en las fracturas no rellenas, cambian de posición al rotar el disco, mientras que los colores del efecto destello sólo se oscurecen o intensifican con la rotación del polarizador. Es posible conseguir diamantes con fracturas que alcanzan la superficie, con un color natural marrón anaranjado causado por la presencia de compuestos de hierro, puede recordar el efecto de destello color naranja.

b) Algunos muestran evidencias de una estructura de fluido o burbujas de gas atrapadas, relleno parcial en la superficie, textura estriada o estallada, áreas rellenas turbias o nubladas, y en ocasiones residuos superficiales.

- Estructura de fluido: Una rotura rellena luce como si una sustancia vítrea hubiera penetrado en ella: tiene una apariencia completamente distinta a la que tienen las fracturas o fisuras no tratadas.
- Burbujas atrapadas: Son espacios vacíos de la sustancia de relleno, áreas incompletas de relleno; pueden ser planas o muy pequeñas y dispuestas en grupos. En conjunto tienen la apariencia de huellas digitales. Las burbujas atrapadas, en campo oscuro son altamente reflexivas: las planas y de mayor tamaño producen reflejos tipo "espejo"; estas inclusiones brillantes son uno de los primeros indicativos del relleno de fracturas.
- Relleno parcial: Se caracterizan por ser áreas poco profundas en las cuales el relleno del diamante se ha salido parcialmente. En campo oscuro, lucen como rayas finas y blancas o como cintas.
- Textura estriada o astillada: Resquebrajaduras del material de relleno producen una textura tipo "tejido", semejan el resquebrajamiento del barro seco. Aunque no son frecuentes, pueden darse y son propias de rellenos con cierto espesor y rellenos dentro de orificios perforados con láser.
- Color de relleno: Se produce en áreas donde el relleno tiene cierto espesor. En ocasiones pueden observarse matices que van del marrón claro al amarillo pardusco o amarillo naranja: son el colorido de las sustancias usadas en el relleno. También pueden producirse en cavidades rellenas y en perforaciones hechas con rayos láser.
- Áreas rellenas turbias o nubladas: Son áreas que presentan poca transparencia, semejan nubes blancas en el relleno.

- Residuos superficiales: Son de dos tipos
  -Marcas nubladas alrededor de algunos puntos de roturas del relleno;
  -sustancia incolora sobre la superficie del diamante.

Deben ser cuidadosamente examinadas, pueden confundirse con "marcas de quemado" por exceso de calor generado en el disco de pulido; no son áreas asociadas a fracturas.

Síntesis para la detección del relleno de fracturas.

1. Uso de lentes de aumento (lupa o microscopio).
2. Reconocimiento del efecto de destello de colores. La presencia de éste demuestra que el diamante tiene tratamiento de relleno de fracturas; hay que tener la precaución de no confundirlo con la iridiscencia de fracturas no rellenas, con colores de fracturas causadas por sustancias con contenido de hierro y fracturas coloreadas por radiación natural.
3. Observación general de las áreas que muestran burbujas. Las más diminutas, examinadas individualmente, pueden confundirse con inclusiones de tipo"alfiler".

Cuidado y limpieza de diamantes con relleno de fracturas

Los diamantes con tratamiento de relleno de fracturas engastados en joyas requieren mayor atención y cuidado: las uñas del metal de la joya pueden cubrir áreas con fracturas superficiales rellenas. Además, el metal restringe ciertos ángulos de observación del efecto destello de colores característico de este tipo de tratamiento, lo que obliga a examinar la pieza en diferentes posiciones.

Las fracturas grandes afectan la durabilidad del diamante, por lo tanto, para la limpieza de joyas que tengan tratamiento de relleno, nunca debe usarse equipos de ultrasonido, ya que pueden dañar el tratamiento y se corre el riesgo de que se rompa la gema.

El calor también daña el tratamiento, por lo tanto, además del cuidado requerido para cuando se usan altas temperaturas en reparaciones o fabricación de joyas, los diamantes tratados deben recubrirse con sustancias protectoras, de la misma manera que se hace con otras gemas.

6
EVOLUCIÓN DE LA TALLA DEL DIAMANTE

La Talla es el toque mágico que da el hombre a las piedras preciosas para hacer aflorar en ellas, todo ese conjunto de maravillosas cualidades, para deleite y fascinación de quienes las contemplan.

Los estilos de talla de hoy son el resultado de cientos de años de trabajo y tesón de los pioneros de la industria para desplegar al máximo toda la belleza, potencial celosamente resguardada por la gema.

1. La talla del diamante

Como se vio en el Capítulo 2 de este libro, la evaluación de un diamante se basa en cuatro factores: Pureza, Color, Proporciones de Talla y Peso; los factores 3P-C.

La Talla y más explícitamente las proporciones, empleadas en ella (acorde con el estilo), tienen gran efecto en los otros tres factores y en la apariencia de la gema terminada, y aunque el hombre no puede cambiar las características intrínsecas del cristal en bruto, tiene la técnica de poder modificarlas, tratando de ocultar sus defectos para destacar sus cualidades. El tallista busca un equilibrio entre el precio y la buena apariencia.

2. Evolución de los diferentes estilos de talla

Siglos han pasado desde que el hombre descubrió que el diamante podía tallarse con su propio polvo, desde ese momento se inició una continua evolución en el arte de tallar diamantes, hasta llegar a los diferentes estilos de talla que conocemos hoy. En un comienzo tenía como objetivo eliminar inclusiones y defectos o cubrirlos, para disimularlos con un gran número de facetas pequeñas, reteniendo el mayor peso posible, la simetría, el brillo y la dispersión no tenían importancia. Ayer igual que hoy, es la forma del cristal en bruto la que determina el estilo de talla.

No se sabe con exactitud, la fecha ni el lugar en donde se hicieron las primeras incursiones de talla, era una profesión secreta, sin embargo se puede decir que apareció como oficio en Europa y simultáneamente en la India, en el siglo XIV.

Secuencia y Aparición de los diferentes Estilos de Talla

a. **Talla en punta**

   Se considera este estilo de talla como el más antiguo, los cristales octaédricos se dejaban en su forma natural o se modificaban los ángulos de las caras; un diamante en forma de octaedro, por exfoliación produce cristales en punta. Se usó en joyería hasta el siglo XV.

b. **Talla en tabla**

   Aparece en Europa en el siglo XV, se puede considerar como la primera talla del diamante, se trata de un octaedro con el vértice superior desbastado, en el cual se hacía una faceta cuadrada llamada tabla, el vértice inferior también se rebajaba y se hacía una faceta más pequeña llamada culet. El proceso se llevaba a cabo por desbaste y pulido.

c. **Talla rosa**

   Este estilo de talla puede ser tan antiguo como el de la talla Tabla, presenta una base plana y la parte superior es como una pirámide o cúpula llena de muchas facetas, dos diamantes célebres, el Kohi-Nur tallado alrededor del año 1530 y el Gran Mogol exhiben este tipo de talla.

Con el transcurrir del tiempo el estilo de talla Rosa sufrió modificaciones, así a mediados del siglo XV se hicieron con diferentes formas, la triangular fue la más popular, cada cara tenía tres facetas. A partir del siglo XVII aparece la talla Rosa "Moderna", este nombre se le dio por tener la apariencia de un capullo de rosa comenzando a abrir. Entre 1700 y 1800, Amberes y Amsterdam se especializaron en este estilo de talla. La rosa holandesa es más puntiaguda que los de otros estilos rosa, las facetas se hallan en grupos de seis.

La mayoría de los diamantes de talla Rosa eran redondos, sin embargo, también se hacían en forma de pera y óvalos. Para modificar el estilo solían cambiar la distribución de las facetas.

Otra variación de este estilo es la doble rosa, el diamante era tallado en forma de semi-esfera, con facetas por los dos lados, es un estilo antiguo y se hizo muy popular a finales del siglo pasado y comienzos de éste, dos diamantes célebres presentan este estilo de tafia, el Florentino y el Sancy.

La talla llamada "Briolette", "Pendeleque" y esfera, son variaciones del estilo de talla Rosa.

d. **Talla antigua simple**

El octaedro era tallado con 16 facetas, es un estilo de talla anterior a la talla brillante, es probable que apareciera entre 1640 y 1645.

e. **Talla mazarino**

Es una de las primeras tallas, con facetas, precursor del estilo brillante moderno, tenía forma de cojín, con 17 facetas en la corona del diamante, incluyendo la mesa y 16 facetas en el pabellón, podían tener culet o carecer de ella, se le dio este nombre en honor al Cardenal Mazarino de Francia (siglo XVII).

f. **Talla brillante**

1. Talla vieja mina
2. Talla antigua europea.

Las primeras formas del estilo brillante aparecen a mediados del siglo XVII, gradualmente fueron evolucionando; se caracterizaban por llevar mayor número de facetas simétricas y contornos más redondos. Se da el crédito de haber tallado el primer diamante estilo brillante con 58 facetas, incluyendo mesa y culet, a "Vincenzo Peruzzi", este estilo de talla se diferencia del brillante moderno en el contorno, en la altura, la cual es muy superior a la que presentan los brillantes de talla moderna y en los ángulos de pabellón.

1. Talla mina antigua

Tiene un contorno en forma de cojín, 58 facetas y mucha más altura que el estilo brillante moderno de hoy.

2. Talla antigua europea

Superó en apariencia a la talla "Vieja Mina", su contorno se hizo más circular, de no ser por las proporciones, sería el primer brillante redondo tallado con 58 facetas; la mesa representa el 40 ó 45% del diámetro de la gema y la altura total un 65% ó más.

g. **Talla brillante moderna**

En los albores de nuestro siglo, la aparición de la sierra diamantada generó una verdadera revolución en la talla del diamante. Antes de este artificio, los cristales en bruto sólo se podían cortar a través de los planos de exfoliación y por desbaste de las puntas del octaedro. La sierra permitió: usar direcciones de cortes diferentes a los de exfoliación, obtener dos diamantes de los cristales en bruto, mejorar las formas y perfeccionar el estilo de talla brillante.

El procedimiento usual antes de la sierra consistía en desgastar uno de los vértices del octaedro en bruto, para formar la faceta central o mesa y reducir ligeramente el contorno de la gema para retener más material. Las direcciones del serrado más usadas en un diamante son las tres paralelas a las caras del cubo (se refiere a la estructura cristalina), en un octaedro se hallan paralelas a los planos del cinturón; éstos cortes permiten obtener gemas con coronas bajas, mesas grandes, mayores a las usadas en las tallas antiguas lo que permite una mayor retención de peso, ideal para los fines del tallista, razones por las cuales la innovación fue aceptada rápidamente en la industria, no obstante la búsqueda por alcanzar la perfección continuó hasta obtener las proporciones "ideales" de la talla brillante moderna.

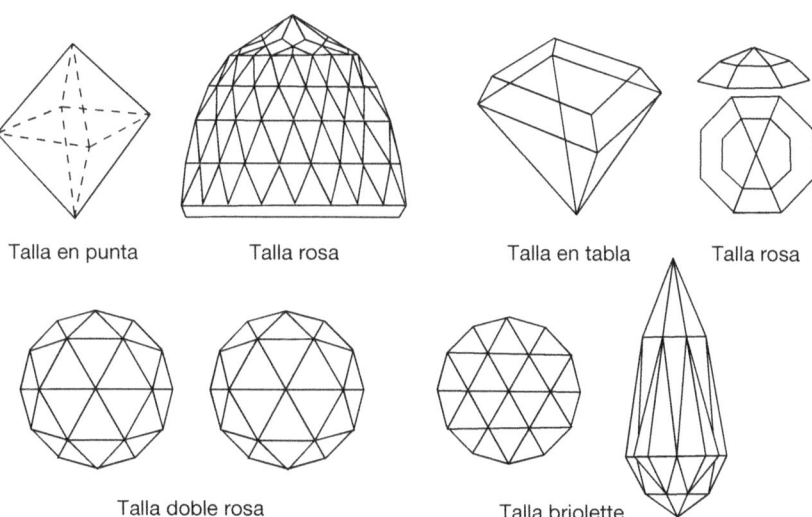

Figura 1
Secuencia de aparición de los diferentes estilos de talla

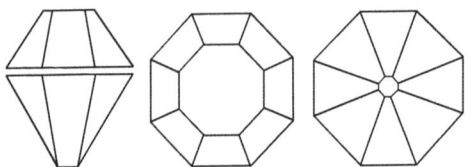
Talla antigua simple

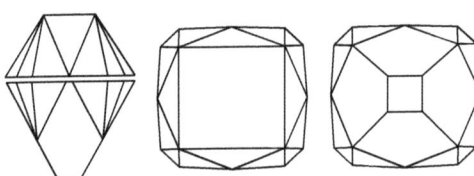
Talla mazarino

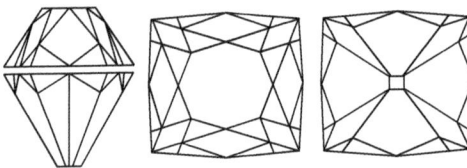
Talla peruzzi

Talla mina antigua

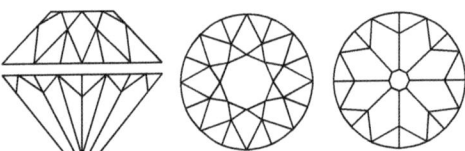
Talla brillante vieja europea

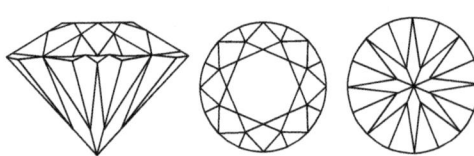
Talla brillante moderna

Figura 1

La belleza de un diamante tallado depende de tres factores: brillo, dispersión o fuego y titilación.

Si la luz que recibe un diamante incidiera directamente sobre la corona y el brillo fuera el único factor que determinara la apariencia de la gema, no habría necesidad de hacer facetas en la corona y los ángulos de las facetas principales del pabellón podrían medir 45 grados, sin embargo, como la dispersión y titilación son factores imprescindibles y la luz cae sobre la corona en diferentes direcciones, sus proporciones van a tener gran efecto sobre la apariencia final de la gema.

Para lograr un equilibrio de estos tres componentes, brillo, dispersión y titilación, fue necesario hacer un estudio matemático de los ángulos y dimensiones que debería tener un brillante "ideal".

En el año 1914, Marcel Tolkowsky, publicó las dimensiones "ideales" de un brillante redondo, para obtener lo que él consideró un diamante de óptima apariencia y belleza.

3. Diferentes estilos y formas de la talla moderna

El diseño de las facetas y la forma de la gema terminada nos describen el estilo de talla.

Los estilos y formas de la talla Moderna se pueden clasificar en:

I. **Talla estilo brillante redonda**

Llamada talla "ideal americana" (debe presentar los valores de las proporciones de Tolkowsky, o ligeras modificaciones de ellas).

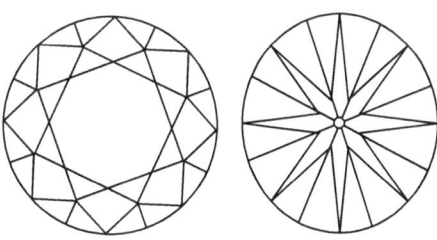

Brillante redondo

Figura 2

II. **Talla estilo fantasía**
   a. Estilo Brillante Fantasía
   b. Estilo Fantasía Escalonado

III. **Talla mixta**

La talla Estilo Brillante Fantasía, es una variación el estilo brillante redondo, tiene el mismo tipo de facetas de este estilo pero varían en número y forma, ya que deben adaptarse al contorno y forma de la gema. Las más conocidas son:

- Brillante Ovalado
- Brillante Marquise o Navette
- Brillante Corazón
- Brillante Pera

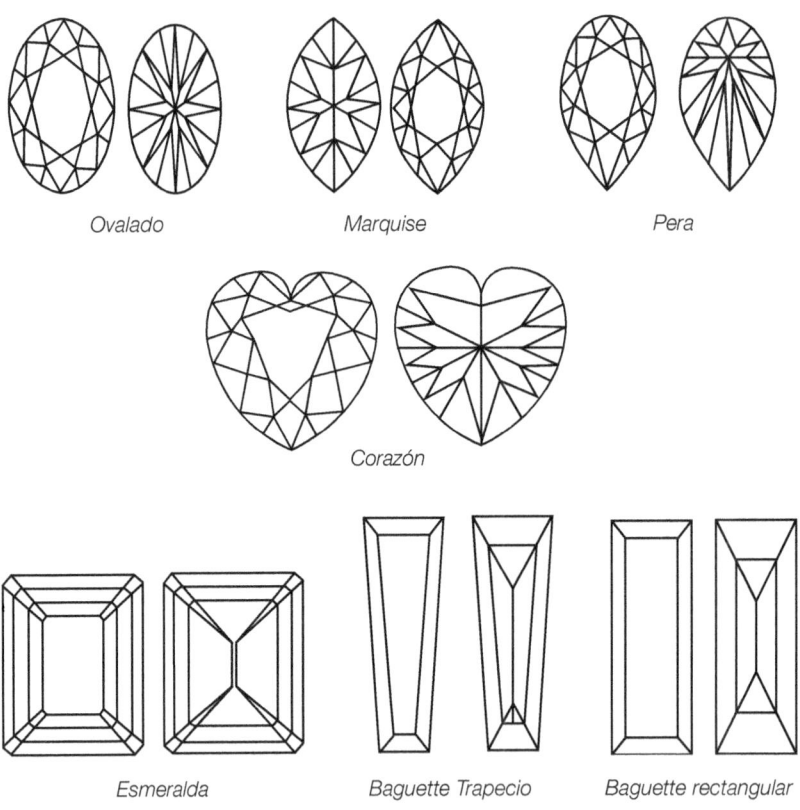

Figura 3
Diferentes estilos y formas de la talla moderna

La talla Estilo Fantasía Escalonada, generalmente tienen el mismo número de facetas que la talla brillante redonda, 58 en total.

La talla Mixta, es una combinación del estilo brillante y el estilo fantasía escalonado.

4. Partes que forman un brillante redondo moderno

La talla Brillante Redonda, es el estilo de talla más popular y el más usado, especialmente en gemas con pesos menores a los 3 quilates. La perfecta simetría de éste estilo produce un despliegue equilibrado de brillo, dispersión y titilación en la gema terminada.

Las partes que forman un brillante redondo son:

a. **Corona**

b. **Cinturón**

c. **Pabellón**

Este estilo de talla tiene un total de 58 facetas, 33 de ellas se hallan en la corona y 25 en el pabellón. (Figura 4)

a. **Corona**

Es la parte superior del diamante tallado, las 33 facetas que presenta se pueden describir y enumerar como:

1 Mesa, es la faceta de mayor superficie, posee un contorno octagonal.

8 Facetas estrellas, tienen forma de triángulo, rodean la mesa.

8 Facetas romboidales o facetas principales superiores, presentan forma romboidal, se extienden a partir de las esquinas de la mesa hasta el borde del cinturón.

16 Facetas medias superiores son de forma triangular, sus bases forman el contorno del cinturón.

b. **Cinturón**

Es la parte media de la gema, separa la corona del pabellón, generalmente se hace sin facetas. Un cinturón bien terminado tiene apariencia de una superficie mate, lisa y cerosa (su apariencia semeja a un vidrio esmerilado).

c. **Pabellón**

Es la parte posterior del diamante, consta de 25 facetas, tiene la siguiente forma y distribución:

1 culet, faceta diminuta que trunca el vértice del pabellón.

8 facetas principales del pabellón, son grandes, su forma es romboidal o pentagonal, depende de la ausencia o presencia del culet, terminan en el borde inferior del cinturón.

16 facetas medias inferiores, son alargadas y de forma triangular, se distribuyen en pares y forman el perímetro inferior del cinturón.

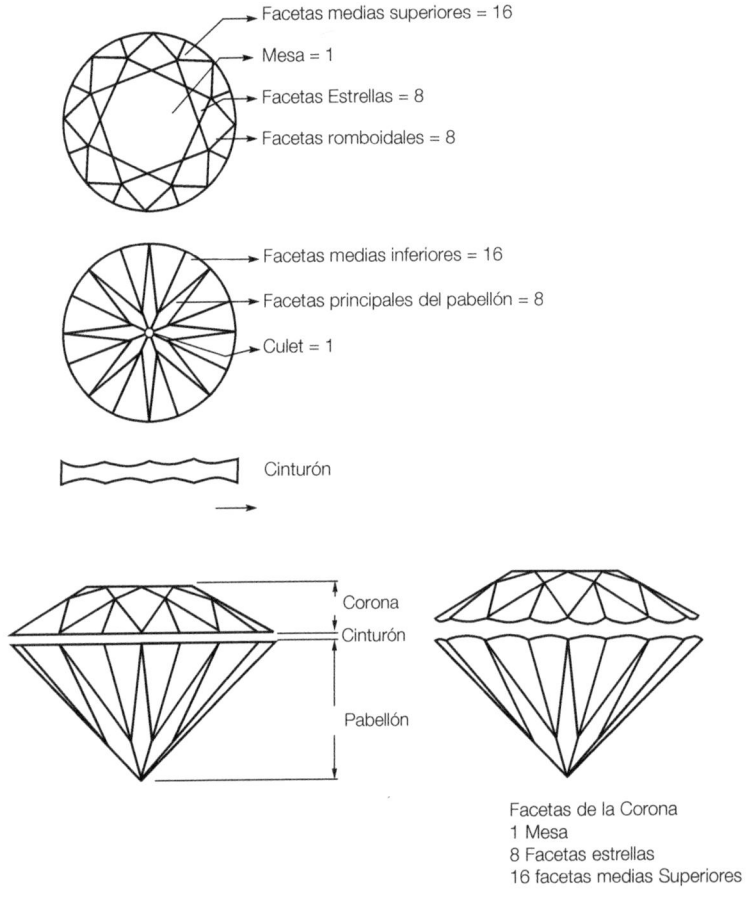

Figura 4
partes que forman el estilo brillante redondo

5. La talla simple o talla 8/8

Los diamantes de tamaño muy pequeño requieren menos facetas que los grandes, este tipo de gemas se tallan con un estilo conocido como talla "simple", consta de 17 facetas, 9 se hallan distribuidas en la corona y 8 se encuentran en el pabellón, generalmente no se les hace culet (Figura 5).

Las gemas pequeñas no tienen espacio para hacer en ellas facetas de gran superficie, si se tallan con muchas facetas se disminuye el brillo y lucen poco nítidas, por lo que se reduce la belleza del diamante terminado.

Para destacar el efecto de titilación de una gema es necesario que el tamaño de las facetas permitan una reflexión precisa e individual, no pueden ser muy grandes, ya que la reflexión de la luz debe ser pequeña y de gran brillo y no grande y relumbrante. Debemos recordar que la titilación son los haces de luz blanca que se contempla en un diamante tallado; es la luz reflejada por las facetas cuando se mueve: la fuente de luz, la gema o el observador.

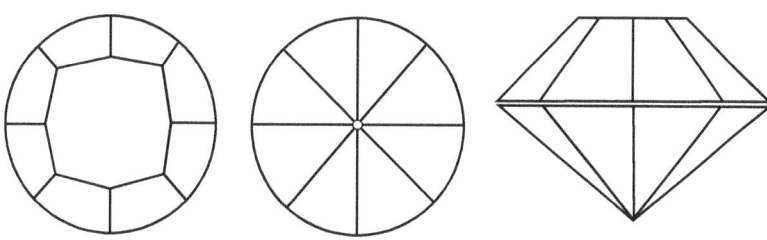

Figura 5
Talla simple moderna

7
PREPARATIVOS Y TALLA DEL DIAMANTE

1. Generalidades

La dureza del diamante, superior a la de cualquier sustancia conocida, con excepción del Borazon (Material sintético con estructura muy similar a la del diamante y de dureza superior, es un diamorfo de nitruro de boro) hace de la talla un proceso lento y difícil, no obstante puede realizarse por ser la dureza relativa una propiedad física direccional.

El diamante sólo puede tallarse con polvo de diamante; éste material posee una orientación desordenada, mostrando algunas superficies de mayor dureza, las cuales al incidir sobre direcciones menos duras y resistentes de la gema en proceso, permiten y facilitan la talla.

2. Preparativos de la talla

   I. **Estudio del cristal en bruto**
   II. **Cortes usados para dividir el cristal en bruto:**
      a. Serrado
      b. Exfoliación
   III. **Desbaste o esbozo del cristal**
   IV. **Talla y pulido de las facetas**

I. **Estudio del cristal en bruto**

Esta es la tarea más importante del proceso, el resultado final va a depender de ella. El operario encargado, debe ser un gran conocedor del arte de la talla ya que es él quien decide los pasos a seguir con el diamante en bruto analizado, considerando: el material en bruto, la forma, la calidad, las gemas que va a obtener las proporciones de talla correcta y la demanda del mercado. Con cristales bien definidos y de buena pureza el estudio es rápido, sin embargo, con diamantes grandes e irregulares a veces se requieren meses, ejemplo la talla del Cullinan necesitó meses de estudio antes de decidirse su talla.

Para apreciar mejor el aspecto interno de la gema, a veces es necesario pulir una superficie plana denominada ventana. Una vez decidido el estilo de talla requerido por el cristal, de acuerdo a la forma, peso, pureza y demanda del mercado, se procede a marcar con tinta china los sitios por donde se van a efectuar los cortes (Figura 1).

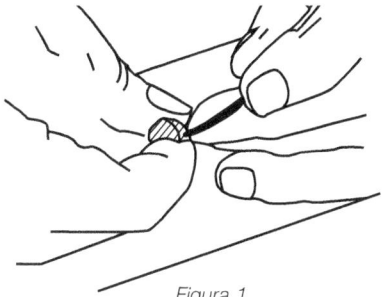

Figura 1
Los sitios donde se van a hacer los cortes en un diamante se marcan con tinta china

Los cristales en bruto con pesos menores al quilate, no necesitan marcarse, la finalidad de marcar las gemas es la de obtener el mayor peso posible en el diamante terminado, eliminar el mayor número de inclusiones y obtener las proporciones más cercanas a la de los patrones modernos de talla, de acuerdo al estilo escogido.

Al marcar los sitios donde se van a efectuar los cortes, con sierra o por exfoliación el tallista considera lo que se denomina el "grano del cristal", el cual se halla relacionado con los ejes y la estructura cristalina, de tal manera que el operario cortará según el grano y pulirá contra el grano; de ésta forma puede usar una de las nueve direcciones de serrado y cualquiera de las cuatro direcciones de exfoliación. Al efectuar los cortes, se busca eliminar el mayor número de inclusiones posibles, con la menor pérdida de peso, procurando situarlas en posiciones donde puedan ser removidas con el desbaste o redondeo de la gema al efectuarse las facetas.

La decisión de la forma de tallar el diamante dependerá de la estructura cristalina y del estilo brillante escogido, para ello el tallista deberá determinar si el cristal es de cuatro puntas, de tres o de dos. Los diamantes se tallan de manera que la mesa sea lo mas cerca a la paralela de la cara de un cubo, octaedro o dodecaedro. Para el tallista un diamante de cuatro puntas es aquel cuya mesa originalmente tiene cuatro vértices, (cortada paralela a las caras del cubo) puede ser un cristal completo o un octaedro cortado, las marcas de la sierra sobre la mesa, indican que es un diamante de cuatro puntas y también son evidencia de la dirección del grano (direcciones de exfoliación, serrado o pulido en un diamante).

Un cristal de tres puntas, es aquel cuya mesa esta formada por una cara de un octaedro con tres vértices, puede ser un cristal completo, exfoliado o una macla.

En el diamante de dos puntas, la mesa se halla en la dirección del rombododecaedro, es decir a lo largo de una de las aristas de un octaedro, por lo que sólo tiene dos vértices, por lo general es un cristal cortado con sierra en esta dirección.

Al observar las líneas de corte, el tallista también podrá apreciar las líneas del grano, en los naturales dejados durante el desbaste del cristal, son ellas quienes les van a indicar la mejor dirección para situar y pulir las facetas (Figura 2).

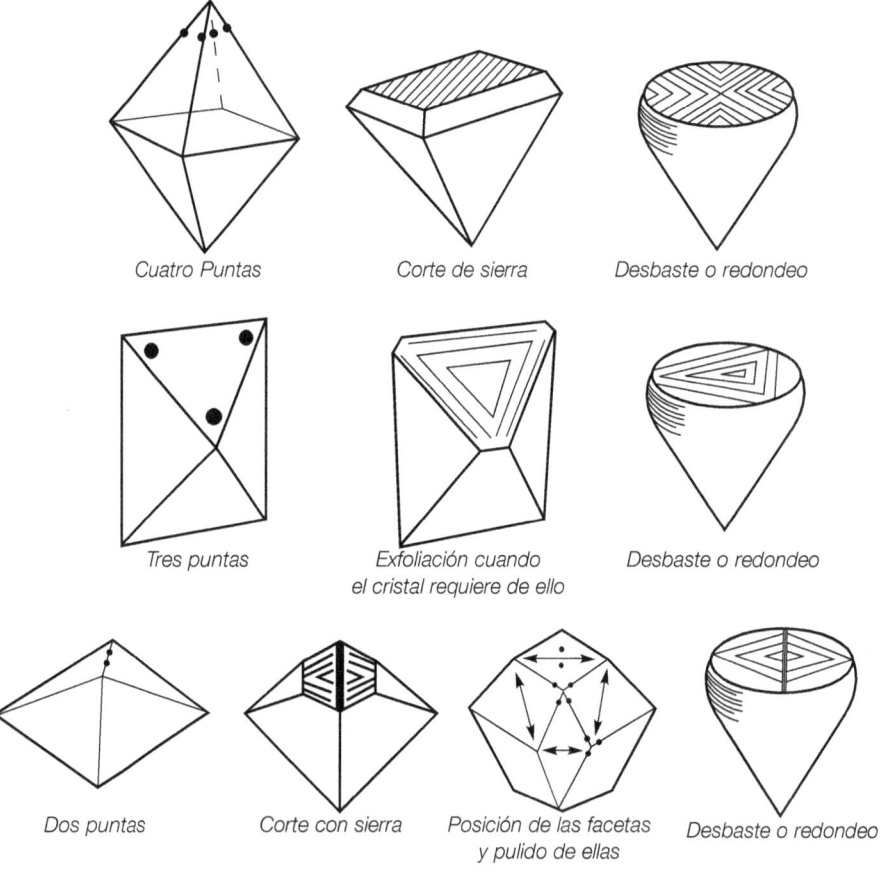

Figura 2
Nombres dados por los tallistas a las direcciones de un cristal obtenido de un octaedro y un dodecaedro

II. **Cortes usados para dividir el cristal en bruto**

Los cortes que se usan para dividir un cristal en bruto son de dos tipos:

a. **Serrado**

b. **Exfoliación**

a. **Cortes por serrado**

Son los que se hacen en un diamante en bruto a través de nueve direcciones, tres paralelas a las caras del cubo y seis paralelas a las caras pares del dodecaedro.

A las primeras se les llama corte de cuatro puntas, se hallan paralelas a un plano imaginario que atraviesa los cuatro puntas del octaedro. Los segundos se les da el nombre de corte de tres puntas, son paralelas a un plano imaginario que atraviesa las dos puntas del octaedro, éstos últimos no son muy usados, ya que tienen una dureza ligeramente superior a las otras tres direcciones y, los cortes obtenidos no tienen formas prácticas para ser usados de manera eficiente en la talla.

Las direcciones de serrado pueden usarse sin importar la forma externa del diamante en bruto, se refieren a la estructura cristalina o red atómica. En un cristal con forma de octaedro, son las tres direcciones paralelas a las caras del cubo (estructura interna), y las otras seis direcciones son las que biselan los bordes del octaedro. Las direcciones de serrado se pueden determinar con facilidad, si se logra observar algún indicio que indique un plano de exfoliación, o que evidencie alguna cara del cristal.

Las máquinas usadas para serrar, tienen un disco muy delgado hecho de bronce especial, con un diámetro entre 7 y 10 cm., el grosor suele ser de 0,06 y 0,15 mm.; una correa de transmisión hace girar el disco a velocidades entre 4.500 y 6.500 revoluciones por minuto, se instalan en hileras, el diamante que se va a cortar se coloca sobre un soporte denominado "dop", sostenido por un brazo de la máquina de manera que el diamante se apoye sobre la parte superior del disco de corte, el diamante se pega en el dop con una pasta hecha de yeso y otros materiales, la posición del soporte puede variarse hasta hallarse el ángulo correcto del diamante con respecto al disco de corte. La sierra se carga con polvo de diamante dispuestos en todas las direcciones mojado en aceite de oliva, el cual se deja reposar en ella por un par de días, se recoge la pasta con un rodillo de acero duro, sosteniéndolo contra el disco en rotación, el disco hace girar el rodillo y el polvo del diamante penetra por los bordes del disco de metal.

Para iniciar el corte se hace una mella sobre el diamante, las técnicas modernas usan láser para hacer la mella de mayor exactitud; para acelerar la velocidad del serrado, algunos tallistas usan alto voltaje entre el brazo y la sierra. La presión del diamante contra el filo del disco se regula aplicando peso en el extremo del brazo, de acuerdo a la requerida por cada diamante. La operación del corte desgasta los discos, por lo que es necesario mantener la misma velocidad de corte; un disco puede servir para cortar seis diamantes. El operario debe mantener un estricto control sobre los cristales cortados, examinándolos periódicamente con una lupa, debe observar la dureza del área con diferente cristalización y dureza superior, que al ser superior puedan doblar las sierras y dañar los cortes; un cristal incluido o nudo presenta una orientación cristalográfica diferente, la resistencia a ser cortada es evidente, obligando a veces a remover el diamante y a reiniciar nuevamente el proceso.

Los octaedros bien formados se cortan usando las direcciones de serrado, sólo en los casos donde la posición de una plumilla pueda afectar el grado de pureza del diamante terminado o que el cristal se halle muy distorsionado, se usan los cortes de exfoliación; la retención de peso es superior, las formas obtenidas son más aptas para la talla brillante.

Un octaedro bien formado y de buena pureza se puede serrar por el centro o por una de las puntas dependiendo del cristal en proceso; con el serrado fuera de centro se obtiene un diamante grande y uno más pequeño, como las gemas de mayor peso tienen precios superiores a los que tienen los diamante más pequeños, el precio de las dos gemas terminadas será superior al que tendrán dos diamantes de igual tamaño, pero más pequeños, además el peso total recobrado será mayor; la posición de las inclusiones en el cristal en bruto es muy importante para decidir el tipo de corte del cristal (Figura 3).

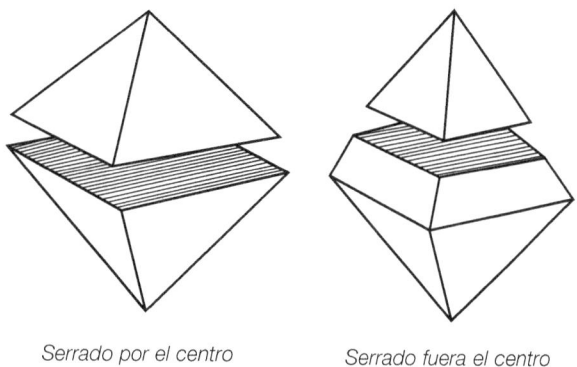

Serrado por el centro   *Serrado fuera el centro*

Figura 3
Cortes de serrado en un octaedro de diamante

b. **Cortes por exfoliación**

El diamante puede exfoliarse con facilidad en las cuatro direcciones paralelas a los cuatro pares de caras del octaedro. Todo cristal de diamante tiene cuatro direcciones de exfoliación. Los cortes por exfoliación se emplean generalmente con cristales muy distorsionados o con diamantes que presentan plumillas situadas en posiciones difíciles de remover mediante otros cortes; es un proceso muy delicado, debe ser realizado por operarios muy diestros, una equivocación puede destruir la gema en proceso. Esta técnica es menos usada que la del serrado, por ocasionar mayor pérdida de peso, las formas que se obtienen con ellos no son las más apropiadas para la talla.

El operario debe tener buenos conocimientos de la estructura cristalina del diamante y buen pulso para poder asestar un golpe seco sobre el cristal que se va a exfoliar. El diamante que se va a cortar se fija en un soporte con una resina especial, en otro soporte se fija otro diamante, generalmente es una esquirla con un canto exfoliado, se usa para hacer una muesca llamada "Kerf" sobre el diamante que se va a cortar. Los dos soportes se sostienen con las manos, descansándolos sobre una caja rectangular, la cual va fija a un banco, los dos diamantes se frotan entre sí para producir una muesca sobre la superficie previamente marcada con tinta china; los fragmentos eliminados se recogen en la caja, una vez hecha la muesca, el diamante que se va a exfoliar se coloca en forma vertical; sobre la mella se coloca una cuchilla vertical de acero bastante grueso, con borde delgado pero no afilado,

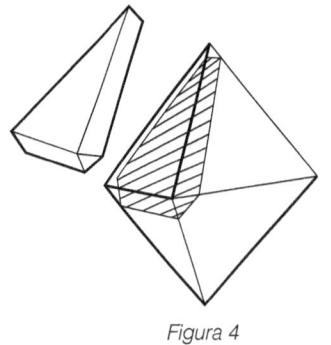

*Figura 4
Corte por exfoliación
de un diamante*

no debe tocar el fondo, de ésta manera actúa como cuña, finalmente se da un golpe seco sobre dicha cuchilla, separando el diamante a lo largo del plano de exfoliación (Figura 4).

III. **Desbaste o esbozo del cristal**

En esta fase de proceso el tallista esboza la forma del cristal que va a tallar; lo redondea eliminando las partes planas que puede, tratando de retener el mayor peso posible.

En los comienzos del arte de tallar el desbaste se hacía a mano frotando un diamante con otro, hoy en día se utilizan tornos o máquinas para desbastar, semejan un torno para trabajar madera. Con él se hace el cinturón de la gema y puede emplearse para obtener una superficie plana.

El diamante a desbastar puede ser un cristal completo o puede haber sido cortado; se fija sobre un soporte el cual se coloca sobre la boquilla de la máquina de desbastar, en otro soporte largo se fija otro diamante el cual va a servir como punta de herramienta de corte, el operario lo sujeta bajo el brazo y apoya el diamante de la punta sobre el que esta girando en el torno.

La parte delantera de la máquina tiene una superficie para apoyar el soporte y un recipiente para recoger el polvo y los fragmentos de diamante desprendidos, los cuales pueden ser usados en diferentes procesos de talla.

El diamante que se va a desbastar debe ser centrado, evitando eliminar más del material requerido; se coloca con el corte de serrado, perpendicular a los ejes de rotación, con las puntas situadas sobre el eje de rotación del torno, en ocasiones, para eliminar inclusiones es necesario colocarlo en posición excéntrica. El desbastador también puede dejar un cinturón más grueso en el área donde se encuentran las inclusiones; redondear el diamante no es un proceso fácil, el operario debe ser experto y evitar pérdidas excesivas del material, frecuentemente suele dejar una pequeña porción de la piel original del cristal, con ello demuestra su habilidad en el arte, la piel original o natural demuestra que obtuvo el mayor diámetro y, por consiguiente, el máximo de peso. Es usual hallar naturales en los cinturones de los diamantes tallados; si el cristal en bruto era simétrico pueden encontrarse dos en gemas de dos puntas, tres en la de tres puntas y cuatro en las de cuatro puntas. Generalmente, el diamante empleado para desbastar, es otro diamante en proceso de desbaste, los vértices de éste cristal se usan para eliminar los vértices de la gema que se halla en el torno (Figura 5).

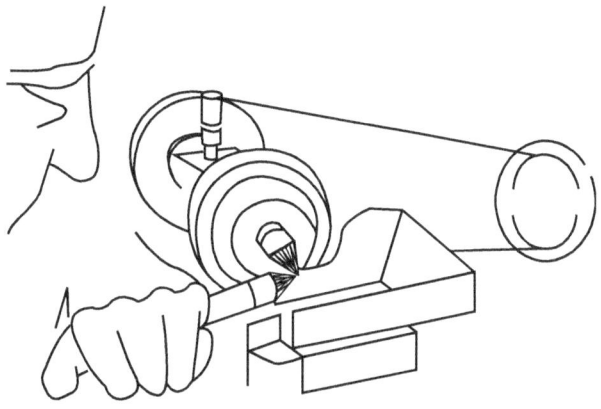

Figura 5
En el desbaste, el diamante que se va redondear, se fija sobre un soporte que gira a gran velocidad en otro soporte se tiene un diamante atornillado el cual se usa como herramienta para desbastar el cristal en proceso

IV. **Talla y pulido de las facetas**

La última etapa de la talla es el corte y pulido de las facetas. Se realiza en dos fases:

a. Corte y Pulido de las primeras 18 facetas: mesa, culet, ocho facetas en cruz de la corona y ocho facetas del pabellón, al operario encargado se le da el nombre de "Cross-cutter".

b. Corte y Pulido de las 40 facetas restantes: 24 de la corona y 16 del pabellón, al operario se le llama "Briallianteerer".

La última etapa de la talla, corte y pulido de las facetas requiere de operarios muy diestros, en especial el que va a efectuar la primera fase, de su trabajo va a depender en gran parte la simetría, brillo y fuego del brillante terminado, es decir, la belleza de la gema.

Al terminar la mesa, el técnico debe tener gran precisión para situar la primera faceta en el lugar indicado y darle el tamaño requerido; si la deja muy grande el terminado será asimétrico, factor que afecta negativamente el precio; puede rehacer el trabajo, lo que reducirá el tamaño del diamante, lo que afectaría el precio de dicho diamante tallado.

El trabajo del operario que sitúa y pule las últimas 40 facetas también es muy importante pues requiere de destreza, es él quien corrige los errores del operario anterior. El equipo empleado consiste en: un disco para cortar facetas de manera horizontal, el "Scaife", un soporte "Dop" que va colocado sobre una pieza llamada "Tang".

El scaife consiste en un disco de hierro fundido de 30 cm. de diámetro y 25 mm. de espesor, con el uso, el espesor se reduce y la superficie debe ser rectificada para eliminar las estrías ocasionadas por el desgaste. Funciona mediante una correa o directamente con un motor eléctrico a una velocidad de 2.500 r.p.m., se halla colocado sobre un banco, en el cual también se encuentran dos topes que sirven para sostener el tang con el diamante apoyado sobre el scaife, para que no lo afecte la rotación; el movimiento debe estar libre de vibraciones, lo que permite situar y pulir las facetas de manera precisa.

Se usa una pasta de polvo de diamante y aceite de oliva.

Muchos talleres utilizan calibradores para medir los ángulos de las ocho facetas romboidales y las ocho facetas principales del pabellón, las otras facetas se hacen a cálculo del operario.

Para hacer las facetas y pulirlas, el diamante se fija en el soporte "dop" con una sustancia pegante o en forma mecánica. El soporte mecánico consta de dos mandíbulas, una fija y la otra sostenida con una serie de tornillos.

El operario debe observar cuidadosamente los diamantes que se encuentran sobre el disco para evitar desgastar en exceso la gema, con los diamantes pequeños, el tiempo requerido para hacer las facetas es muy corto. A veces suelen encontrarse cristales incluidos, o nudos con dirección de pulido diferente, a veces de mayor dureza lo que obliga a dar más presión o a cambiar la dirección; el exceso de fricción quema y oscurece la superficie de la faceta y las áreas próximas a ella, lo que obliga a hacer más profundas las facetas adyacentes.

Cuando se completa el pulido de las facetas, y con ello la talla, el diamante terminado se inspecciona, si el terminado se considera óptimo o aceptable se le da un baño de ácido para eliminar los restos de aceite y residuos que pudieran haber penetrado en fisuras pequeñas de la gema.

3. Pulido automático del diamante

El pulido del diamante es un proceso costoso, relativamente lento y requiere de gran habilidad, representa un 10% del valor del material en bruto, razones por las cuales se han buscado otros métodos más efectivos de producción. A comienzos de la década del 70, el profesor Y. Yarnitsky de la facultad de Ingeniería mecánica de Israel, conjuntamente con la filial de De Beers, Piermatic Machines, Ltd de Londres, crearon las máquinas automáticas de pulido para tallar melée y diamantes pequeños, para 1.976 habían en el mercado 2.200 Piermatic en uso en Bélgica, Israel y otros países. El adiestramiento de dicho equipo es la mitad del tiempo que demora aprender el arte manual.

El dispositivo de ésta máquina se basa en un dop especial, de control electrónico que se coloca en grupos de 4, alrededor de un scaife, los diamantes se sostienen con mordazas especiales.

El profesor Yarnitsky también fabricó una máquina para pulir cinturones de diamantes.

La Piermastic trabaja con cuatro diamantes sobre un mismo disco, pero la máquina funciona en forma integral, el éxito depende de la uniformidad del material procesado, por lo tanto, los diamantes deben ser desbastados y divididos en grupos por medidas, para que puedan colocarse en las boquillas que se encuentran en la máquina de pulir.

La automatización de la talla ha tenido tal efecto en la industria que en 1.977 un 20% de los diamantes melée exportados se calculó fueron tallados automáticamente.

8
Proporciones de la talla brillante redondo

1. Proporciones de las tallas brillantes redondas modernas

Las proporciones se pueden definir como la relación existente entre los ángulos del diamante tallado y los tamaños de las diferentes partes que forman la gema. Son ellas las que permiten desplegar al máximo, las propiedades ópticas (brillo, dispersión, titilación) para destacar la belleza potencial que esconde el cristal en bruto.

El efecto tan marcado que tienen las proporciones y ángulos sobre la apariencia y belleza de la gema, obligó a hacer un estudio matemático de ellas.

En el año 1919 Marcel Tolkowsky, publicó las proporciones y ángulos de la talla brillante "ideal", en dicho modelo se basan las tallas brillantes de hoy, aunque en algunos países ha habido algunas modificaciones.

Talla brillante redonda "ideal"

Todos los ángulos de las facetas y otras proporciones de un brillante redondo, están relacionados al diámetro total de la gema. El diámetro promedio es la medida de comparación, todas las proporciones se juzgan tomando como base de partida ésta dimensión y se expresan en porcentajes (Figura 1).

Porcentajes de las proporciones de la talla brillante "ideal"

Diámetro 100%
- Porcentaje total de altura 59,3 más el espesor del cinturón
- Porcentaje de altura de la corona 16,2%
- Ángulo de la corona 34,5°
- Porcentaje de espesor del cinturón 0,7% - 1,7%
- Porcentaje de altura del pabellón 43.1%
- Ángulo del pabellón 40,45°
- Porcentaje de anchura de la mesa 53%

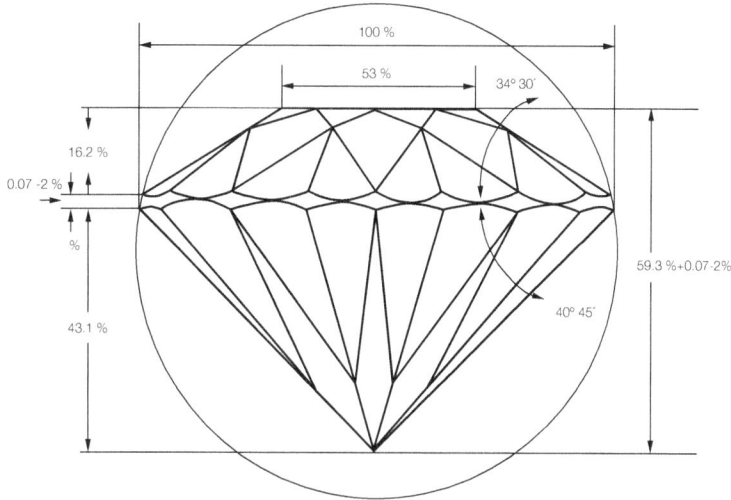

Figura 1
proporciones de un brillante redondo "ideal" modelo Tolkowsky

No todos los brillantes redondos modernos tienen las proporciones sugeridas por Tolkowsky en su modelo talla "ideal" llamada también "ideal Americana" (es el modelo seguido en USA); presentan ligeras variaciones en los ángulos y en algunas proporciones, la mayor diferencia hallada es la del porcentaje de la mesa. Uno de los modelos más usados fue el propuesto a partir de 1940 por el Dr. W.F. Eppler, se le conoce con el nombre de "Talla Fina" o Talla Europea (no debe confundirse con la talla brillante "Antigua Europea", cuya mesa tiene un porcentaje muy pequeño y un porcentaje de altura total mucho mayor que los de hoy) (Figura 2).

En 1970 los países escandinavos publicaron una propuesta de normas denominada "Scan. D. N." en las que se sugieren ciertas proporciones "ideales", la mesa sugerida es más grande que la de las otras tallas modernas.

Cuadro comparativo de los diferentes modelos de "talla ideal" modernos

Diametro	Tolkoowsky 100%	Eppler 100%	Jhonson y Rosh 100%	Scan D.N. 100%
Ancho de la mesa	53%	56%	56,1%	57,5%
Altura de la corona	16,2%	14,4%	19,2%	14,6%
Altura del pabellón	43,1%	43,2%	43,1%	43,1%
Altura total Mesa-culet	59,3%	57,6%	62,3%	57,7%
Angulo de facetas del pabellón	40,45°	40,50°	38,40°	40,45°
Angulo de facetas de la corona	34,30°	33,1°	41,5°	34,30°

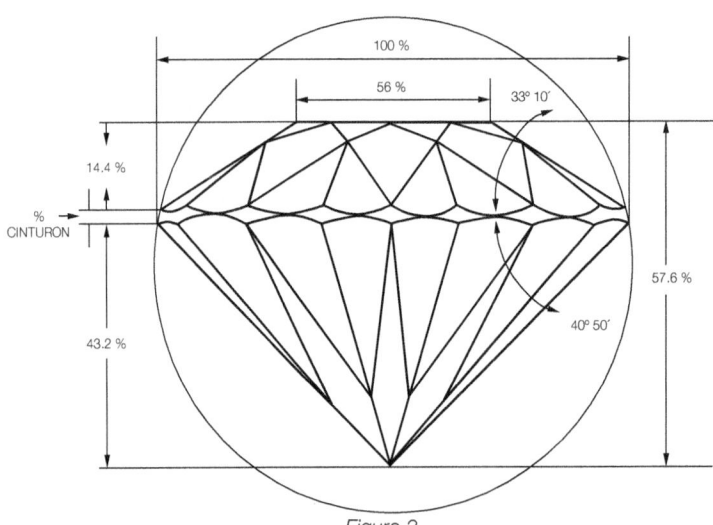

Figura 2
Talla europea o modelo de talla del dr. W.F. Eppler

2. Elementos evaluados en el análisis de las proporciones de un brillante redondo

Los elementos considerados cuando se analizan las proporciones de un brillante redondo son:

1. Porcentaje de la mesa
2. Ángulo de la corona
3. Espesor del cinturón
4. Porcentaje de altura del pabellón
5. Tamaño del culet
6. Simetría

La talla brillante "Ideal Americana" o los modelos de talla brillante "Ideal" modernos, son un patrón de comparación de las proporciones que permiten juzgar la talla de otros diamantes, evaluar su apariencia y, lo más importante, determinar el peso máximo que debe tener un diamante bien proporcionado.

La talla brillante redonda "Ideal Americana" es la que menos peso retiene.

Como vimos en el capítulo 2, el valor de una gema tallada es dado por cuatro factores (3P-C).:

-Pureza

-Color

-Proporciones

-Peso

Siendo el peso uno de los factores determinantes del precio, se entiende la importancia que tienen las proporciones de talla en un diamante.

La conclusión es "Por que pagar más precio por el peso retenido, en un diamante tallado con proporciones que producen una gema poco atractiva". Las modificaciones de las proporciones "Ideales" generalmente se hacen sólo para retener peso. Al evaluar un brillante redondo, debe haber cierta amplitud al juzgar las proporciones, sancionando drásticamente sólo los casos extremos.

Rangos de los porcentajes de las proporciones más frecuentes en los diamantes de talla brillante redondo

Proporciónes y ángulos	
Mesa	55% - 65%
Angulo de la corona	32° a 35°
Espesor del cinturón	Depende del tamaño de la gema. No debe estar en ninguno de los extremos
Altura total	55% - 63%
Porcentaje del pabellón	41% - 44%
Angulo del pabellón	Cercano a 41°

3. El culet

El culet es la última faceta que se hace en el diamante, se halla en el vértice del pabellón. La ausencia del culet no incide sobre el precio del diamante tallado, su finalidad principal es proteger la gema, los diamante melee (diamantes con peso menor a los 0,25 quilate) generalmente se tallan sin culet. Se estima (nunca se mide) su observación suele hacerse a simple vista o con 10 aumentos, el tamaño aceptado hoy es el culet medio.

Se debe recordar que todas las proporciones y ángulos de las facetas de un brillante redondo están relacionados con el diámetro total de la gema.

4. Simetría

El último elemento a considerar en el análisis de las proporciones de la talla, es la simetría.

Se puede definir como la igualdad que debe de existir entre las diferentes partes que se corresponden entre sí en una gema. Tiene gran importancia en la apariencia de un diamante tallado, ya que permite un despliegue uniforme de brillo, dispersión y titilación.

Los brillantes redondos generalmente son simétricos. Un diamante con talla brillante "Ideal" se caracteriza por una simetría "perfecta" es decir, exhibe una mesa octagonal perfecta, centrada de manera ideal, un contorno perfectamente redondo, todas las facetas de la corona y el pabellón ocupan la posición que les corresponde, todas tienen la forma ideal que les caracteriza, Al observarse de perfil, la mesa se halla en la posición paralela que le corresponde, con respecto, al cinturón.

Esta es una gema producto de la imaginación, difícil de hallar en la vida real. Los diamantes los produce la naturaleza y la talla se ajusta a lo que ella ofrece, es por esto que no todas las mesas pueden ser octagonales, las forma de las facetas muchas veces tienen forma distorsionada, y en lugares fuera de la posición que les corresponde, terminando las puntas fuera del sitio indicado; muchas veces la mesa se halla ligeramente inclinada, con relación al cinturón, o puede estar levemente descentrada, los cinturones a veces muestran ondulaciones, el culet puede estar descentrado, las facetas romboidales y las principales del pabellón pueden no coincidir en la posición.

El efecto de la simetría en la apariencia del diamante tallado no es tan marcado, sólo en los casos extremos afecta drásticamente la belleza de la gema, a veces puede corregirse puliendo nuevamente el diamante, con pérdida mínima de peso (Figura 3).

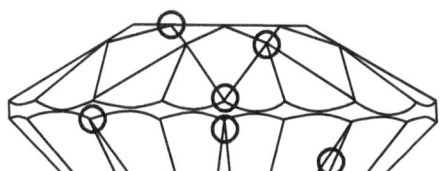

Facetas fuera de sitio

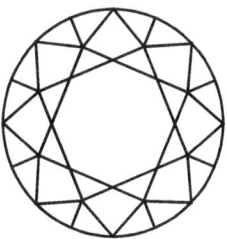

Mesa fuera de centro

Culet fuera de centro

Figura 3
Flaltas comunes de simetría en un brillante redondo

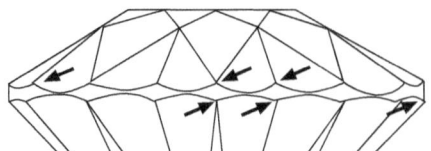

Facetas de la corona y el pabellón. No coinciden

   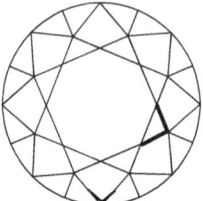

Mesa no octagonal   *Facetas distorsionadas*

Figura 3

Al evaluar la simetría de un diamante tallado debe determinarse si las faltas son leves o, si se deben considerar faltas mayores de simetría, la diferencia es lo evidente que resultan a simple vista.

Las faltas mayores de simetría pueden ser considerados dentro del análisis de las desviaciones de las proporciones; las faltas menores se juzgan en el análisis de el "terminado" de la gema.

Las faltas menores de simetría se refieren a la forma, posición y distribución de las facetas.

Faltas de simetría comunes

Faltas menores de simetría	formas de indicarlas en un diagrama
Mesa o culet ligeramente descentrado	M/FC C/FC
Contorno – no es completamente redondo ligeramente ovalado	D no R
Facetas con puntas fuera del sitio indicado	Fac. P/Fuera S.
Facetas de la corona y del pabellón no coinciden	Fac. no Coinc.
Mesa no octagonal	M/No Oct.
Facetas distorsionadas	Fac. Dist.
Cinturón ligeramente ondulado	D.O.
Naturales situados fuera del cinturón no considerados en el análisis de pureza	N
Facetas extras, no considerados en el análisis de pureza	F.E.

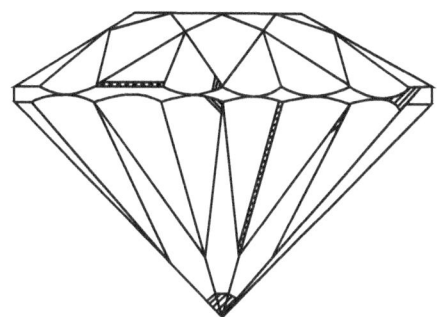

Facetas extras

   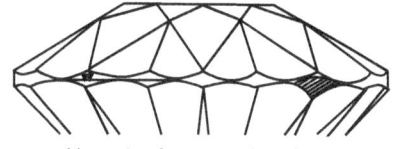

Cinturón ondulado   *Naturales fuera del cinturón*

Figura 3
Faltas comunes de simetría en un brillante redondo

Recuerde, al examinar un brillante redondo para juzgar las faltas de simetría, debe observar la apariencia general de la gema y considerar la perfección de la forma del diamante tallado, de las facetas y la precisión de la situación de ellas, es decir:

- La mesa debe ser un octógono perfecto.
- La culet debe estar centrada.
- Las facetas deben tener la forma y tamaño que les caracteriza.
- El contorno debe ser perfectamente redondo.
- La mesa debe hallarse paralela al cinturón.
- El contorno no debe presentar ondulaciones.

No debe haber facetas extras (las facetas extras sólo se sancionan una vez, bien en el análisis de pureza o como faltas menores de simetría).

Los naturales, sólo deben aparecer en el cinturón y no deben afectar la apariencia del contorno, haciéndolo lucir aplanado o más grueso. Al igual que las facetas extras, su efecto se considera sólo como falta de simetría o como características de pureza.

Una forma sencilla de determinar si las facetas de la corona y el pabellón se hallan en la posición que les corresponde, es analizar el diamante en posición "Mesa hacia Arriba", observando las facetas romboidales se ven como si las puntas principales de las facetas del pabellón tocaran las puntas (en contacto con el cinturón) de las facetas romboidales, si no se hallan simétricamente en la posición indicada, las puntas de las facetas principales del pabellón terminan en otro sitio. La figura 4 indica la posición ideal de las facetas, cuando la corona y el pabellón coinciden. La figura 5 muestra la posición de las facetas cuando la corona y el pabellón no coinciden.

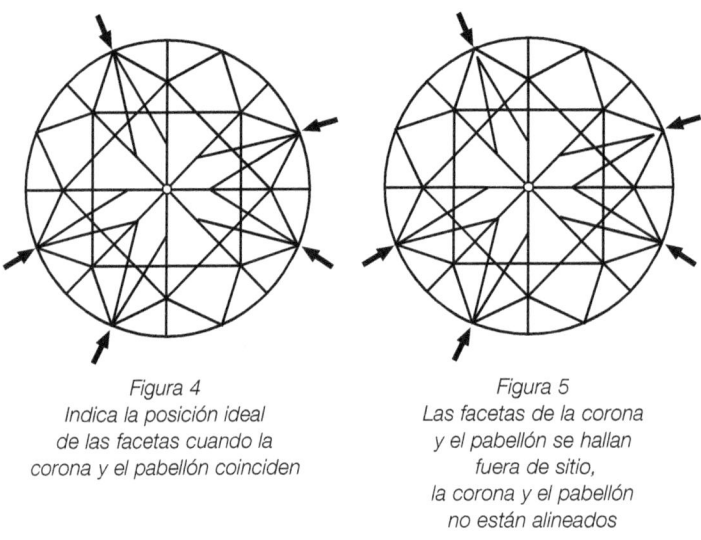

Figura 4
Indica la posición ideal
de las facetas cuando la
corona y el pabellón coinciden

Figura 5
Las facetas de la corona
y el pabellón se hallan
fuera de sitio,
la corona y el pabellón
no están alineados

Para determinar si el culet esta centrado, las facetas del pabellón sirven de guía. Los puntos de unión de las facetas medias inferiores permiten dividir a el brillante redondo en cuatro cuadrantes simétricos, si el culet esta centrado, los cuatro radios que forman los cuadrantes tendrán igual longitud y terminarán en el centro del diamante. Si el culet no se halla en el centro, los radios no son equidistantes (Figura 6).

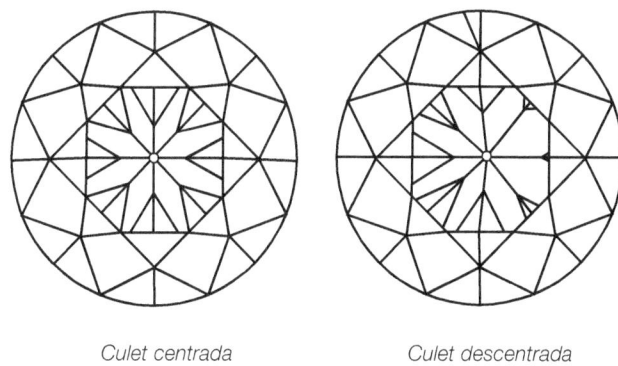

Culet centrada   *Culet descentrada*

Figura 6

Las faltas de simetría menor inciden muy poco sobre la apariencia y el peso de la gema terminada, no así las faltas de simetría mayor que afectan drásticamente la apariencia del diamante tallado y permiten mayor retención de peso, razones por las cuales se les juzgan en el análisis de las proporciones.

Las faltas de simetría menor, al igual que las faltas de "pulido", se agrupan y se analizan conjuntamente bajo el término de "Terminado". El Terminado sólo afecta y de manera muy ligera, el precio del diamante tallado.

Las faltas de simetría mayor inciden notablemente sobre la apariencia general de la gema tallada, el exceso de peso retenido a expensas de la belleza, es considerable, por lo que se deben sancionar al evaluar el peso y las proporciones del diamante tallado.

Recuerde, todas las faltas de talla que afecten de manera evidente la apariencia del diamante terminado, deben ser consideradas faltas de simetría mayor, las más frecuentes suelen ser:

1. Mesa o culet descentrada, cuando se observa el diamante a 10 aumentos.
2. El contorno, aún a simple vista, no luce perfectamente circular.
3. La mesa a simple vista no se observa paralela al cinturón.
4. Cinturón notoriamente ondulado, evidente a 10 aumentos.

Las faltas consideradas en el análisis de proporciones no pueden ser juzgadas nuevamente al evaluar el "Terminado". Muchas de las faltas menores de simetría se producen a causa de faltas de simetría mayor.

9
ANÁLISIS DE LA CORONA DE UN DIAMANTE CON TALLA BRILLANTE REDONDO

Para entender el efecto que tienen sobre la belleza y el precio de una gema terminada, la variación de los porcentajes empleados en las proporciones de talla, es necesario aprender a evaluar y a determinar las proporciones que presentan los diferentes estilos de talla.

Todas las proporciones de un diamante talla brillante redonda se pueden obtener por estimación visual. También, pueden obtenerse midiéndolas directamente con instrumentos apropiados para tales fines.

Aunque el tamaño del culet no esta relacionado con el diámetro total de la gema, ésta faceta se evalúa con todos los otros elementos de las proporciones.

Por estimación visual podemos obtener:

1. **Porcentaje de mesa**
2. **Ángulo de corona**
3. **Espesor del cinturón**
4. **Porcentaje de altura del pabellón**
5. **Tamaño del culet**

Determinación de las diferentes proporciones empleadas en la talla brillante redonda.

1. La Mesa de un diamante talla brillante redondo

El tamaño de la mesa al igual que todas las otras proporciones, se halla directamente relacionada al diámetro promedio de la gema tallada; se expresa como un porcentaje del diámetro promedio del diamante tallado.

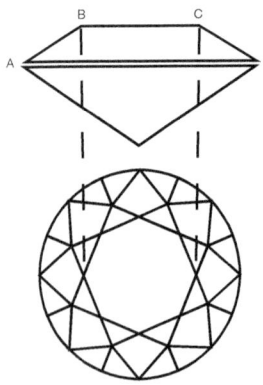

Figura 1
Mesa de un brillante redondo

La mesa se puede obtener midiéndose directamente con los instrumentos apropiados para este fin, o por estimación visual.

Los instrumentos empleados son: el Calibrador milimétrico y el proporcionoscopio.

El Calibrador milimétrico, es una regla diminuta dividida en milímetros y décimas de milímetro. Para poder leerlo se requiere lupa o un microscopio con 10 aumentos (10X) ó más (Figura 2).

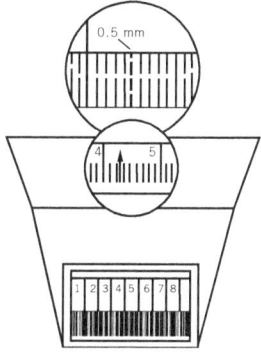

Figura 2
*La mesa debe ser medida hasta
la centesima de milímetro, como
el calibrador no marca dicha división,
el resultado se debe estimar*

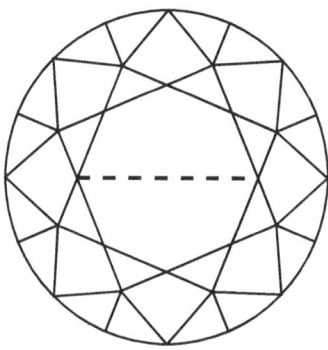

Figura 3
*La mesa de un brillante redondo
se obtiene, midiendo la distancia
que va de esquina a esquina opuesta
a dicha faceta*

Cuando se usa este Calibrador, el diamante debe colocarse fijo, de manera que permita mover el instrumento en diferentes posiciones. La distancia a medir es la que va de esquina a esquina opuesta en dicha faceta; hay cuatro posibles direcciones, la seleccionada debe ser la mayor de todas (Figura 3 y 4).

Figura 4
*Hay cuatro direcciones para medir la mesa,
recuerde que van de esquina a esquina
opuesta. Se selecciona la mayor
de todas y se debe obtener hasta
la centesima de milímetro*

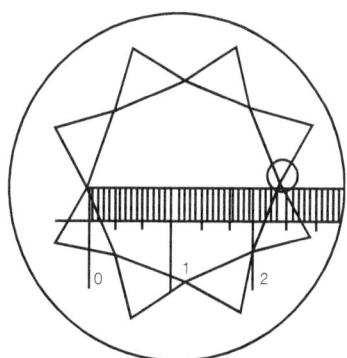

Figura 5
*Uso de un calibrador de mesa
el dibujo indica una dimensión*

Como la medida obtenida con el calibrador de mesa viene dada en milímetros, es necesario convertirla a porcentaje, para esto es necesario obtener el diámetro promedio del diamante tallado. El diámetro de una gema tallada puede medirse con un calibrador Moe, Pie de Rey o con un Calibrador Leveridge. El más usado de todos por la rapidez con que se emplea es el Leveridge.

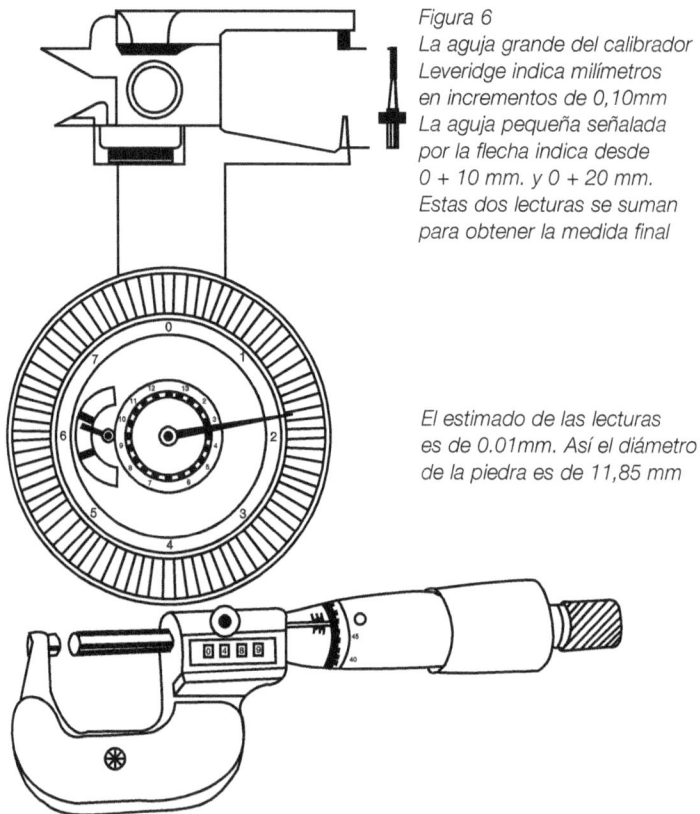

Figura 6
La aguja grande del calibrador Leveridge indica milímetros en incrementos de 0,10mm
La aguja pequeña señalada por la flecha indica desde 0 + 10 mm. y 0 + 20 mm. Estas dos lecturas se suman para obtener la medida final

El estimado de las lecturas es de 0.01mm. Así el diámetro de la piedra es de 11,85 mm

Figura 7
Con una exactitud de +/- 0.01 mm el tornillo micrométrico (Palmer) es un excelente instrumento para medir gemas sueltas.
El dibujo superior nos muestra un tornillo micrométrico en el punto cero (está cerrado)
La lectura puede efectuarse en la escala del brazo o en la escala radial.
Este instrumento debe ser usado con mucho cuidado para evitar daños a la piedra

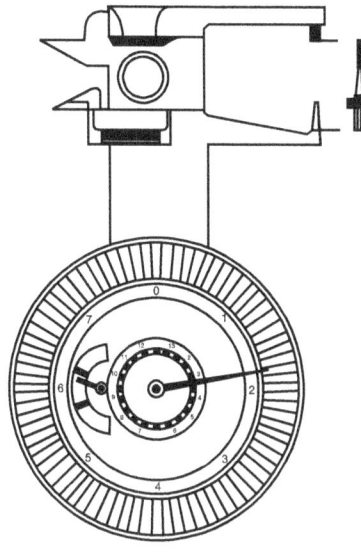

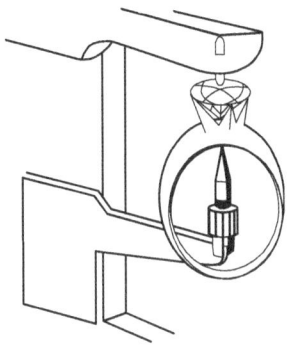

Figura 8
El calibrador Leveridge
(en el dibujo superior
aparece con la pieza adicional)
este es uno de los instrumentos
más versátiles

Colocándosele al calibrador
un accesorio adicional,
se puede medir la altura de un diamante
engastado en una montura abierta

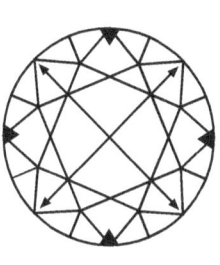

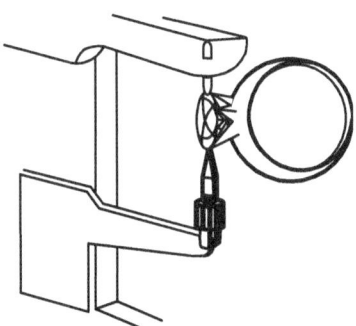

Figura 9
Para conseguir el diámetro de una piedra engastada en una montura con uñas,
se mide entre las uñas y los lados opuestos

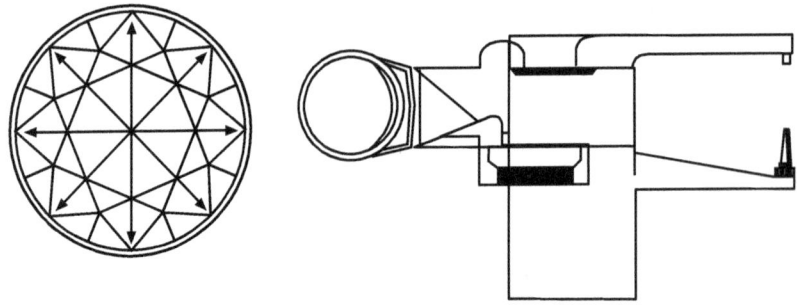

Figura 10
El calibrador Leveridge también puede ser usado para medir piedras engastadas en monturas con bisel. Para obtener el diámetro de una gema engastada en una joya con bisel se estima donde termina la punta de las facetas romboidales en el cinturón y se mide a través de facetas romboidales opuestas

El diámetro también es dado en milímetros, para obtener el diámetro promedio se debe obtener el menor y el mayor y debe indicarse en centésimas de milímetros. Así las dos medidas se suman y se dividen entre dos, de ésta manera se obtiene el diámetro promedio. Ejemplo:

Diámetro promedio $\dfrac{3{,}58\text{mm} + 3{,}60\text{mm}}{2} = 3{,}59\text{mm}$

Una vez medida la mesa en milímetros (ó centésimas de milímetros) y calculado el diámetro promedio, podemos obtener el porcentaje de ella. Dicho porcentaje se calcula dividiendo la dimensión de la mesa por el diámetro promedio, ejemplo:

Dimensión de la mesa: 2,22mm

Diámetro promedio: 3,59mm

Porcentaje de la mesa: $\dfrac{2{.}22\text{mm}}{3{,}59\text{mm}} \times 100 = 61{,}83 = 62\%$

El porcentaje de mesa se debe redondear al dígito entero más cercano.

Otra forma de medir la mesa es con el Proporcionoscopio. Este instrumento nos permite obtener directamente los porcentajes de las diferentes proporciones con que ha sido tallado un diamante brillante redondo, se hace comparando la gema en estudio con una pantalla que tiene diagramado las diferentes proporciones de un brillante redondo (Figura 11).

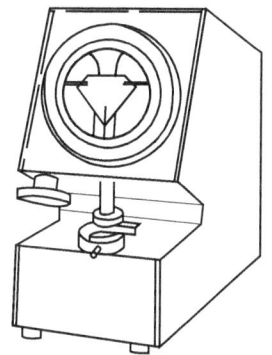

Figura 11
El proporcionoscopio muestra en la pantalla la silueta del diamante examinado

2. Métodos visuales para estimar el porcentaje de mesa de un brillante redondo

Existen dos métodos de estimación visual para obtener el porcentaje de mesa (con los dos se debe usar un instrumento óptico que aumente el tamaño, de la gema observada, microscopio o lupa);

a. **Método de los radios**

b. **Método de los arcos**

a. **Método de los radios**

Consiste en comparar los radios de distancias, entre puntos claves de referencia de un brillante redondo. De esta manera se obtiene un porcentaje de mesa estimado. El procedimiento a seguir es el siguiente: podemos trazar una línea imaginaria (la línea a-c de la Figura 12), que se extienda desde el borde del cinturón (a) pase a través de la punta de una faceta estrella, la atraviese (b) y llegue hasta el culet (debe estar centrada), una vez trazada tomamos el segmento (a-b) que va desde el cinturón hasta el borde de la mesa y comparamos con el segmento (b-c) que se extiende desde el borde de la mesa hasta el culet. El borde de la mesa divide esta línea imaginaria en dos. El segmento externo (a-b) o segmento patrón no varía, siempre se le va a asignar el valor de "1", el segmento interno cambia de acuerdo al porcentaje de mesa de la gema analizada. Si el segmento (a-b) es igual al segmento (b-c), la relación es de 1:1, la mesa tendrá un porcentaje estimado de 54% (no es de 50% como podríamos pensar, ya que estamos trabajando en una línea imaginaria, como el porcentaje de mesa se obtiene por dimensiones que se miden de esquina a esquina opuestas y no a bordes opuestos. La línea imaginaria que usamos en este método se traza de borde a borde, porque los puntos de unión de las facetas afectan la apreciación del tamaño real de los segmentos que se están comparando).

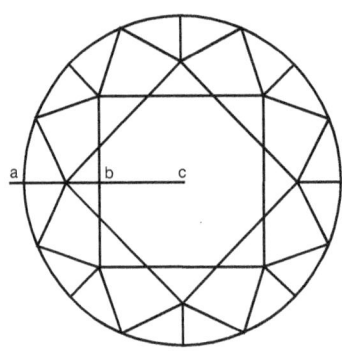

Figura 12
Estimación visual del porcentaje de mesa de un brillante redondo.
Método de los radios

El segmento (b-c) aumenta a medida que la mesa se hace mayor. Así, si la distancia del culet al borde de la mesa es dos veces la del segmento del patrón, la relación será de 1:2, el porcentaje estimado de la mesa será 72%.

Cuando se estima el porcentaje de mesa por el método de los radios, se debe centrar el culet debajo de la mesa, la gema debe situarse derecha y mantenerse así durante todo el proceso. Debe constatarse el radio en los dos lados del diamante, de esta manera se verifica si el culet se halla centrado, puede usarse un pincel que termine en una aguja. La punta del pincel puede colocarse en el sitio donde el segmento (b-c) sea igual al segmento (a-b). Como muchas veces dichas distancias no van a coincidir, se estimará la diferencia que suele variar de 11/4 a 2, permitiéndonos obtener el porcentaje estimado de mesa.

Recuerde el siguiente cuadro cuando trate de obtener el porcentaje estimado de mesa con el Método de Radios:

Relación	Segmento		Segmento	%
1:1	(a:b)	=	(b-c)	54
1:1 1/4	(a:b)	=	1 1/4 (b-c)	60
1:1 1/2	(a:b)	=	1 1/2 (b-c)	65
1:1 3/4	(a:b)	=	1 3/4 (b-c)	69
1:2	(a:b)	=	2 (b-c)	72

Cuando un diamante talla brillante redondo presenta una mesa o culet descentrado, se requiere centrar el culet antes de estimar la mesa.

Si la culet esta descentrada de arriba hacia abajo, debe buscarse la posición donde se centre de derecha a izquierda. Permitiendo en ésta forma, estimar el radio de izquierda a derecha (Figura 13).

Otra manera de centrar la culet es la de inclinar la gema ligeramente hasta que la culet aparezca centrada.

También suele tomarse el promedio del porcentaje de mesa dado por los segmentos (a-b)(c-d) de los lados izquierdo y derecho del diamante tallado (Figura 14).

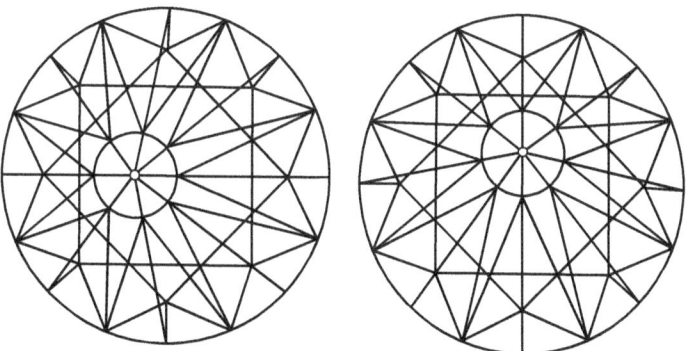

Figura 13
Culet descentrada, sitúe al diamante en posición donde el culet quede centrado de derecha a izquierda

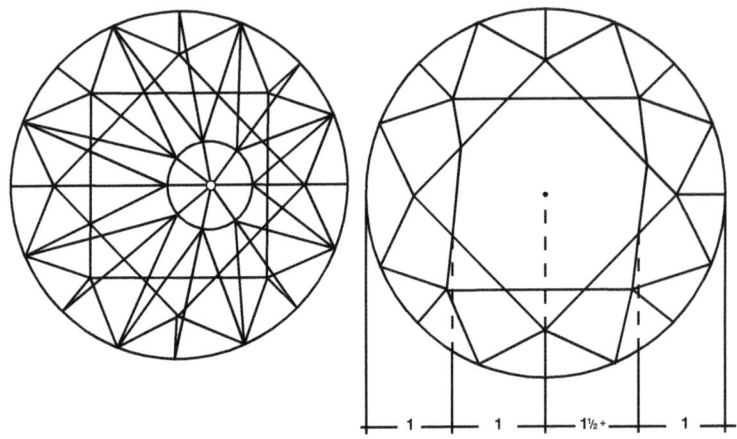

Figura 14
La mesa se halla descentrada,
el promedio de los porcentajes de mesa, dará el porcentaje final

$$\frac{54\% + 65\%}{2} = 59,5\% = 60\%$$

b. **Método de los arcos**

Para obtener el porcentaje estimado de mesa con el Método de los Arcos se debe observar el diamante tallado con "la cara hacia arriba", Si se analiza cuidadosamente la corona de la gema se notará que la mesa y las ocho facetas estrellas forman dos cuadrados superpuestos con una inclinación de 45 grados. Cada lado de la mesa se inicia en la punta de una faceta estrella y termina en la punta de otra faceta estrella, si seleccionamos uno de los lados de la mesa y designamos dicha línea con las letras a-b (Figura 15) podremos, de acuerdo a la apariencia de ella, estimar el porcentaje de mesa de la gema en estudio. Si la línea se arquea notoriamente hacia el culet, el porcentaje estimado será de 53%, si la inclinación es suave, el porcentaje estimado será de 58%, si la línea es recta, el porcentaje estimado de la mesa será del 60%. Si la línea se arquea alejándose suavemente del culet, el porcentaje será del 63%, si el arco hacia afuera es muy pronunciado, la mesa estimada será del 67% (Figura 15).

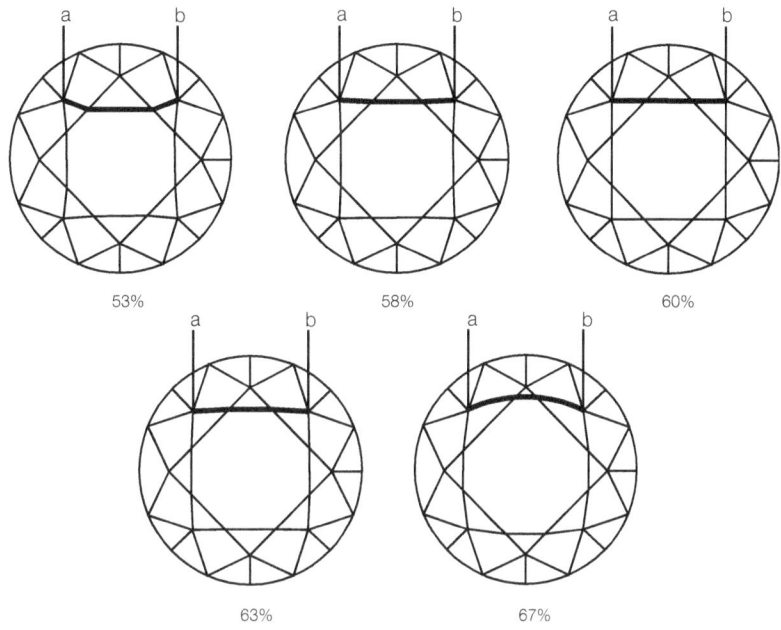

Figura 15
Estimación visual del porcentaje de mesa de un brillante redondo.
Método de los arcos

El método es efectivo si la punta de la faceta estrella se halla en la mitad de la distancia del borde de la mesa y el cinturón, no siempre suele ser así.

Si las facetas estrellas que determinan el arco son más largas o más cortas de lo normal es necesario hacer un ajuste al estimado. Si las facetas estrellas alcanzan 2/3 de la distancia que existe entre el borde de la mesa y el cinturón, debe sumarse un 6% al estimado. Si el tamaño de la faceta estrella es sólo 1/3 del tamaño normal, al estimado se le deberá substraer un 6%.

Si el tamaño de dichas facetas se halla entre 1/3 y la mitad o, entre la mitad y 2/3, la corrección requerida suele hacerse sumando ó restando al porcentaje obtenido entre 1 y un 6%, las facetas estrellas que determinan el factor de corrección, son la de los extremos de la línea del borde de la mesa escogido, si ellas fueran de diferente tamaño se debe promediar el factor de corrección.

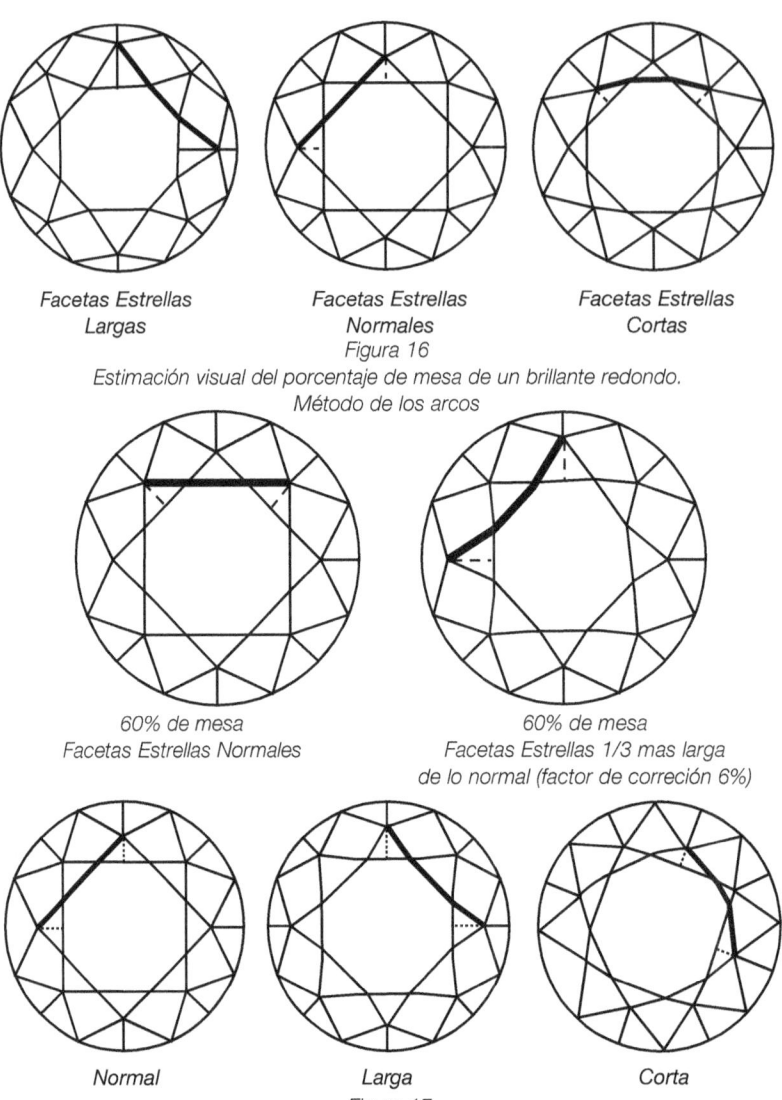

Facetas Estrellas Largas   Facetas Estrellas Normales   Facetas Estrellas Cortas

Figura 16
Estimación visual del porcentaje de mesa de un brillante redondo.
Método de los arcos

60% de mesa
Facetas Estrellas Normales

60% de mesa
Facetas Estrellas 1/3 mas larga
de lo normal (factor de correción 6%)

Normal   Larga   Corta

Figura 17
Efecto de las facetas estrellas, en el estimado del porcentaje de mesa,
en el método de los arcos. Todos tienen mesa de 60%

Suele hallarse en el mercado diamantes con coronas asimétricas o mesas descentradas, o con ambas faltas. En estos casos la línea que forman las puntas de las facetas estrellas no es uniforme, la línea en un extremo se acerca al culet y en otro se aleja del culet, para obtener el porcentaje de la mesa en estos casos se debe estimar cada lado y obtener un promedio de ellos, se puede ratificar el resultado con el Método de los Radios (Figura 18).

Todo profesional debe saber usar los dos métodos para estimar porcentajes de mesa.

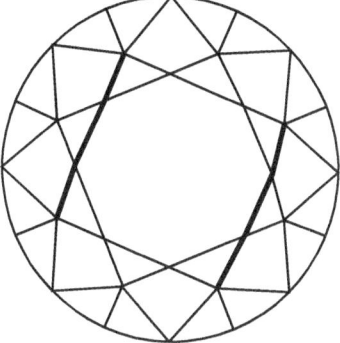

*Figura 18
Diamante con faltas
de simetría obligan
al usar el método
de los arcos, a estimar dos
porcentajes de mesa,
el promedio de ellos será
el estimado final*

Resumen de los Métodos usados para estimar porcentajes de mesas

Métodos de los radios

1. Asigne el valor 1 a la distancia patrón-segmento que se extiende desde el cinturón, atraviesa la faceta estrella y toca el borde de la mesa (a-b).
2. Estime las veces o fracciones que el segmento que va desde el borde de la mesa hasta el culet centrado (b-c) contiene el segmento patrón (a-b).
3. Si el radio de distancia es:

1:1	el porcentaje de mesa estimado es	54%
1:1 1/4	el porcentaje de mesa estimado es	60%
1:1 1/2	el porcentaje de mesa estimado es	65%
1:1 3/4	el porcentaje de mesa estimado es	69%
1:2	el porcentaje de mesa estimado es	72%

4. Recuerde centrar el culet y verificar el radio del lado opuesto, antes de hacer el estimado final.

Métodos de los arcos

1. Observe las facetas estrellas en donde termina cada lado de la mesa, la línea que ellas forman nos dará el porcentaje.
2. Si la línea se arquea notoriamente hacia el culet, el porcentaje será 53%. Si la línea se arquea suavemente hacia el culet el porcentaje será 58%.

Sí la línea es recta el porcentaje será 60%.

Si la línea se arquea alejándose del culet levemente el porcentaje será 63%.

Si la línea se arquea alejándose del culet notoriamente el porcentaje será 67%.

3. Examine el largo de las facetas estrellas de los extremos del borde de la mesa, si son más largas de lo normal (la mitad de la distancia que va del borde de la mesa al cinturón), sume al estimado entre el 1 y el 6%, si son más cortas que el punto medio debe sustraer entre el 1 y el 6% al estimado.

3. Determinación del porcentaje de la mesa usando el proporcionoscopio

Este instrumento fue creado por el Gemological Institute of América en la década de los sesenta, permite medir directamente las proporciones de un diamante talla brillante redondo; en él se pueden analizar diamantes con pesos entre 0,18 y 8 quilates; proyectando la imagen aumentada de la gema analizada sobre una pantalla que tiene diagramada las diferentes proporciones de un brillante redondo talla "ideal" americana. El diamante se coloca en un dispositivo que se puede mover por medio de un zoom, de manera que la silueta encaje en el diagrama, permitiendo comparar las proporciones del diamante analizado con las de la talla "ideal".

Las proporciones que vienen impresas en la pantalla son porcentajes del diámetro de un brillante. El diámetro representa el 100% y las diferentes proporciones usadas en la talla están relacionadas a él. Solo puede usarse con gemas sueltas.

Estimación del ángulo de la corona

4. El ángulo de la corona

Otro elemento importante en la apariencia del diamante talla brillante es el ángulo de la corona. En un brillante redondo el ángulo de la corona está formado por las facetas romboidales y la sección del cinturón. Al observar el perfil de un diamante brillante redondo apreciamos una silueta de líneas rectas, el ángulo de la corona vendrá dado por la línea que se forma con la faceta romboidal y el plano del cinturón, es éste el ángulo que se va a determinar y no los

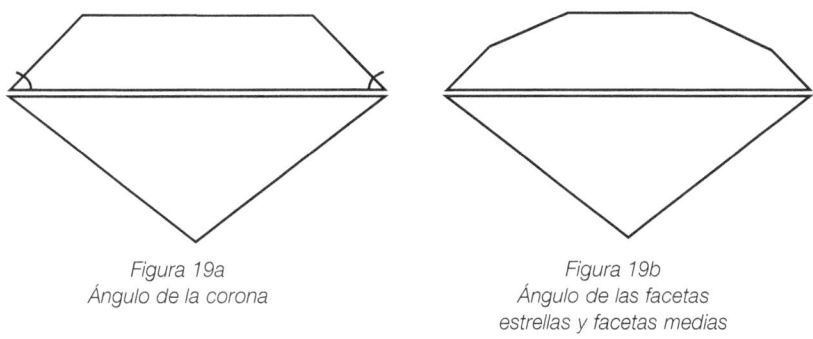

Figura 19a
Ángulo de la corona

Figura 19b
Ángulo de las facetas estrellas y facetas medias superiores

ángulos que forman las facetas estrellas y las facetas medias superiores.

La figura 19a nos muestra el perfil de un brillante y el ángulo que forman las facetas romboidales, es decir, "el ángulo de la corona". La 19b muestra los ángulos que forman las facetas estrellas y facetas medias superiores.

El Ángulo de la Corona se puede determinar:

a. **Midiéndolo directamente con el Proporcionoscopio**
b. **Por estimación visual**

a. Para medir el Ángulo de la Corona con el Proporcionoscopio es necesario que el diamante esté suelto, por lo que se hace indispensable aprender a estimar visualmente dicho ángulo.

5. Métodos visuales para estimar el ángulo de la corona

b. La Estimación Visual del ángulo de la corona se puede determinar de dos formas:

1. Por observación del perfil del diamante, lo que permite estimar el ángulo formado por las facetas romboidales y el plano del cinturón.
2. Por observación de las facetas principales del pabellón, analizando la gema en posición "Mesa hacia Arriba".

Con los dos procedimientos es necesario usar instrumentos para aumentar el tamaño de las gemas.

El procedimiento "1" requiere observar el perfil del brillante, el diamante; puede sostenerse con una pinza para piedras en la posición mesa-culet; si acercamos a la punta de la pinza un pincel con punta de aguja se facilitará la apreciación de los grados que mide el ángulo, ya que el pincel y el plano del cinturón forman un ángulo recto, el cual mide 90 grados, si lo dividimos en tres nos estamos acercando a la medida del ángulo ideal (34,5 grados), con éste parámetro nos será sencillo estimar el ángulo de la corona (Figura 20a).

Un buen ejercicio para lograr una mejor apreciación del ángulo de la corona consiste en:

Dividir un ángulo recto en tres ángulos iguales, 30 grados, 60 grados y 90 grados (Figura 20b) luego marcar en él Figura (20c) ángulos de 25 y 34 grados, después de observarlos detenidamente trate de estimar el ángulo de la corona de un brillante, observando el perfil de la gema, comparándolo con los ángulos que dibujó. Recuerde que dichos estimados deben hacerse con ayuda de una lupa o un microscopio.

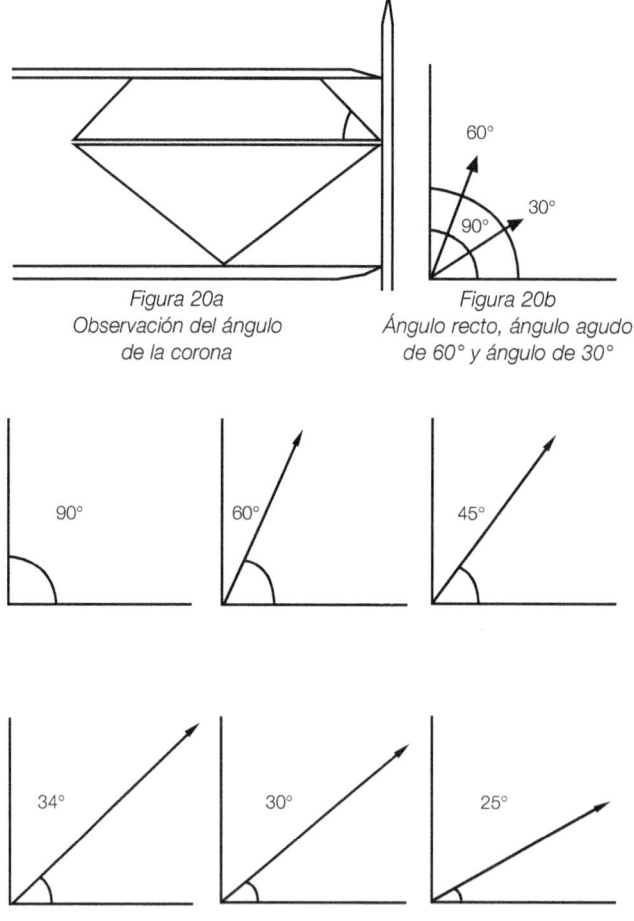

Figura 20a
Observación del ángulo de la corona

Figura 20b
Ángulo recto, ángulo agudo de 60° y ángulo de 30°

Figura 21
Aspecto de la faceta principal del pabellón observada en la mesa y en la faceta romboidal de un brillante redondo

Figura 21a
Ángulo de la corona 34,5° mesa 53%

Figura 21b
Ángulo de la corona 34,5° mesa 60%

Figura 21c
Ángulo de la corona 34,5° mesa 65%

En el Procedimiento "2", el brillante se analiza bajo 10 aumentos en posición "Mesa hacia Arriba". Mirando a través de las facetas romboidales las facetas principales del pabellón, las cuales también se observan en la mesa; debido a la refracción, el ángulo de la faceta romboidal produce un efecto de aumento, como consecuencia, el ancho de las imágenes de las facetas principales del pabellón reflejadas en la faceta romboidal y en la mesa lucirán diferentes. Es el ángulo de la corona el que determina el ancho de las facetas reflejadas. Si el ángulo de la corona es de 34 grados, la faceta reflejada en la faceta romboidal lucirá el doble de ancho de la imagen reflejada en la mesa (Figura 21).

Aunque la apariencia de la faceta principal del pabellón varía con el tamaño de la mesa, la relación se mantiene. (Figura 21a, 21b, 21c)

A medida que el ángulo de la corona aumenta, el efecto se hace mayor y podrá observarse la imagen de casi toda la faceta principal del pabellón reflejada en la mesa; con ángulos muy grandes la culet podrá ser observada en cada faceta romboidal. Sin embargo, un efecto muy parecido puede ser apreciado con ángulos de corona de 34 y 34,5 grados y porcentajes de mesas muy pequeñas, talla brillante antigua, los cuales se hacían con mesas muy pequeñas 50% y a veces más pequeñas (Figura 22a y 22b).

Observe la similitud de las imágenes reflejadas en la figura 22a y 22b. No obstante, la gran diferencia del porcentaje de mesa y ángulo de la corona que existen entre ellas

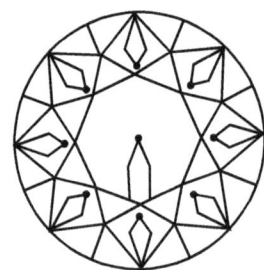

Figura 22a
40° mesa 66%

Figura 22b
34,5° mesa 50%

A medida que el ángulo de la corona se reduce, el efecto que dicho ángulo produce también disminuye, llegando a igualarse el ancho de las imágenes de las facetas reflejadas en la faceta romboidal y en la mesa. Se debe recordar el efecto de la dimensión de la mesa en la apariencia de las imágenes reflejadas (Figura 23a. 23b).

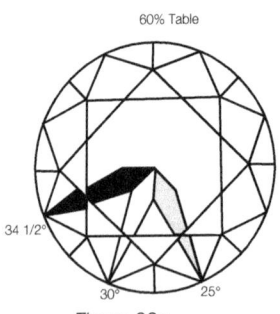

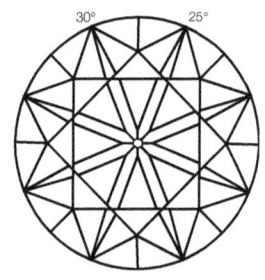

Figura 23a
60% de mesa

Figura 23b
60% de mesa

Figura 24
Si las facetas principales del pabellón no coinciden en el cinturón con las facetas romboidales, se hace difícil el uso de este método

Si las facetas principales del pabellón no coinciden en el cinturón con las facetas romboidales, el método se dificulta. Algunos diamantes pueden tener diferentes ángulos de corona en cada faceta, en este caso se debe obtener el promedio de ellos. Siempre verifique el resultado final, haciendo uso de los dos métodos visuales (Figura 24).

Siempre verifique el resultado final, haciendo uso de los dos métodos visuales

6. Altura de la corona de un diamante brillante redondo

El porcentaje de la mesa y el ángulo de la corona determinan la altura de la corona. La altura de la corona puede obtenerse midiendo con el proporcionescopio o estimando el porcentaje de la mesa, el ángulo de la corona con la ayuda de la Tabla de porcentajes de altura de la corona.

Tabla de Porcentajes de Altura de la Corona de un diamante con talla brillante redondo

La altura de la corona está directamente relacionada al diámetro promedio de la gema tallada. La tabla muestra las variaciones de la altura de la corona, cuando se cambian los porcentajes de mesa y se varían los ángulos de la corona.

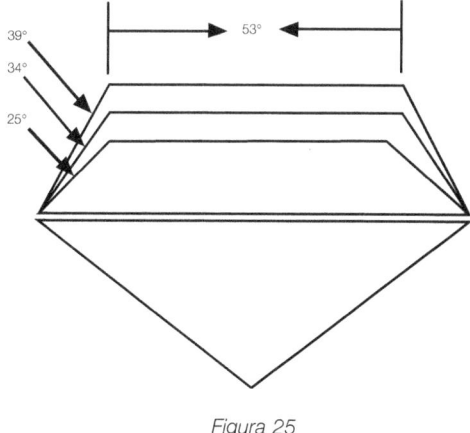

Figura 25
Altura de la Corona

Tabla de porcentajes de altura de la corona de un diamante con talla brillante redondo

34 1/2 Angulo de la corona		25° Angulo de la corona		30° Angulo de la corona		32° Angulo de la corona		38° Angulos de la corona	
-1-	-2-	-1-	-2-	-1-	-2-	-1-	-2-	-1-	-2-
52	16.5	52	11.2	52	13.9	52	15.0	52	18.8
53	16.2	53	11.0	53	13.6	53	14.7	53	18.4
54	15.8	54	10.7	54	13.3	54	14.4	54	18.0
55	15.5	55	10.5	55	13.0	55	14.1	55	17.6
56	15.1	56	10.3	56	12.7	56	13.7	56	17.2
57	14.8	57	10.0	57	12.4	57	13.4	57	16.8
58	14.4	58	9.8	58	12.1	58	13.1	58	16.4
59	14.1	59	9.6	59	11.8	59	12.8	59	16.0
60	13.7	60	9.3	60	11.5	60	12.5	60	15.6
61	13.4	61	9.1	61	11.3	61	12.2	61	15.2
62	13.1	62	8.9	62	11.0	62	11.9	62	14.8
63	12.7	63	8.6	63	10.7	63	11.6	63	14.5
64	12.4	64	8.4	64	10.4	64	11.2	64	14.1
65	12.1	65	8.2	65	10.1	65	10.9	65	13.7
66	11.7	66	7.9	66	9.8	66	10.6	66	13.3
67	11.3	67	7.7	67	9.5	67	10.3	67	12.9
68	11.0	68	7.5	68	9.2	68	10.0	68	12.5
69	10.7	69	7.2	69	8.9	69	9.7	69	12.1
70	10.3	70	7.0	70	8.7	70	9.4	70	11.7
71	10.0	71	6.8	71	8.4	71	9.1	71	11.3
72	9.6	72	6.5	72	8.1	72	8.7	72	10.9
73	9.3	73	6.3	73	7.8	73	8.4	73	10.5
74	8.9	74	6.1	74	7.5	74	8.1	74	10.2
75	8.6	75	5.8	75	7.2	75	7.8	75	9.8

-1- Porcentaje de mesa

-2- Altura de la corona

10
ANÁLISIS DEL CINTURÓN, PABELLÓN Y CULET DE UN BRILLANTE REDONDO

El Análisis completo de las proporciones de un diamante tallado, requiere la evaluación de todas las partes que lo forman.

En el Capítulo anterior se estudió individualmente cada elemento de la corona. En el presente Capítulo se hará un análisis de la parte media, el pabellón y vértice de un diamante brillante redondo.

1. Evaluación del espesor del cinturón

Es la sección que separa la corona del pabellón, tiene gran importancia en la apariencia general de la gema y en la durabilidad de ella. Un diamante bien tallado debe tener un cinturón con un espesor que le preserve de astillarse durante el engaste o el uso; si es muy grueso (lo usan sólo para retener más peso), puede producir una reflexión grisácea en la gema. Cuando lo dejan en bruto, como es usual, tiende a atraer el sucio alrededor del diamante El espesor del cinturón se juzga a simple vista o con 10 aumentos, la evaluación se puede hacer por:

a. **Estimación visual**
b. **Midiéndole directamente con los instrumentos indicados:**

    1. Calibrador milimétrico

    2. Proporcionoscopio - "Proportion Scope"

a. **Estimación visual**

Cuando analizamos el cinturón de un diamante talla brillante redondo, debemos tener presente que el cinturón "ideal" es aquel que evita problemas de durabilidad durante el engaste o el uso y no afecta la belleza de la gema, es recomendable usar 10 aumentos y se deben observar las 16 áreas más angostas del cinturón (toda la circunferencia) que separan las facetas medias superiores e inferiores.

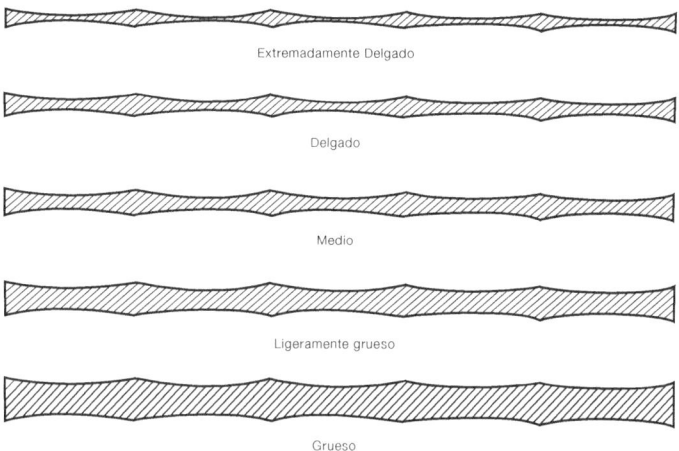

Figura 1
Apariencia bajo diez aumentos de los diferentes tipos de cinturones de un diamante brillante redondo

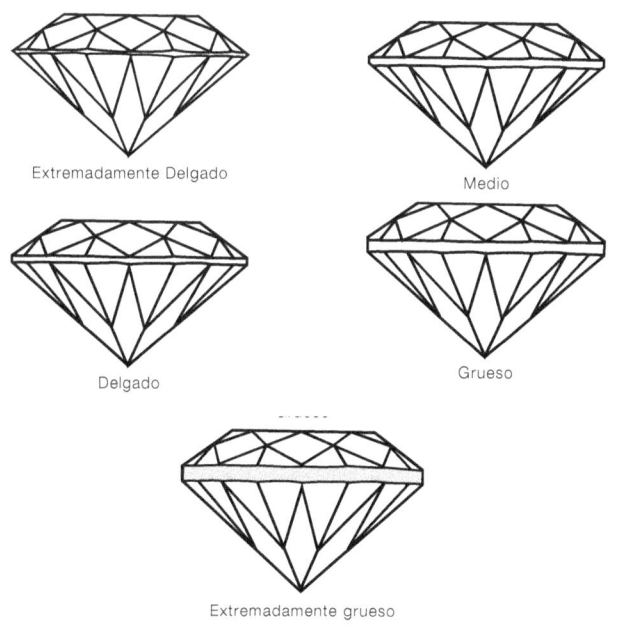

El espesor de un cinturón se puede clasificar en siete tipos

1. Extremadamente delgado
2. Delgado
3. Medio
4. Ligeramente grueso
5. Grueso
6. Muy grueso
7. Extremadamente grueso

Los siete tipos de cinturones de un brillante redondo		
Cinturón observado bajo	10 aumentos	A simple vista
Extremadamente delgado	Línea muy fina	Muy difícil de ver
Delgado	Línea fina	Difícil de ver
Medio	Línea bien definida	Línea fina
Ligeramente grueso	Línea bien definida y nítida	Línea definida
Grueso	Línea con cierto espesor	Línea evidente
Muy grueso	Línea de gran espesor	Línea muy evidente
Extremadamente grueso	Franja muy gruesa	Franja evidentemente gruesa

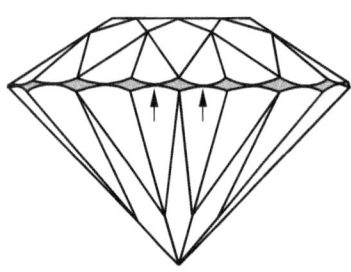

Figura 2
El cinturón se analiza en el area más delgada de separación de las facetas medias inferiores y superiores

Un cinturón extremadamente delgado se puede comparar en apariencia con el filo de un cuchillo.

Un cinturón grueso tiene aproximadamente el doble del espesor de un cinturón medio.

Un cinturón extremadamente grueso luce aproximadamente con el doble de espesor de un cinturón grueso.

Recuerde, el espesor del cinturón se estima bajo 10 aumentos y se juzga en el área más delgada de separación (Figura 2) de las facetas medias inferiores y superiores, el estimado final es el promedio del espesor observado alrededor de toda la circunferencia (las 16 facetas medias).

Existe una relación numérica entre el porcentaje del cinturón y la descripción del espesor de los diferentes tipos de cinturones.

Espesor del cinturón	Porcentaje
Extremadamente delgado	1% ó menos
Delgado – Medio	1,2 – 3%
Ligeramente Grueso	Más de 3 hasta 4%
Grueso	De 4 a 5 %
Muy Grueso	De 5 a 6 %
Extremadamente grueso	6% ó más

Se debe recordar que estos porcentajes pueden variar ligeramente, dependiendo del diámetro del diamante.

a. **Método visual**

Es el más usado para obtener el porcentaje de espesor del cinturón, es más rápido y se evitan los errores que pueden ocurrir cuando se mide el grosor directamente.

b. **Por medición directa**

Con un calibrador milimétrico. Este pequeño instrumento permite medir el espesor del cinturón, el procedimiento es lento, se debe medir cada sección de las 16 facetas medias; el resultado final se expresa en porcentaje. La relación es:

$$\frac{(\text{Espesor del cinturón})}{(\text{Diámetro promedio})} \times 100$$

Ejemplo:

$$\frac{0.065 \text{mm de espesor} \times 100}{6,32 \text{mm de diámetro}} = 1,028\% \text{ de espesor ó altura}$$

Se redondea al 0,01% más cercano; el porcentaje de espesor es = 1,03%

Con el proporcionoscopio se puede medir el espesor del cinturón de un diamante brillante redondo, el valor es dado directamente en porcentaje.

2. Evaluación del porcentaje de altura de pabellón

La altura del pabellón puede obtenerse:

1. **Por estimación visual**
2. **Por medición directa usando los instrumentos adecuados**
3. **Con el proporcionoscopio**

1. Por estimación visual

Al observar un diamante brillante redondo con la "Mesa hacia Arriba" y 10 aumentos, las facetas del pabellón actúan como espejos que reflejan la corona de la gema a través de la mesa. Los ángulos de las facetas principales del pabellón determinan el porcentaje de altura de éste y la porción de corona reflejada. Si se usa como punto de referencia la distancia que va del culet al borde de la mesa real, el espacio que ocupe la mesa reflejada en dicha distancia indicará la altura estimada del pabellón, por ejemplo, si la imagen reflejada ocupa 1/3 de la distancia referencia, la altura estimada del pabellón será un 43% del diámetro promedio; en diamantes con pabellones muy chatos la reflexión de la mesa es pequeña, fragmentada, a veces difícil de observar, en ocasiones puede verse el cinturón reflejado en la mesa, luce como un aro gris en el centro del diamante, lo cual da una apariencia acuosa a la gema, debido a dicho efecto a este tipo de gema se le da el nombre de "Ojo de Pez".

Cuando el pabellón es muy grande el diamante se oscurece porque la luz se escapa de él, la mesa reflejada y aún las facetas estrellas se oscurecen casi completamente.

Un diamante con talla "ideal" muestra una reflexión de mesa de contorno octagonal, blanca o grisácea, centrada alrededor del culet.

Adopte el siguiente procedimiento como guía para facilitar la observación de la imagen de la mesa reflejada.

Procedimiento Guía para observar la imagen de la mesa en el pabellón:

1. Observe el diamante "Mesa hacia Arriba" con 10 aumentos
2. Centre el culet en la mesa
3. Enfoque las facetas principales del pabellón
4. Localice la reflexión triangular y oscura de las facetas estrellas, estas facetas demarcan las esquinas de la mesa reflejada tienen apariencia de corbatines pequeños; no siempre se reflejan todas, hay ocasiones donde sólo se reflejan dos ó tres de ellas. Estos corbatines sirven de punto de referencia ya que indican el espacio ocupado por la imagen de la mesa reflejada en la distancia "mesa-real"- culet.
5. Observe la apariencia de la reflexión de la mesa y el espacio ocupado por ella en la distancia "mesa real" - culet, determinando el tamaño de esta imagen, podrá estimar el porcentaje de altura del pabellón.
6. Considere el tamaño del culet para estimar el porcentaje de altura del pabellón; un culet grande no afecta el tamaño de la mesa reflejada, sin embargo, si incide sobre la verdadera altura del pabellón, haga una deducción entre el 1% y el 3% del estimado de altura, para corregir culet muy grandes o extremadamente grandes.

Estimar el porcentaje del pabellón a través de la imagen de la mesa reflejada puede crear a veces algo de confusión, en especial con pabellones de poca altura o de mucha altura, el reflejo del cinturón es de gran ayuda en estos casos. Busque la forma de reflejar el cinturón sobre la mesa si, para lograrlo, se ve obligado a darle gran inclinación a la gema, el pabellón es profundo, si por el contrario, el cinturón se refleja sin necesidad de inclinar el diamante, el pabellón tendrá muy poca altura (39 ó 40%).

La siguiente Tabla nos muestra la altura del Pabellón, su apariencia y espacio ocupado en la mesa real culet a 10 aumentos y las figuras nos ayudarán a identificar la imagen de la mesa reflejada en la distancia "borde real" - culet

Figura 3
Distancia considerada al estimar el procentaje de altura del pabellón. Observe la corona reflejada a traves de la mesa

Porcentaje estimado del pabellón según la apariencia y espacio ocupado por la reflexión de la mesa en la distancia borde de la mesa real culet.

Altura del pabellón	Apariencia y espacio ocupado en la mesa real culet a 10 aumentos
39% - 40%	El cinturón se refleja sobre el perímetro de la mesa
Menos de 41%	1/4 de distancia. La imagen de la mesa reflejada se rompe
42%	Un poco menos de 1/3 de la distancia
43%	1/3 de la distancia
44,5%	1/2 de la distancia
45,5%	2/3 de la distancia
47%	3/4 de distancia (observe cuidadosamente ya que en un comienzo se puede confundir el efecto los pabellones de 39,5 y 40% con el observado en pabellones profundos
48%	La reflexión de la mesa ocupa casi toda la distancia el centro del diamante se ve oscuro
49 – 50%	La reflexión ocupa toda la distancia y se extiende hasta las facetas estrella todo el diamante luce oscuro

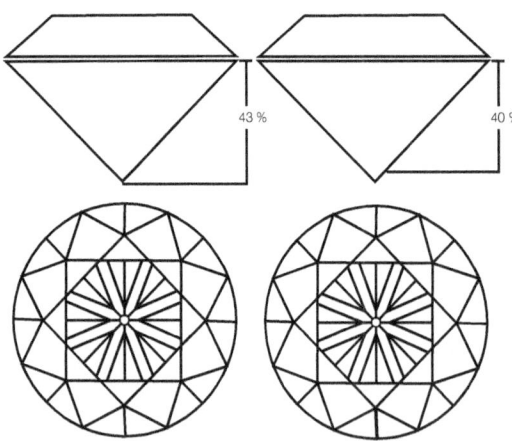

Figura 4
Una culet muy grande no afecta el tamaño de la mesa reflejada, pero sí incide en el procentaje de altura del pabellón estimado. Se debe hacer una de deducción entre el 1% y el 3% a la altura estimada para corregir la falta de culets muy grandes

Figura 5
Altura estimada del pabellón 40,5 la facilidad con que se observa el cinturón reflejado sobre la mesa indica un pabellón de poca altura

Figura 6
Altura estimada del pabellón 41-42%, la mesa reflejada ocupa menos de 1/3 de la distancia "Mesa Real", culet

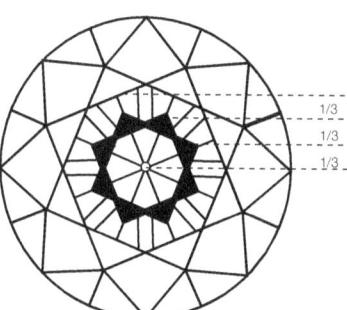

Figura 7
Altura estimada del pabellón 43%, la mesa reflejada ocupa 1/3 de la distancia "Mesa Real", culet

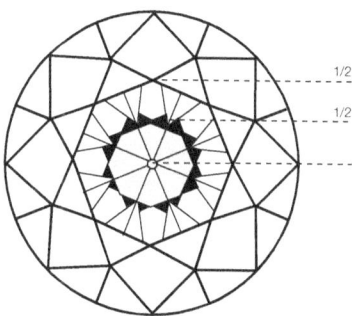

Figura 8
Altura estimada del pabellón 44,5%, la mesa reflejada ocupa la mitad de la distancia "Mesa Real", culet

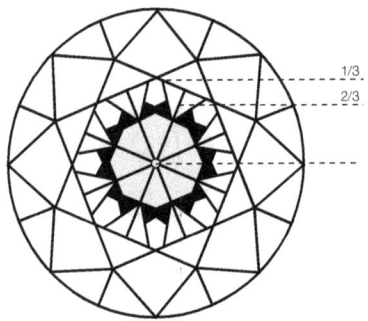

Figura 9
Altura estimada del pabellón 45,5%,
la mesa reflejada ocupa 2/3 de la distancia
"Mesa Real", culet

Figura 10
Altura estimada del pabellón 47%,
observe cuidadosamente la apariencia de
una gema con esta altura.
Se puede confundir con la de un
diamante de pabellón chato
39% - 40%. Incline el diamante
si no observa el reflejo del cinturón
es porque la gema tiene 47%
de altura de pabellón

Figura 11
Altura estimada del pabellón 49,5%,
la mesa reflejada ocupa toda la distancia
"Mesa Real", culet. El diamante luce oscuro

2. **Medición con los instrumentos indicados para estos fines**

   El pabellón puede ser medido directamente con los siguientes instrumentos:

   a. **Calibrador milimétrico**
   b. **Calibrador Leveridge**
   c. **Pie de rey**
   d. **Proporcionoscopio**

   Los tres primeros miden en milímetros, el proporcionoscopio da el porcentaje de altura. La altura que se mide va desde el culet hasta el sitio donde las facetas principales del pabellón encuentran el borde inferior del cinturón. Coloque el diamante "Mesa Hacia Abajo", mida alrededor de toda la circunferencia, la lectura debe aproximarse al 0,01 de milímetro.

   Como las proporciones se expresan en porcentajes, si usa cualquiera de los instrumentos que mide en milímetros, debe llevar el resultado a porcentaje, para ésto aplique la siguiente ecuación matemática:

   $$\% \text{ de altura de pabellón} = \frac{\text{Altura promedio}}{\text{Diámetro promedio}} \times 100$$

   Ejemplo:

   Altura promedio 2,92 mm

   Diámetro promedio 6,50 mm

   $$\% \text{ de altura Pabellón } \frac{2,92}{6,50} \times 100 = 44,92$$

   La altura del porcentaje del pabellón se redondea al primer decimal más cercano:

   % de altura del pabellón = 44,9%

3. El culet

Es una faceta muy pequeña, octagonal, trunca el vértice del pabellón, el tamaño de dicha faceta debe ser aquel que evite abrasión o astillado del diamante, antes de engastarse. Un diamante sin culet muestra abrasión en el vértice del pabellón, se percibe como un área blancuzca. Los diamantes talla brillante antigua presentan culets con apariencia de mesas en tamaño miniatura.

El Tamaño del culet siempre es estimado, para determinarlo se debe observar el diamante "Mesa hacia Arriba" con 10 aumentos, la siguiente descripción es una guía para estimarlo.

Guía para estimar el culet

Culet	10 aumentos	A simple vista
Ausencia del culet	Punto blanco	
Pequeña	Difícil de observar	No se percibe
Media	Silueta octagonal	Ligeramente visible no se aprecia la silueta octagonal
Ligeramente Grande	Evidente	Ligeramente visible
Grande	Muy evidente	Visible
Muy grande	Muy evidente	Evidente, se observa un punto negro sobre la mesa
Extremadamente grande		El contorno octagonal se aprecia de manera muy evidente

Nota: Si el tamaño del culet se encuentra en el rango de grande y extremadamente grande, se debe substraer entre el 1% y el 3% al estimado total de altura del pabellón.

4. Cálculo del porcentaje de altura total de un diamante talla brillante redondo

Porcentaje total de altura de un diamante brillante redondo.

Para obtener el porcentaje total de altura de un brillante redondo es necesario conocer la altura total de éste, mesa-culet, expresado como un porcentaje total del diámetro promedio de la gema.

La altura total se puede obtener:

a. **Por Estimación visual**
b. **Por estimación directa con los instrumentos adecuados para éstos fines.**

El porcentaje total se obtiene mediante la siguiente ecuación:

$$\% \text{ de altura total} = \frac{\text{Altura total en mm}}{\text{Diámetro promedio}} \times 100$$

Ejemplo:

Altura total   4,20mm
Diámetro promedio 6,70mm

$$\% \text{ de Altura Total} = \frac{4.20 \times 100}{6,70} = 62,69$$

El porcentaje total de altura debe redondearse al primer decimal así: % de altura total = 62,7%

La altura total de un diamante es dada por la suma de las partes que lo forman: corona (determinado por la relación existente entre porcentaje de mesa y ángulo de la corona), espesor del cinturón y altura del pabellón, el porcentaje total de altura sirve de indicativo de las proporciones con que ha sido tallada la gema, el porcentaje de altura de un diamante con talla americana "ideal" es de 61 a 62%, si el pabellón y la corona se tallaron con las proporciones "ideales" y el diamante tiene una altura total de 61%, el cinturón será de tipo delgado (el porcentaje de espesor del cinturón depende del tamaño del diamante). En la mayoría de los diamantes talla brillante redonda, si el porcentaje de altura es mayor de 63% se deberá a:

Corona muy alta o a un pabellón muy grande o a un cinturón muy grueso.

También es posible hallar diamantes con porcentajes de altura superiores a 63% que presentan coronas muy chatas, con cinturones muy gruesos y pabellones muy grandes.

Si la altura total se halla por debajo del 60%, puede ser que la corona sea muy chata, la altura del pabellón podría ser la "ideal", sin embargo, el cinturón debe ser muy grueso. Diamantes con altura total por debajo del 55% pertenecen a los llamados "Ojo de Pez".

Por lo general, diamantes con un porcentaje de altura de pabellón de 43% y una corona baja, tienen un porcentaje total de altura entre 55 y 60%.

Los dos ejemplos que se presentan a continuación, nos demuestran como la altura total del diamante, indican el tipo de proporciones con que fueron tallados:

1. | | |
    |---|---|
    | % altura total | 54.5% |
    | Porcentaje de mesa | 62% |
    | Ángulo de la corona | 30° |
    | Porcentaje de altura de la corona | 11% |
    | Cinturón delgado medio | 2% |
    | Porcentaje de altura del pabellón | 41,5 |
    | % de altura total | 54,5% |

Se halla en el límite de altura, todas las proporciones se hallan por debajo de las proporciones "ideales".

2. | | |
    |---|---|
    | % de altura total | 66,2% |
    | Porcentaje de mesa | 56% |
    | Porcentaje de altura de la corona | 17,2% |
    | Ángulo de la corona | 38° |
    | Cinturón muy grueso | 5% |
    | Porcentaje de altura del pabellón | 44% |

Se halla en el límite de altura, todas las proporciones son superiores a las proporciones "ideales"

Con éste Capítulo se completa el análisis de las proporciones de un diamante brillante redondo. Se estudiaron los diferentes métodos visuales para estimarlas y la forma de medirlas directamente. Hasta lograr una gran precisión, es aconsejable obtenerlas de manera visual y luego constatar los resultados por medición directa.

El material presentado en éste capítulo demuestra la importancia del pabellón en la apariencia y belleza de la gema tallada, las facetas del pabellón son esenciales en el juego de reflexión y refracción de la luz (Reflexión - Reflexión total y Refracción). También permitió apreciar el papel que representan el culet y el cinturón.

La evaluación de las proporciones por estimación visual, llevadas a cabo por un buen profesional, tiene precisión. Practique las técnicas enseñadas para adquirir la precisión exigida en su profesión.

11
TERMINADO

Terminado de un diamante

La evaluación de un diamante quedaría incompleta si no se hiciera un análisis de todos aquellos detalles que muestran el cuidado y la pericia con que se debe tallar una gema y, que contribuyen a mejorar la apariencia de ella.

Como generalmente las faltas de terminado pueden corregirse al pulir nuevamente el diamante, tienen poco efecto sobre el valor de la gema tallada, al evaluarlas se debe ser amplio, el ajuste de precio no debe exceder el 3% del valor total del diamante, en los casos extremos, normalmente el ajuste de precio sólo contempla el costo del peso que se pueda perder al repulir, la gema y la mano de obra.

1. Factores evaluados en el análisis del terminado

Los factores que se consideran en el terminado son:

a. **Pulido**

b. **Faltas menores de simetría**

a. **Pulido:** El diamante es la gema de mayor dureza conocida, lo que permite dar un pulido óptimo y, como consecuencia, un brillo máximo superior al de todas las otras gemas.

Un diamante con pulido "Ideal" debe presentar una superficie plana, sin marcas de disco (afectan el brillo y el lustre), el cinturón debe ser terso, ceroso (con aspecto de vidrio esmerilado), sin plumillas, las facetas no deben haber sufrido abrasión, de igual manera el culet. No debe tener facetas quemadas, la superficie debe estar libre de rayas y hoyos y, el cinturón no debe tener astillados, mellas ni hoyos.

El pulido se refiere a imperfectos menores que no afectan el grado de pureza, se evalúan en conjunto.

Cuadro de faltas de pulido abreviaciones	
Cinturón con plumillas o cinturón en bruto	Cin.Pl.Cin.B
Líneas de pulido	L.P.
Rayas	R
Mellas-astillados-hoyos	M.-A.-H.
Abrasión del culet o de unión de las facetas	Abr.
Facetas quemadas	F.Q.

Un cinturón bien "terminado" presenta una superficie tersa, cerosa (con aspecto de vidrio esmerilado), cuando se deja en bruto luce granuloso, la grasa y el sucio se adhiere con facilidad, oscurece la gema. También puede presentar diminutas plumillas en todo el contorno que se pueden extender dentro del diamante.

Líneas de pulido:

Son marcas dejadas por el disco, ocurren cuando el proceso del pulido es muy rápido y poco cuidadoso, afectan el brillo y lustre del diamante. Son difíciles de ver, para localizarlas utilice 10 aumentos, mire a través de la gema, áreas opuestas; observando la corona puede localizar las rayas de pulido del pabellón y viceversa, semejan las rayas que deja un cepillo sobre la pintura húmeda, son paralelas entre sí y terminan en las áreas de unión de las facetas.

Efecto de abrasión:

Suele ocurrir en el sitio de unión de las facetas, por roce con otros diamantes.

El culet, la faceta diminuta situada en el vértice del pabellón, puede romperse o desaparecer por efecto de abrasión. Cuando el culet no ha sido pulido o está roto luce como un punto blanco, afectando ligeramente la apariencia de la gema.

b. **Faltas de simetría menor**

Las faltas de simetría menor se refieren a la forma, posición y distribución de las facetas, en sí, tiene muy poco efecto en el valor del diamante terminado, no deben exceder al 3% en los casos extremos, al igual que las faltas de pulido, se evalúan en conjunto (faltas de simetría muy evidente conciernen a faltas de simetría mayor y se contemplan en el análisis de proporciones, ya que inciden sobre el peso de la gema).

Cuadro de Faltas de Simetría Menor	
Mesa o culet ligeramente descentrada	M/Fc C/Fc
El contorno no es completamente circular, ligeramente ovalado	D – No R
Facetas con puntas fuera del sitio indicado	Fac p/fuera S
Facetas de la corona y el pabellón no coinciden	Fac.noCoinc.
Mesa distorsionada no octagonal	M/no oct.
Cinturón ligeramente ondulado	D.Ond.
Naturales situados fuera del cinturón no considerados en análisis de pureza	N
Facetas extras no consideradas en el análisis de pureza	F.E.

Todas estas faltas fueron analizadas en el Capítulo de Proporciones, dentro de la sección de Faltas de Simetría Mayor, se consideran como faltas de terminado, si no son evidentes y notorias.

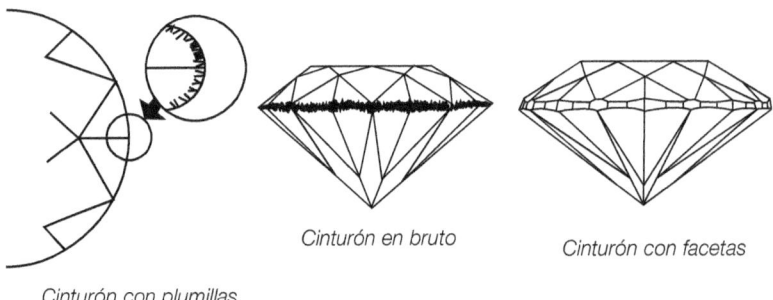

Cinturón en bruto   *Cinturón con facetas*

Cinturón con plumillas

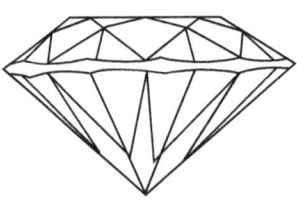

Cinturón "Ideal" terso con apariencia de vidrio esmerilado

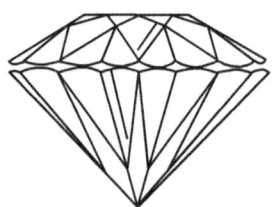

Facetas Extras

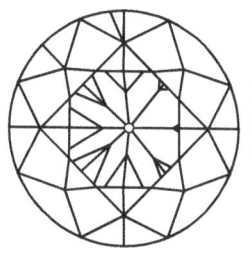  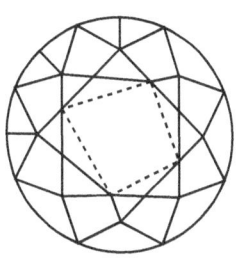

Culet fuera de centro *El cinturón no es totalmente circular* *La mesa no es un octágono regular*

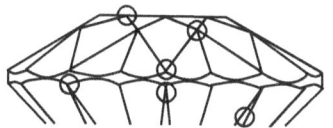 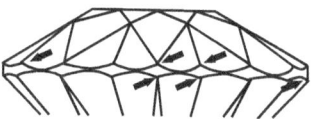

Las facetas no terminan en el lugar apropiado *Las facetas de la corona y el pabellón no coinciden*

 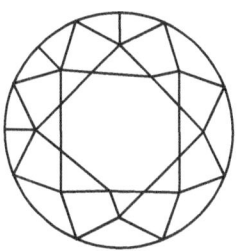

Naturales en la corona y el pabellón *Las facetas no tienen la forma apropiada*

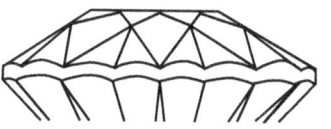 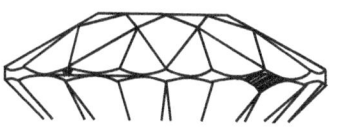

Cinturón ondulado *Facetas extras en diferentes areas (areas oscuras)*

12
EFECTOS DE LAS PROPORCIONES EN EL VALOR

1. La importancia de las proporciones

Como los precios asignados por la "Diamond Trading Company" a el material en bruto, es igual para todos sus compradores, las diferencias de precios de los diamantes en el mercado estriban básicamente en ajustes hechos por costos de importación, operaciones y financiamientos de créditos. Estos factores por sí solos, no producen las diferencias de precios tan grandes, que a veces observamos. En sí, se deben a:

1. Diferencias o errores de la terminología de clasificación de los grados de pureza y de color que se asignan.
2. Diferentes proporciones empleadas en la talla.

Al no coincidir con la realidad, los grados de clasificación, de pureza y color, los precios ofrecidos por los mayoristas varían. Las distintas proporciones empleadas en la talla, producen diferencias de peso en el material obtenido. El profesional que talla con el único fin de obtener "más peso", podrá vender a menos precio el quilate de dichas gemas, que aquel que sacrifica peso por obtener más belleza.

Un brillante bien proporcionado debe tener: un ángulo de corona de 34 1/2 grados, una mesa con un porcentaje entre un 53% y un 58% del diámetro total de la gema, una altura de pabellón de 43,1 %, (esta altura se obtiene cuando los ángulos del pabellón son de 40,3/4 grados).

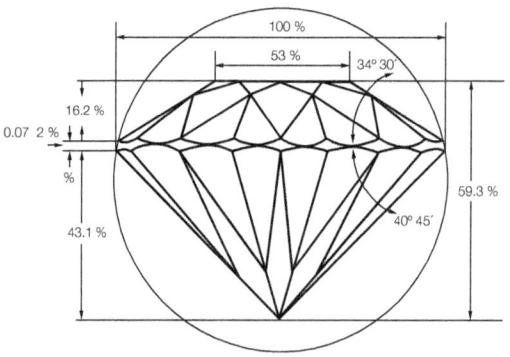

Figura 1
Proporciones de la "Talla ideal americana"

Estas proporciones corresponden a la talla brillante moderna, conocida con el nombre de talla Tolkowsky o "Talla Ideal" americana y son, salvo ligeras variaciones, similares a las introducidas en 1914 por Marcel Tolkowsky (Figura1)

2. Efectos que producen en el diamante tallado, la variación de las proporciones "ideales"

Ligeras desviaciones del ángulo del pabellón asignado por Tolkowsky, incide negativamente en la belleza del diamante terminado. El incremento de sólo 2 grados del ángulo del pabellón produce un diamante oscuro y de poco brillo, mientras que la disminución de sólo 2 grados, cambia la altura del pabellón a un 40%, lo cual produce la reflexión del cinturón en la mesa, este efecto se conoce con el nombre de "Efecto Ojo de Pez", la gema, debido a la pérdida de luz, tiene una apariencia vítrea.

Tolkowsky sugirió un ángulo de la corona de 34 1/2 grados para obtener una máxima dispersión, y una anchura de mesa de 53% del diámetro del cinturón, con estas proporciones buscaba un equilibrio entre la dispersión y el brillo.

Si el ángulo de la corona es menor de 34 1/2, hay pérdida de dispersión y un mayor riesgo de romper el diamante en el engaste o durante el uso de la Joya. Si el ángulo es superior, la mesa deberá ser mayor a la indicada, lo cual reduciría la dispersión en la gema terminada.

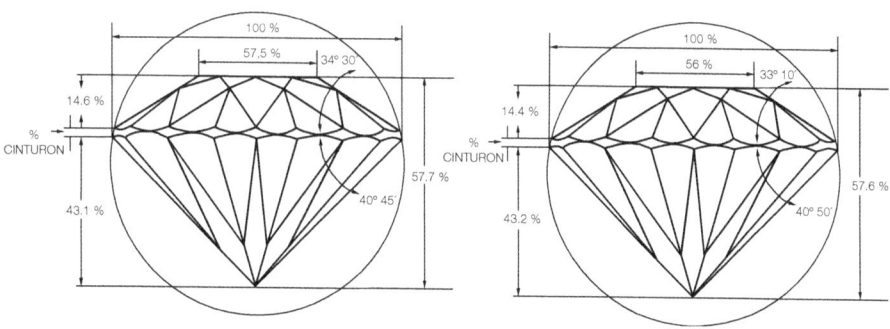

Figura 2
Proporciones de la Talla Brillante según normas Escandinavas

Figura 2.1
Proporciones de la Talla de Eppler o Talla Europea

Analizando las proporciones de los diferentes modelos empleados en la talla brillante de hoy, se puede decir que la mayor divergencia existente suele ser el tamaño de la mesa y el efecto que dicha proporción tiene sobre el brillo, dispersión, titilación y peso del diamante tallado (Figura 2).

Entre mayor sea el tamaño de la mesa, acorde con el ángulo de la corona, menor será la dispersión y la titilación de la gema. Sin lugar a dudas, el brillo de la gema es uno de los factores más atractivos para el cliente, pero la dispersión y titilación también contribuyen a la belleza del diamante terminado (Figura 3).

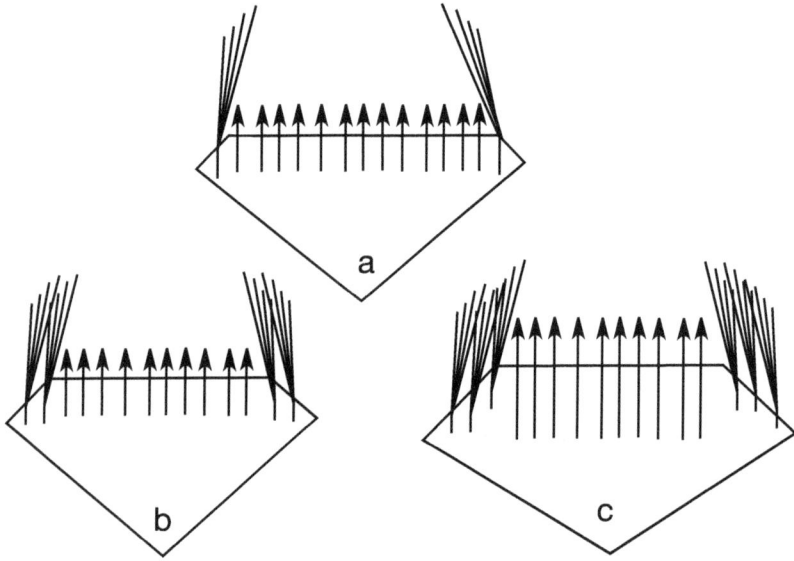

Figura 3
La luz que sale del diamante a traves de la corona, será observada como brillo o fuego.
El tamaño de las facetas de la corona determinan la disperción de la gema
al reducirse el tamaño de ellas, se disminuye la titilación y el fuego del diamante

Las proporciones de la "Talla Ideal Americana" producen un equilibrio óptimo del brillo; dispersión y titilación (Figura 3c).

Aunque existe cierta tolerancia en cuanto a la cantidad de dispersión, brillo y titilación que debe desplegar un diamante, el análisis final deberá considerar el efecto de las proporciones sobre el peso final obtenido.

Los patrones de talla brillante moderna, dan un equilibrio entre la belleza y el peso final de la gema, así al evaluar una gema tallada debemos tener presente dicho equilibrio, desviaciones notorias para lograr más peso, deben ser consideradas al evaluar la gema terminada ya que producen diamantes con más peso y menos belleza que las que se obtienen con los "Modelos Patrones"; las proporciones asignadas por los "Modelos Patrones nos permiten evaluar el diamante tallado haciendo los ajustes correspondientes.

El estilo de talla y las proporciones que selecciona el tallista son determinadas por la forma y características que presente el cristal en bruto. Aquellos diamantes de forma octaédrica o ligeramente modificada, tienen la forma ideal para hacer la talla brillante, con las proporciones indicadas por las "Tallas Patrones" o "Ideal". Las proporciones empleadas por el tallista y las desviaciones de estas con relación a las usadas en la talla "Ideal", dependen del precio final que él considere que va a obtener por el diamante terminado, deberá elegir si es conveniente obtener más peso o conseguir mayor belleza al usar las proporciones.

Las características del cristal en bruto van a influir en la decisión, por lo general el tallista busca un equilibrio entre peso, belleza y precio de la gema terminada.

3. Desviaciones más comunes de las proporciones de un brillante redondo

I. Mesa más grande
II. Ángulos de la corona menores de 34,5 grados
III. Cinturón muy grueso o muy delgado
IV. Faltas de simetría mayor
V. Pabellón profundo o muy chato
VI. Corona muy alta (poco frecuente en tos diamantes de talla moderna)

Las faltas de simetría mayor más frecuente son:
a. Cinturón con contorno ovalado o semi-cuadrado
b. Ángulos del pabellón diferentes y culet descentrada.
c. Mesa y corona descentradas
d. Mesa no paralela al cinturón

4. Breve análisis de las desviaciones usadas para retener peso extra

I. Mesa más grande

Muchos tallistas en su afán de obtener más peso, seleccionan una mesa mayor a la indicada, desviaciones tan notorias como la de una mesa con 70% del diámetro, inciden negativamente sobre la apariencia de la piedra, para evitar tal efecto modifican otras proporciones.

II. Ángulos de coronas chatos

Para minimizar el efecto de una mesa muy grande, los tallistas disminuyen el ángulo de la corona de 34 ó 34 1/2 grados a otros menores, de esta manera obtienen una corona más chata y una mesa más pequeña. Si el ángulo de la corona se reduce a 30 grados ó a menos, se afecta la durabilidad de la gema y se corre el riesgo de que el diamante se rompa al engastarse o durante el uso diario de la joya. Esta variación también tiene su efecto sobre la dispersión de la gema, la reduce (Figura 4).

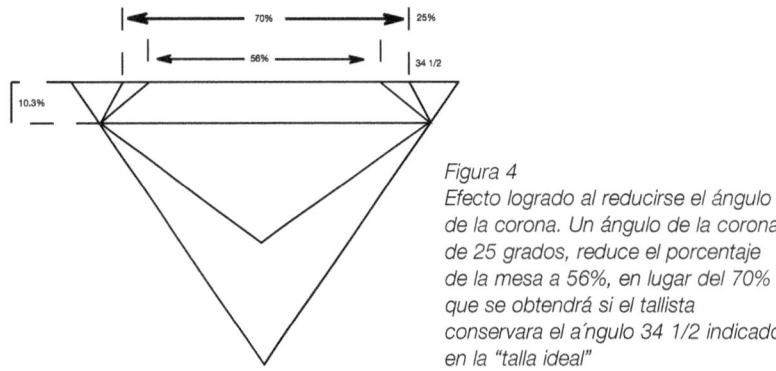

Figura 4
Efecto logrado al reducirse el ángulo de la corona. Un ángulo de la corona de 25 grados, reduce el porcentaje de la mesa a 56%, en lugar del 70% que se obtendrá si el tallista conservara el a'ngulo 34 1/2 indicado en la "talla ideal"

III. **Variación del espesor del cinturón**

Otra forma de obtener más peso es la de aumentar el espesor del cinturón, el grosor del cinturón debe ser el que requiera el diamante de acuerdo a su tamaño, y evite problemas de durabilidad al engastarse o durante el uso. Cuando se aumenta el espesor del cinturón se retiene peso adicional de todo el contorno de la piedra.

Los cinturones muy delgados no son comunes, el tallista prefiere hacer los cinturones gruesos, estos por lo general, le permiten retener más peso sin afectar mayormente la apariencia de la gema terminada. No obstante, con cristales en bruto distorsionados o de poca altura como las maclas, los cinturones delgados permiten al tallista obtener más peso de dichos cristales, y aunque ellos no afectan aparentemente la apariencia del diamante terminado, si inciden negativamente en la durabilidad de la gema.

IV. **Faltas de simetría mayor**

a. Diamantes con Contorno Semi-cuadrado u Ovalado

Cuando observamos la parte superior de un octaedro en bruto ya aserrado, podemos apreciar en él un contorno cuadrado, algunas veces ligeramente rectangular; si se va a obtener de él un brillante redondo "Talla Ideal", las esquinas deben ser redondeadas para formar el cinturón (Desbaste), algunos tallistas evitan desgastar las esquinas totalmente, el resultado es un diamante con contorno ligeramente cuadrado. Los cristales en bruto que presentan un contorno ligeramente rectangular, obligan a eliminar más material durante el proceso de desbaste o "Redondeo", la situación se salva dejando una gema con un contorno ligeramente ovalado.

b-c-d. Diamantes con ángulos de pabellón diferentes. Mesa y Culet descentrados

Con octaedros distorsionados es necesario efectuar cortes asimétricos del cristal en bruto, el resultado será diamantes que tallados presentarán mesas y culets descentrados, con ángulos de pabellón más chatos de un lado que del otro. La gema terminada tendrá menos brillo, lucirá menos bella y perderá la simetría excepcional que caracteriza el estilo de talla brillante moderno.

La presencia de una inclusión, muchas veces obliga al tallista para removerla a hacer una mesa un poco más inclinada de un lado que del otro.

Octaedros en bruto muy distorsionados o incluidos, maclas o cristales muy chatos, requieren ser tallados con coronas o pabellones muy chatos; a veces es necesario reducir el diámetro para obtener mayor porcentaje de altura en la piedra.

Ninguna de las alternativas anteriores es la ideal, si el tallista opta por tallar un diamante con un porcentaje de altura menor al indicado en las "Tallas Patrones", obtendrá una gema de apariencia acuosa, se puede ver a través, ya que gran parte de la luz que incide en ella se escapa, este efecto, se conoce con el nombre de "Ojo de Pez" o "Ventana" (Figura 5).

Si reduce el diámetro, para obtener un diamante de mayor altura, deberá eliminar más material del contorno del cinturón, lo cual incidirá negativa-

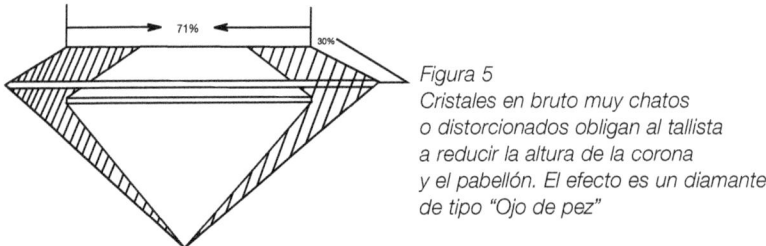

Figura 5
Cristales en bruto muy chatos
o distorcionados obligan al tallista
a reducir la altura de la corona
y el pabellón. El efecto es un diamante
de tipo "Ojo de pez"

mente sobre el peso final de la gema. Esta situación suele presentarse con cristales en bruto de poca altura, maclas y con octaedros muy distorsionados que requieran ser exfoliados. Generalmente para no incurrir en estos problemas, este tipo de cristales suelen tallarse en estilos de tallas fantasía: esmeralda, marquise (Navet) y pera.

V. **Pabellón profundo**

La alternativa de usar un pabellón con un porcentaje de altura superior al normal para obtener más peso no es usual, la gema pierde belleza, se oscurece en el centro y el peso extra retenido es poco, se debe a que el material economizado se va a distribuir mayormente alrededor del culet, una de las áreas más pequeñas de la gema.

Este tipo de falla en la talla suele verse generalmente en los diamantes de tamaño melee (Figura 6).

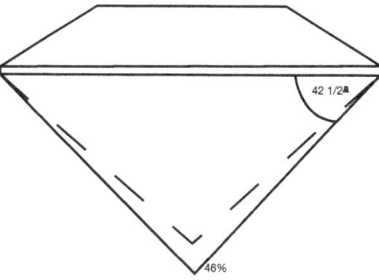

Figura 6
Un pabellón con un porcentaje de altura superior al 43% del diámetro promedio del diamante, reduce notablemente el brillo de la gema, el peso extra retenido es mínimo

Luego de haber analizado las variaciones más frecuentes de las proporciones de talla de un brillante redondo moderno, es más fácil entender la diferencia de precios que encontramos en el mercado. Ya no nos sorprende, que gemas con pesos y calidades similares, tengan diferencias de precios tan notorios. Al evaluar un diamante tallado es imprescindible considerar las proporciones de talla. La "Talla Ideal Americana" es el estilo de talla moderna que retiene menos peso. Al evaluar un diamante tallado, el profesional debe tener cierta tolerancia, siempre y cuando las proporciones empleadas se hallen en el rango de los valores asignados por las tallas patrones modernas (Talla Europea o Eppler, Talla según la norma Escandinava y Talla Ideal Americana).

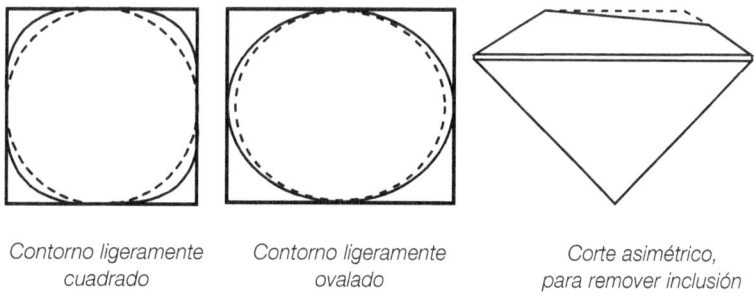

Contorno ligeramente cuadrado

Contorno ligeramente ovalado

Corte asimétrico, para remover inclusión

Figura 7
Algunas desviaciones empleadas para retener peso extra

5. El porque del análisis de las proporciones de talla

Es posible cuestionarnos la finalidad que tiene el efectuar un análisis detallado de las proporciones, cuando existen en el mercado listas tan completas de precios, sin embargo debemos recordar que no todos los diamantes son tallados con proporciones dentro de los rangos óptimos y buenos, esto obliga a hacer un ajuste de peso en aquellos diamantes que a expensas de las proporciones se les lleva a rangos superiores de pesos, para elevar sus precios.

Al hacer el ajuste de peso, el análisis final de las proporciones debe contemplar el control de la calidad de talla, es decir, el "terminado" de la gema, aplicando una deducción muy pequeña, nunca superior al 3% del precio final, del diamante tallado.

Al incrementar el rango de peso de un diamante tallado, automáticamente se eleva el precio. "Factor peso - sinónimo de rareza - sinónimo de mayor precio". Sin embargo, si el peso retenido tiene un efecto negativo sobre la belleza y apariencia de la gema, debe hacerse las deducciones de peso necesarias de acuerdo a las desviaciones de las proporciones de talla, en relación a los patrones de talla moderna.

6. Categorías de talla

La calidad de talla (Proporciones) se puede clasificar en cuatro categorías:

a. **Óptima**

b. **Buena**

c. **Regular**

d. **Deficiente**

(Se debe considerar el tamaño de la gema).

Cuadro de las cuatro categorías de talla
(Diamantes con tamaños superiores a 0,50 quilate)

% de las proporciones del ángulo de la corona

Terminado	Optima	Buena	Regular	Deficiente
Mesa	53-60%	61-64%	65-70%	Superior al 70%
Cinturón	Medio Ligeramente Grueso	Ligeramente delgado o grueso	Delgado o muy grueso	Extremadamente delgado o muy grueso
Pabellón	Cercano al 43%	42 o 44%	41 o mas del 45%	Menor de 40% mayor 46%
Ángulo de la corna	34° a 35°	Entre 32° y 34°	Entre 30° y 32°	Menor de 30°
Terminado	Excelente terminado (pulido y simetría menor	Buen terminado	Terminado regular	Terminado pobre

Cuando se evalúan las proporciones de talla de un diamante para designar la categoría de talla, se debe considerar el efecto global de ellas, sobre la apariencia y el peso final obtenido. Las proporciones de mayor efecto tanto en la apariencia como en la retención de peso son: mesas muy grandes, pabellones muy chatos, que producen diamantes con el efecto "Ojo de Pez"; pabellones muy grandes que oscurecen la gema y faltas de simetría mayor.

El sobre peso obtenido en las tallas, con proporciones de categorías buenas hasta deficiente, debe ajustarse al peso que hubiese tenido el diamante, de haber sido tallado con proporciones óptimas; los ajustes de peso oscilan entre un 3% y un 12%. Para obtener el rango real del peso de la gema analizada, debe hacerse dicha deducción al peso.

7. Deducción de peso de acuerdo a la categoría de talla

Bueno 3%
Regular 7%
Pésimo 12%

Categorías intermedias requieren el ajuste necesario; ejemplo: un diamante talla brillante redondo, peso 1,01 quilate:

65% de mesa, cinturón grueso, pabellón 46%, ángulo de la corona 31°. Categoría de talla regular.

El peso de este diamante sí hubiese sido tallado con las proporciones de los "Patrones Ideales", es decir, categoría excelente, sería de 0,94 quilate;

$$1,01 (100-7) = 0,94 \text{ quilate.}$$

El peso corresponde, en las listas de precios, a un rango inferior al quilate; el precio será inferior al que se le había dado a expensas de la belleza y apariencia de la gema.

13
TALLA FANTASÍA MODERNA

1. **Talla fantasía**

Todo estilo de talla de hoy con forma diferente a la redonda y a la talla simple se conoce con el nombre de talla Fantasía. La forma y el tamaño del cristal en bruto determinan el estilo de talla. Diamantes con tamaños mayores a los 5 quilates lucen más llamativos y deslumbrantes cuando se tallan con el estilo brillante redondo moderno. La mayoría de los diamantes célebres exhiben estilos de talla fantasía.

2. **Partes que forman un diamante talla fantasía**

Al igual que los brillantes redondos, están formados por:
- Corona
- Cinturón
- Pabellón

El número, forma y distribución de las facetas, depende de la forma y estilo de talla; por lo general tienen el mismo tipo de facetas, pero el número y la forma de ellas deben adaptarse al estilo escogido.

3. **Estilos de la talla fantasía**

La talla Fantasía comprende:

a. **El estilo brillante fantasía**
b. **El estilo fantasía escalonado**

a. **Estilo brillante fantasía:**
Las formas más populares de la talla brillante fantasía son:

I. Brillante ovalado
II. Brillante marquise o navette
III. Brillante corazón
IV. Brillante pera

La forma y distribución de las facetas de los brillantes fantasía son adaptaciones del "patrón talla brillante redondo", casi siempre tienen el mismo tipo de facetas, pero el número y la forma debe adaptarse para que se ajuste al contorno de la gema y también para lograr la mejor apariencia de ella (Figura 1).

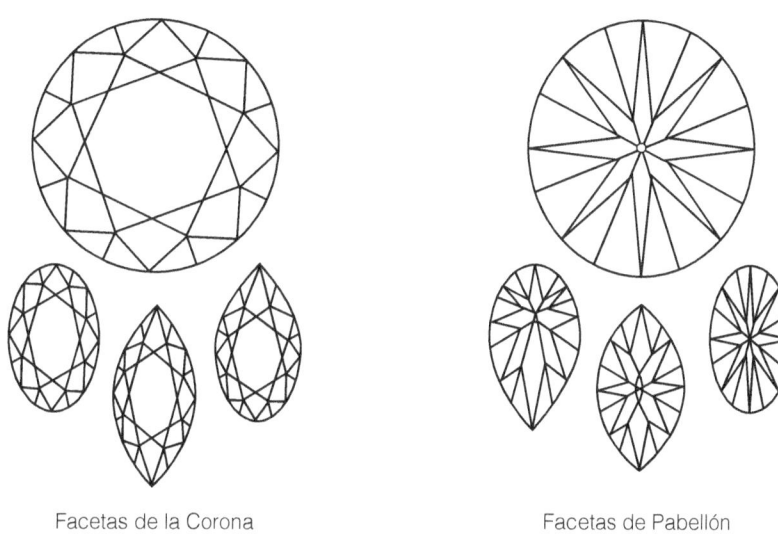

Facetas de la Corona   Facetas de Pabellón

Figura 1
Correlación de las facetas de la talla brillante fantasía con la talla brillante redonda

Por la variedad de las formas que presentan, es necesario darle nombre a cada una de las partes que componen a un brillante talla brillante fantasía (Figura 2).

Cabeza: Es la parte semi-redonda, opuesta a la punta de un brillante pera.
Vientre: La parte más ancha de la corona de un óvalo, malquise y pera.
Alas: La parte que se halla entre él vientre y las puntas de un marquise y pera.
Hombros: Los dos extremos de la región semi-circular de un brillante pera y de un brillante corazón.
Cleft: La mella o hendidura que presenta entre los dos hombros el brillante corazón.

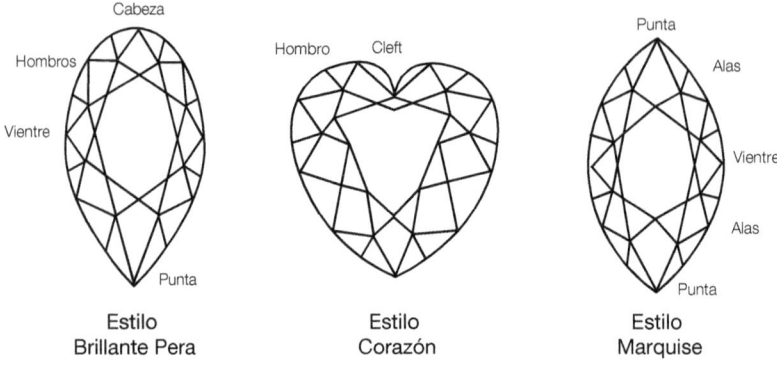

Figura 2
Diferentes partes que componen las distintas formas de los brillantes fantasía

Las modificaciones del número de facetas y forma de ellas, suelen hacerse tanto en la corona como en el pabellón; las más usadas son:

I. **Punta francesa:**

Consiste en una modificación y redistribución de las facetas de la corona, de las tallas fantasía brillante que terminan en punta; corazón, navette, marquise o pera, la faceta romboidal de las puntas se eliminan y las facetas estrellas y medias superiores adquieren una forma diferente (Figura 3).

Punta Francesa   *Distribución Normal*

II. **La quilla:**

Para mejorar la apariencia de las tallas brillantes fantasía, se suele modificar el número de facetas del pabellón; eliminando de las puntas o de los extremos, las facetas principales del pabellón, se forma una línea denominada "quilla", su ubicación es en el medio de las uniones de las facetas medias inferiores y facetas principales del pabellón (Figura 4).

III. **Cleft:**

Es la mella o hendidura que se hace entre los hombros de un brillante "corazón" (Figura 5).

Figura 4
Quilla en estilos brillante fantasía

Figura 5
Cleft en brillante corazón

IV. **Culet:**

Las tallas fantasías usualmente presentan culets alargados.

V. **Cinturón:**

La mayoría de los diamantes talla fantasía tienen cinturones con facetas, por lo cual son más gruesos que los de los brillantes redondos.

Los diamantes talla brillante fantasía, con modificaciones en el número de facetas principales del pabellón, suelen designarse por el número de facetas principales que tenga el pabellón; ejemplo, ovalado de 6 facetas, navette de 8 facetas, corazón de 9 facetas (Figura 6).

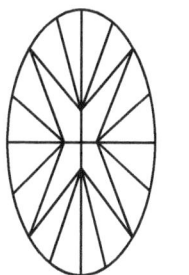 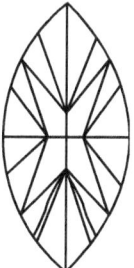

Figura 6
4 facetas principales del pabellón

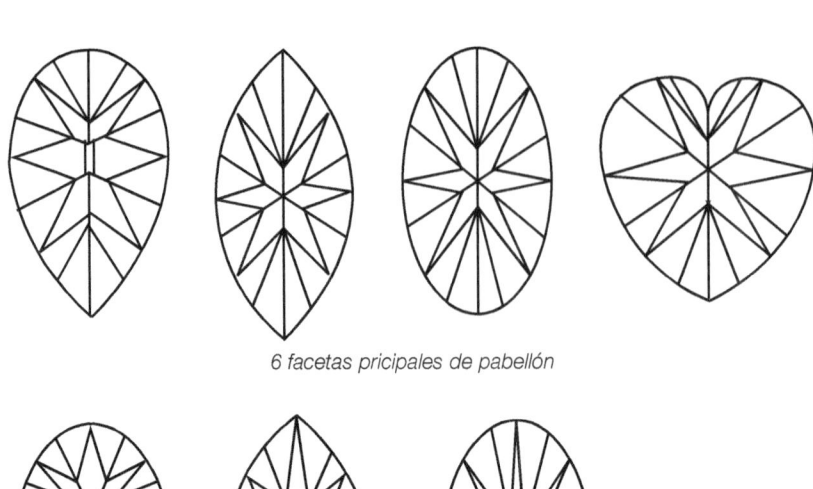

6 facetas pricipales de pabellón

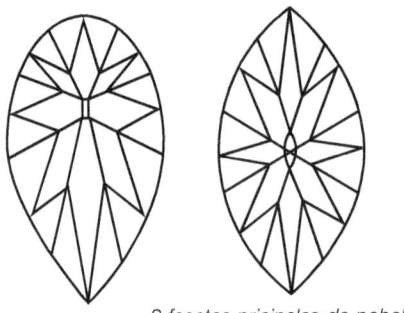

8 facetas pricipales de pabellón

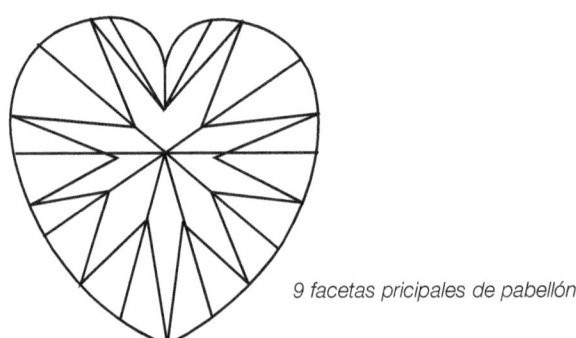

9 facetas pricipales de pabellón

b. **Talla estilo fantasía escalonado.**

El estilo fantasía escalonado más conocido es la talla esmeralda, usualmente tiene 58 facetas, 25 distribuidas en la corona, 25 en el pabellón y 8 en el cinturón.

La corona de la talla esmeralda presenta una mesa de forma octagonal, con esquinas generalmente biseladas; alrededor de ella se hallan 3 filas concéntricas de facetas trapezoidales (cada fila consta de 8 facetas).

Cuando las esquinas de la mesa no tienen biseles, las facetas de dichas esquinas presentan forma triangular.

El pabellón al igual que la corona, esta formado por tres filas de facetas. Su vértice termina en una faceta alargada -el culet-.

El baquette es una variación del estilo talla esmeralda, presenta una mesa de forma rectangular, sin biseles en las esquinas; sólo tiene dos filas de facetas, éstas pueden tener forma rectangular o trapezoidal.

Otro estilo modificado de la talla fantasía esmeralda es el carret (estilo de talla escalonada, forma cuadrada) (Figura 7).

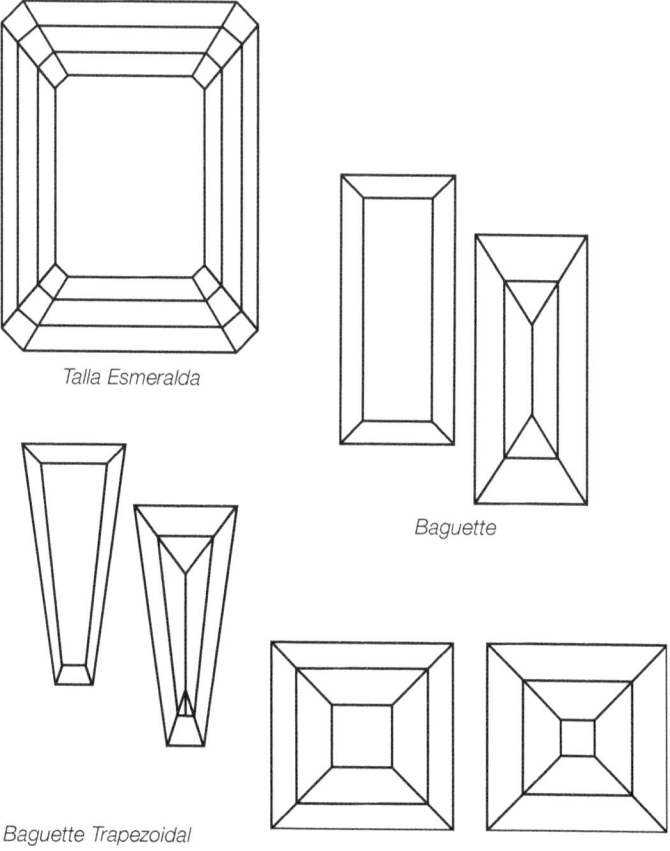

Figura 7
Diferentes formas de talla fantasía escalonada

Existen otros estilos de talla fantasía menos populares que los ya descritos, por lo general tienen formas geométricas modificadas, o de animales y plantas (peces, cabezas de caballos, tréboles y figuras simbólicas como cruces).

Talla mixta

Este estilo de talla es la combinación de estilo brillante y el estilo fantasía escalonado.

Radiant

Combina la talla brillante y el estilo escalonado esmeralda, tiene un total de 70 facetas, logra un efecto óptico conjunto de la talla brillante y de la talla esmeralda

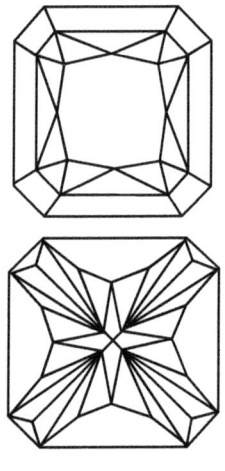

Figura 8
Talla Radiant

Talla princesa - "Princess"

Es una combinación del estilo de talla brillante y escalonada, es tallado como un carret cuadrado o truncado, dependiendo de la forma del material en bruto se usan cortes o cristales de poco espesor, los cuales se dejan con una amplia superficie, colocandose en la parte posterior una serie de estrias paralelas en forma "v" con una inclinación cercana a ángulos de 41°, ángulo requerido para que el diamante haga su juego de reflexión total interna, por lo cual hace ese gran despliegue de brillo que caracteriza.

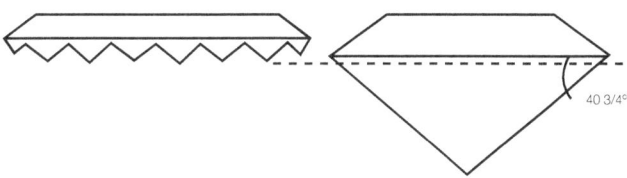

Figura 9a
Comparación de ángulos del pabellón en talla princess y brillante

Figura 9b
Talla Princess

14
ANÁLISIS DE LAS PROPORCIONES DE LAS TALLAS FANTASÍA

1. Proporciones de las tallas fantasía

El análisis de las proporciones en las tallas fantasía, tiene cierta similitud con el análisis de los brillantes redondos, con algunas variaciones.

No existe un patrón de talla como la talla brillante redonda "ideal", para comparar las proporciones, los efectos que las desviaciones de dichas proporciones tienen sobre la apariencia de la gema y el exceso de peso recuperado a expensas de la apariencia de la gema. El Gemological Institute of América tiene un sistema de análisis de las proporciones de las tallas fantasía, toma en consideración el análisis básico de la talla brillante "ideal", modificándolas ligeramente, se basa más en la apariencia y posible facilidad de venta, que en el peso retenido.

2. Análisis de las proporciones de las tallas fantasía

El procedimiento es similar al que se usa en la talla brillante redonda, con algunas modificaciones.

1. Las dimensiones consideradas son el largo, ancho y altura.
2. La dimensión de comparación de las proporciones es el "ancho" de la gema y no el diámetro.
3. El porcentaje de la mesa y el porcentaje de la altura total deben ser medidos, no hay métodos para estimarlos.
4. La relación largo-ancho, debe ser considerada. Todos los otros factores de evaluación se estiman, y el análisis es similar al que se hace con los brillantes redondos.

Porcentaje de la mesa

El porcentaje de la mesa de una talla fantasía no puede estimarse, debe ser medido. En la mayoría de las tallas brillante fantasía, el ancho de la mesa se mide de punta a punta de las facetas romboidales opuestas del vientre, aún si no se hallan en posiciones simétricamente opuestas. En los brillantes corazón, se mide a través de las facetas romboidales opuestas, de la parte más ancha (Figura 1).

En la talla esmeralda, la mesa se mide en el medio transversalmente (Figura 1).

El porcentaje de la mesa se obtiene usando la siguiente relación matemática:

$$\% \text{ de mesa} = \frac{\text{Ancho de la mesa} \times 100}{\text{Ancho de la gema}}$$

Ejemplo Talla Esmeralda:

Ancho del diamante = 3.68mm

Ancho de la mesa = 2,66mm

$$\% \text{ de la mesa} = \frac{2,66}{3,68} \times 100 = 72,28 = 72\%$$

Al igual que en los diamantes redondos, se redondea al dígito entero más cercano

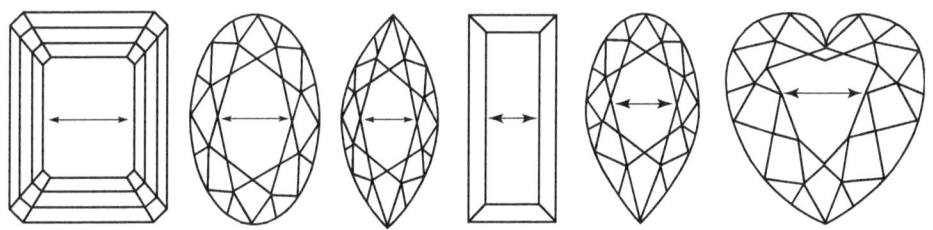

Figura 1
En las tallas fantasía, la mesa se mide en la posición indicada por las flechas

Los diamantes talla fantasía generalmente presentan mesas muy grandes, con porcentajes mayores a la de los brillantes redondos, ocasionalmente pueden verse mesas menores de 52% (porcentajes usados en los brillantes talla antigua).

Ángulo de la corona

El método para estimar el ángulo de la corona es el del "perfil", similar al que se usa con los brillantes redondos, no se requiere de la precisión usada en los redondos, se describe como:

a. Aceptable

b. Ligeramente chato
c. Chato
d. Muy chato
e. Ligeramente abierto
f. Muy abierto

Coloque el diamante mesa-culet y observe el perfil a 10 aumentos, observe el ángulo formado por las facetas romboidales del "vientre" y el cinturón de la gema. Con el estilo escalonado, talla esmeralda y otras formas de éste estilo, el ángulo que se determina es el formado por las facetas centrales de la corona, el ángulo "ideal" de los redondos (34,5 °), solo puede aproximarse en estas facetas.

La altura de la corona y el tamaño de la mesa conjuntamente sirven de

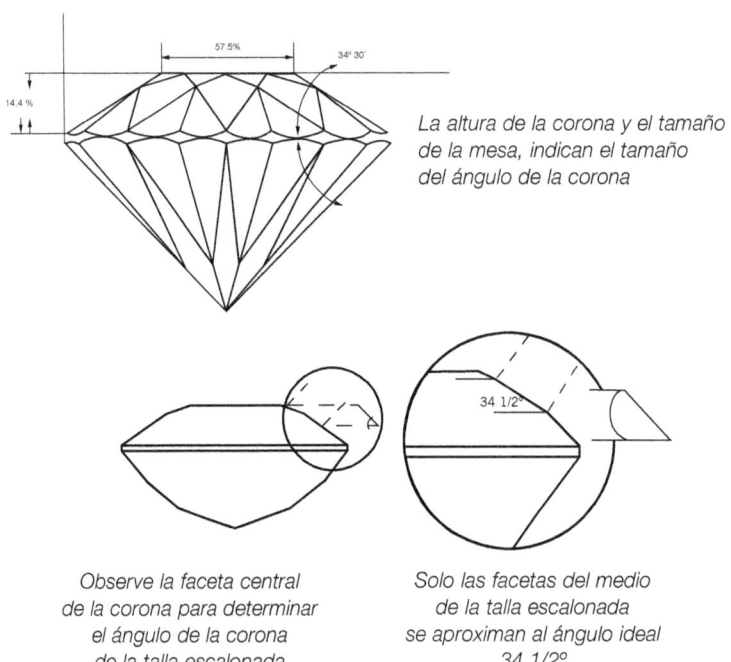

La altura de la corona y el tamaño de la mesa, indican el tamaño del ángulo de la corona

Observe la faceta central de la corona para determinar el ángulo de la corona de la talla escalonada

Solo las facetas del medio de la talla escalonada se aproximan al ángulo ideal 34 1/2°

indicativo. Un diamante con corona baja y mesa pequeña, es probable que presente un ángulo de corona muy chato.

Espesor del cinturón

Como la mayoría de los cinturones en las tallas fantasía se hacen con facetas, los cinturones son más gruesos que los de los redondos.

El área del cinturón cercana a las puntas de los brillantes: marquise, pera, corazón, requiere de mayor espesor, al igual que el "cleft", esto evita que el diamante se rompa durante el engaste o con el uso. Debido a éstas variaciones en el espesor, el área a juzgar depende de la forma del estilo de talla. En los brillantes pera o corazón se examina el área entre los hombros y las puntas en los dos lados de la gema; en el marquise se analiza el vientre y la sección de las alas; en el brillante ovalado y la talla esmeralda se analiza todo el contorno de la gema, el promedio de grosor de las diferentes áreas observadas determinan el espesor del cinturón (Figura 3)

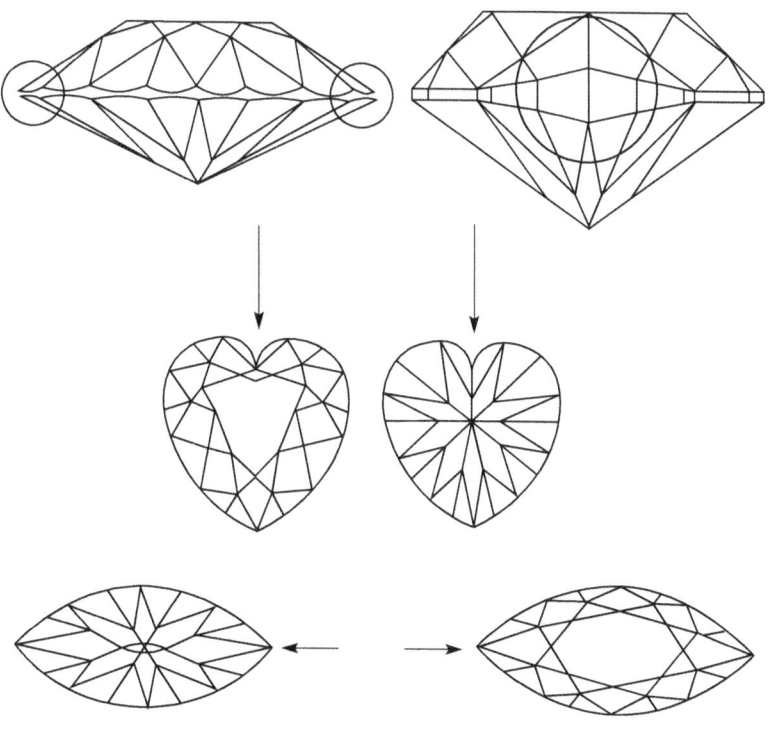

Figura 3
Los cinturones de los brillantes pera, marquise y corazón tienen mayor espesor en las áreas de las puntas y el "cleft"

Altura del pabellón

El brillo de un diamante tallado depende en gran parte de la altura del pabellón. El ángulo "ideal" de las facetas principales del pabellón para obtener el máximo brillo de la gema es de 40,75°. Con las tallas brillantes fantasía no es posible mantener la misma medida de ángulos en todo el contorno, los de las puntas deben ser cortados más chatos que los de las otras áreas, para lograr un menor efecto visual; los tallistas, hacen las facetas centrales con ángulos ligeramente mayores de 40,75°, alargan el culet y eliminan las facetas principales del pabellón en la "cabeza" o en las puntas formando la línea denominada "quilla".

La relación entre altura del pabellón y brillo, de las tallas fantasía no es tan sencilla como lo es con los brillantes redondos, sin embargo, el rango de altura aceptado, para no afectar la belleza de la gema es de 41% al 45%. El brillo de un diamante tallado depende de las proporciones de la corona y del pabellón, y de la relación existente entre éstas partes.

Como no existen patrones de comparación para juzgar las proporciones de las tallas fantasía, la evaluación final depende de la apariencia de la gema y de la pericia del profesional para juzgarlas.

Los métodos de estimación visual conocidos para obtener la altura del pabellón de los brillantes redondos no son aplicables a las tallas fantasía. Las variaciones de la altura del pabellón se describen de acuerdo a la altura que presenten, se pueden clasificar como:

- Normal
- Ligeramente chato
- Muy chato
- Ligeramente alto
- Muy alto

Los efectos visuales debido a las variaciones de la altura del pabellón en las tallas fantasía, son los mismos que se observan en las tallas redondas. Diamantes con pabellones ligeramente chatos, despliegan menos brillo que aquellos que tienen pabellones normales. Diamantes con pabellones altos lucen oscuros por la luz que se escapa del pabellón. Aún los diamantes bien proporcionados suelen mostrar la reflexión del cinturón en las puntas de las tallas fantasía, cuando el pabellón es muy chato, ésta reflexión se extiende a toda la gema.

Recuerde, la evaluación final de todas las proporciones de una talla fantasía deben considerar:

a. **La apariencia del diamante "mesa hacia arriba"**
b. **Porcentaje total de altura**
c. **La relación de altura de la corona y del pabellón**

Juzgue el brillo de la gema en posición "Mesa hacia Arriba", éste es un indicativo de la altura del pabellón. Diamantes con brillo "acuoso" o reflexiones del cinturón a los lados de la mesa, generalmente tienen pabellones chatos.

Si la gema luce oscura, es casi seguro que el pabellón será alto.

Una vez observada la apariencia del diamante "Mesa hacia Arriba", se procede a calcular el porcentaje de altura total. La altura total de la gema se mide de mesa a culet y se expresa como un porcentaje del ancho total del diamante, use la siguiente ecuación:

$$\% \text{ total de Altura} = \frac{\text{Altura Mesa-Culet} \times 100}{\text{Ancho del Diamante}}$$

Ejemplo:
Un Navette Altura mesa-culet= 2,30mm
Ancho = 4.20mm

$$\% \text{ total de Altura} = \frac{2{,}30 \times 100}{4{,}20} = 54{,}76\%$$

El porcentaje de altura se redondea a un decimal, así el porcentaje de altura será de 54,8%

El porcentaje de altura total de un diamante tallado es la suma de la altura de las partes que lo forman: corona, cinturón y pabellón.

El porcentaje de altura de la corona es dada por el porcentaje de la mesa y el ángulo de la corona, haciendo uso de la tabla de las mesas y ángulos de la corona se puede obtener dicha altura.

Para lograr una evaluación correcta es necesario analizar cada componente individualmente, la relación que existe entre el porcentaje de altura del pabellón y de la corona, sirven de indicativo de la altura del pabellón, generalmente la altura del pabellón de un diamante tallado, con proporciones aceptables, tiene de 2,5 a 4,5 en altura de la corona (Figura 4 a-b).

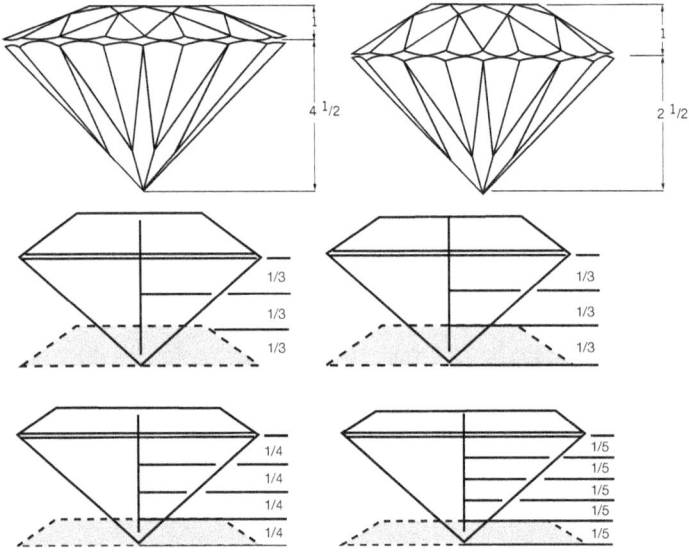

Figura 4 a-b
Muestran la relación que existe entre la altura de la corona y la altura del pabellón, diamantes con proporciones en los rangos normales, mantienen una relación de altura de pabellón - corona entre 2,5 y 4,5 es decir, el pabellón tendrá una altura entre 2,5 y 4,5 la altura de la corona

Para obtener un estimado de la altura del pabellón, debe hacerse la comparación corona-pabellón, sabiendo el porcentaje de altura de la corona podrá estimar el porcentaje del pabellón. Para un mejor resultado observe la gema "Mesa hacia Arriba" y de perfil.

Cuando se estima la altura del pabellón de las tallas fantasía, además de la comparación de altura entre corona y pabellón, se debe considerar; el efecto conocido con el nombre de "Corbatín" en los brillantes fantasía, y el pabellón "abultado" en la talla esmeralda.

Cuando se observa un brillante fantasía (Ovalado, Navette y Pera) "Mesa hacia Arriba" se percibe una sombra obscura que atraviesa a lo ancho el centro de la mesa, luce como un corbatín, éste efecto es frecuente en diamantes con pabellones chatos o muy altos. En gemas donde la relación largo-ancho es mucho más marcada y los ángulos del pabellón son muy diferentes el corbatín se aprecia mucho más oscuro y pronunciado. El tamaño e intensidad de tono del corbatín tienen gran importancia, al evaluar las proporciones y los ajustes de peso, que debe hacer al concluir el análisis de la gema, debe describir la apariencia de ellos en la sección de altura del pabellón, puede describirlos como:

- Poco perceptible
- Perceptible
- Evidente

El efecto corbatín se puede observar en cualquiera de las tallas brillante fantasía, según el aumento usado y el tipo de luz empleada. Se considera como defecto si se hace evidente a simple vista. (Figura 5)

El estilo talla esmeralda tiene un pabellón formado por tres filas concéntricas de facetas, para lograr una gema bien proporcionada la fila de facetas adyacentes al cinturón, deben formar con éste, ángulos cercanos a los 48°, la segunda fila deberá ser hecha con ángulos a 41 grados y la tercera deberá tener ángulos a 34 grados, esta diferencia del tamaño de los ángulos produce en el pabellón cierto "abultamiento" conocido con el nombre de "pabellón abultado".

Con el fin de retener más peso, algunos tallistas hacen la primera fila de facetas más anchas y con ángulos cercanos a los 90 grados, estos casos extremos producen un pabellón muy abultado, gran pérdida de luz y dificultan el engaste de la gema, (Figura 6)

Si esta falta es muy notoria debe hacerse un ajuste en el peso de la gema analizada, este efecto del pabellón se describe como:
- Poco evidente
- Evidente
- Muy pronunciado

Anote en la sección de altura del pabellón, el tipo de pabellón observado. El efecto de pabellón abultado se juzga a 10 aumentos, debe observar el perfil, el largo y ancho de la gema. Debe tener una apariencia simétrica con arco suave desde el cinturón hasta el culet

Tamaño del culet en las tallas fantasía

El procedimiento para juzgar el tamaño del culet de las tallas fantasía es similar al que se usa con los brillantes redondos, el culet se evalúa en base al ancho que presente esta faceta; el largo sólo se considera en casos extremos.

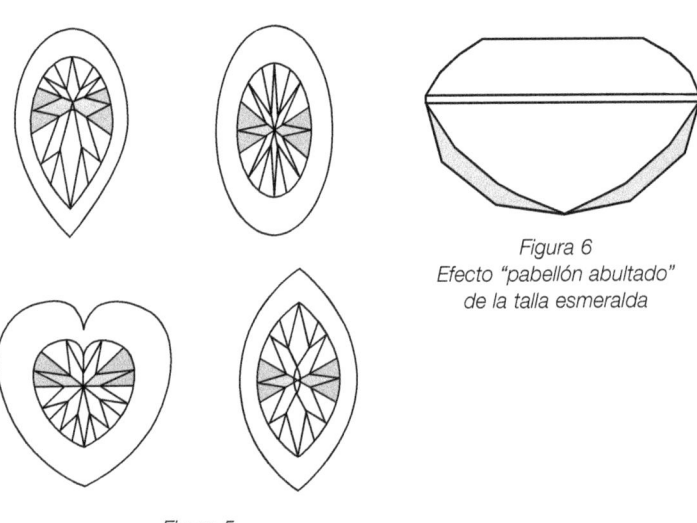

Figura 6
Efecto "pabellón abultado"
de la talla esmeralda

Figura 5
Efecto "corbatín" de los brillantes fantasía

Simetría mayor

Las faltas de simetría mayor en las tallas fantasía son, en línea general, similares a las de los brillantes redondos, sin embargo, como el valor de un diamante talla fantasía y la facilidad de venta dependen mucho de su apariencia, es necesario juzgarlas de manera más estricta.

De manera general, se puede decir que el tamaño y forma de las partes que se corresponden entre sí, deben ser iguales sin importar la posición en que la gema sea observada, de perfil o "Mesa hacia Arriba". Al evaluar la apariencia general del diamante "Mesa hacia Arriba" observe la corona y divida la gema en dos, algunas formas es necesario dividirlas en cuatro, las dos mitades deben ser iguales y, de igual manera, las cuatro fracciones. La desigualdad de las diferentes partes también pueden apreciarse al observar la gema de perfil, sosteniéndole mesa-culet, divídala en dos partes y observe la similitud de ellas entre sí, aprecie cuidadosamente los extremos.

Cuando se juzgan las faltas de simetría en las tallas fantasía, éstas se pueden considerar al igual que los redondos, como faltas de simetría mayor y se analizan junto con las proporciones. Las faltas de simetría menor, se consideran en el análisis del "terminado" de la talla, la clasificación depende de la notoriedad que tenga la falta.

Se consideran como faltas de simetría mayor de los diamantes fantasía, aquellas que son evidentes a 10 aumentos:

1. Mesa descentrada
2. Mesa no paralela al cinturón, luce inclinada
3. El cinturón de los brillantes pera, ovalado y marquise se arquean en los extremos
4. Cinturón ondulado (produce cambios en los ángulos de las facetas y, por lo tanto, afecta la distribución equilibrada del brillo)
5. Culet o "Línea quilla" descentrada

La siguiente lista de faltas de simetría, se consideran como faltas de simetría mayor si pueden ser observadas a simple vista:

a. El culet en los brillantes pera y corazón, al observarse la gema "Mesa hacia Arriba", debe estar alineada con las facetas romboidales donde se mide la mesa; en la talla esmeralda, al igual que en los navette y óvalo, debe estar centrada en relación al largo y ancho de la gema. La apariencia del diamante en esta posición, determinará si la falta debe ser considerada como simetría menor o mayor (Figura 7}.

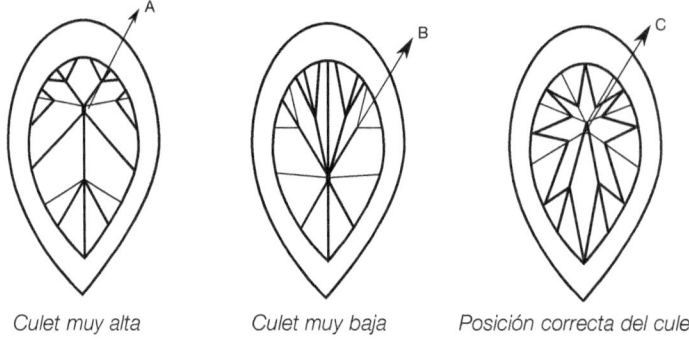

Culet muy alta   *Culet muy baja*   *Posición correcta del culet*

Figura 7
Posición del culet en las tallas fantasía

b. Los lados opuestos de la tallas escalonadas no son paralelos, los extremos deben ser perpendiculares en ambos lados (excepto en la talla escalonada trapecio). (Figura 8)

c. Las esquinas de las tallas escalonadas no lucen iguales. Todas las facetas de las esquinas deben tener el mismo ancho, lados desiguales producen esquinas desiguales.

Figura 8
Lados desiguales en la talla esmeralda

d. Las alas en los brillantes marquise, pera y corazón deben ser simétricas, los arcos de alas opuestas deben ser iguales.

e. Los lóbulos de las tallas brillante corazón, deben tener posición simétrica, ser igual en tamaño y presentar una curvatura similar. (Figura 9)

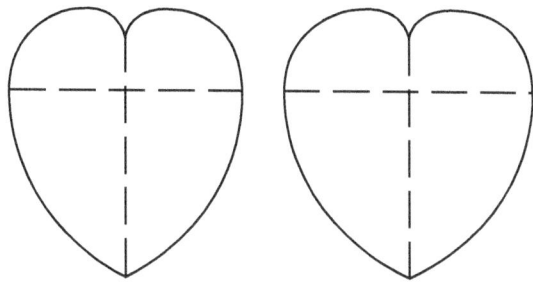

Figura 9
Lóbulos desiguales en un brillante corazón

f. Los hombros deben ser iguales en los brillantes pera y corazón, cada hombro debe ser pareja del opuesto. (Figura 10)

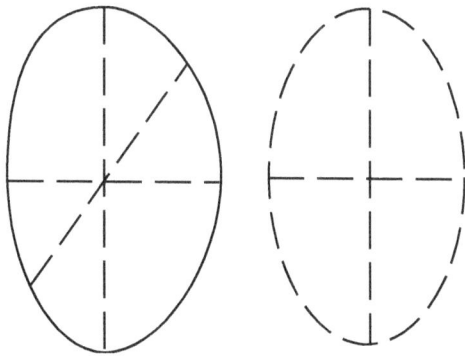

Figura 10
Hombros desiguales

g. Pabellón abultado y desigual, en las tallas escalonadas, puede ser más prominente en un lado, suele verse en gemas que presentan culet o línea quilla descentrada, menos frecuente en aquellas tallas fantasía que tienen centrado el culet o la línea quilla.(Figura 11)

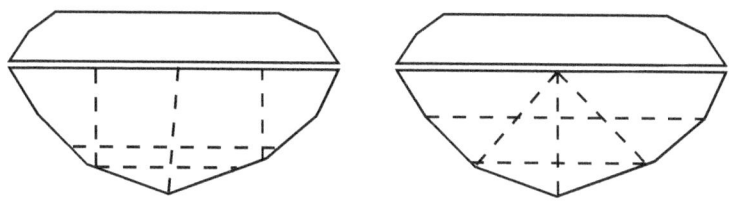

Figura 11
Pabellón abultado y desigual

Las faltas de simetría enumeradas, de las tallas fantasía, corresponden a cada estilo de talla y a la forma, identifíquela y clasifíquelas según la notoriedad de ellas, como faltas menores o mayores de simetría.

Use las siguientes abreviaciones:

- Mesa descentrada — M/FC
- Mesa no paralela — M/No Paral
- Cinturón ondulado — D/O
- Culet descentrado — C/Desc
- Línea quilla descentrada — Q/Desc
- Posición del culet en peras y corazones — P.C.
- Lados asimétricos en tallas escalonadas — Lados As.
- Alas asimétricas en marquise, pera y corazón — A.Asim
- Lóbulos asimétricos en brillantes corazón — Lob.Asim.
- Hombros asimétricos en brillantes: pera y corazón — H.Asim
- Pabellón abultado asimétrico en tallas escalonadas — Pab.Ab.Asi

Las faltas de simetría deben ser anotadas de manera individual, sin embargo, las copias de avalúos e informe para los clientes sólo necesitan un comentario general que las describa como:

- Faltas leves de simetría
- Faltas de simetría evidentes
- Faltas de simetría notorias

3. El atractivo de las formas en las tallas fantasía -apariencia del contorno-

A diferencia de los brillantes redondos, la apariencia y el atractivo de las tallas fantasía no dependen solo de la simetría, equilibrio del brillo y titilación, la apariencia depende en gran parte del contorno.

Para evaluar la apariencia del contorno, se observa la gema en posición "Mesa hacia Arriba" y, de acuerdo a como luzca, se determina si es atractiva o no.

Algunas variaciones en el tamaño y forma de las partes que componen un diamante talla fantasía, afectan la apariencia del contorno, las más comunes suelen ser:

a. Ausencia de las facetas de las esquinas, en las tallas escalonadas.
b. Facetas de esquinas angostas. Los biseles de las esquinas de las tallas escalonadas, protegen la gema y facilitan el engaste, además sirven para completar el número de facetas requerido y dan un aspecto más dinámico al diamante. Si los biseles son muy angostos, el diamante luce extraño y no es fácil engastarlo en una montura atractiva. (Figura 12 y 13)

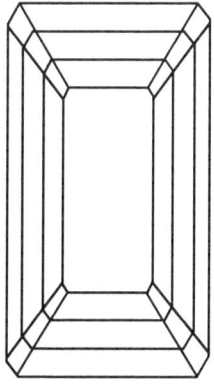
Figura 12
Facetas de las esquinas angostas

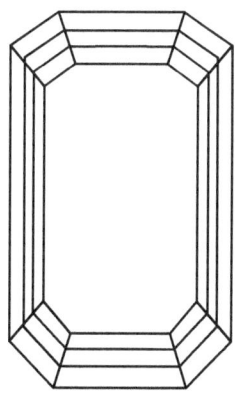
Figura 13
Facetas de las esquinas anchas

Los baguetts no necesitan biseles en las esquinas, por lo que la ausencia de estos no afecta su apariencia.

c. Si las facetas en las esquinas de las tallas escalonadas son muy anchas, el diamante tiene apariencia octagonal y no el aspecto rectangular que requiere el estilo, sin embargo, debe observarse la apariencia general de la gema, ya que a veces, aún así, tienen una apariencia aceptable.
d. Los hombros de los brillantes pera o corazón pueden ser muy altos o cuadrados. La forma ideal es de un arco suave, definido, la variación se hace para retener más peso. Los hombros muy altos le dan un aspecto poco atractivo a la gema, las peras lucen ligeramente triangular. (Figura 14).

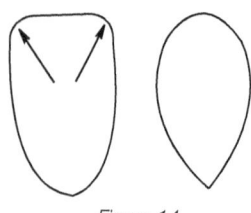

Figura 14
Hombros altos

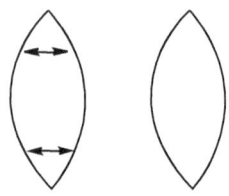

Figura 15
Alas aplanadas

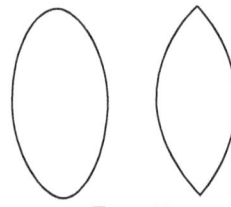

Figura 16
Alas abultadas

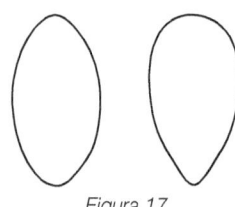

Figura 17
Puntas poco definidas

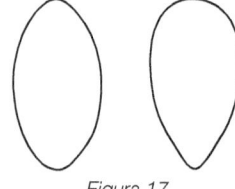

Figura 18
Lóbulos distorcionados

e. Alas aplanadas, la forma de las alas de un brillante: marquise, pera o corazón deben formar un arco ligeramente aplanado. (Figura 15)

f. Alas abultadas, los brillantes marquise, pera o corazón con este aspecto, tiene apariencia pesada, las uñas de las monturas, en las puntas de los marquises disimulan este aspecto. La finalidad del tallista es retener más peso.

g. Puntas poco definidas, las alas abultadas o una relación largo-ancho menor a la normal, producen éste efecto, especialmente en los brillantes pera.

h. Lóbulos distorsionados, los brillantes corazón con hombros muy anchos o un cleft poco profundo muestran este efecto, los lóbulos muy aplanados en la parte superior le dan al diamante un aspecto aplastado

Anote las faltas que afectan la apariencia del contorno:

- Falta de facetas en las esquinas de
  las tallas-escalonadas   F.F.
- Facetas anchas en las esquinas
  de las tallas escalonadas   F.A.
- Alas aplanadas en los brillantes
  pera, marquise y corazón   A.A.p
- Alas abultadas pronunciadas
  en marquises peras y corazones   A.P.
- Hombros altos en corazones y peras   H.A.
- Puntas no definidas
  en marquises peras y corazones   P.No.Def.
- Lóbulos distorsionados
  en brillante marquise   L.Dist.

Los informes del cliente sólo deben tener un comentario general, definiendo la apariencia del contorno como:
- Óptima
- Buena
- Aceptable

Juzgue la apariencia general del contorno, sin aumento, la evaluación es subjetiva, pero debe considerarse la apariencia y la estética de la forma de la gema.

Se debe aprender a reconocer los efectos que afectan la apariencia del contorno y distinguirlos de las faltas de simetría. Aunque muchas de estas variaciones se hacen para retener peso, la evaluación de los efectos del contorno se hacen sólo en base a la apariencia que producen en el contorno de la gema.

Figura 19
Los extremos ligeramente cuadrados en un brillante ovalado afectan la apariencia del contorno

Relación largo-ancho

El "Largo-Ancho" de una talla fantasía (al igual que el estilo de talla) es determinado por la forma del cristal en bruto. El tallista trata de recuperar el mayor peso posible sin afectar la estética de la gema, sin embargo, hay ocasiones que debe seleccionar dimensiones poco acorde con la belleza. Como la apariencia y estética de las tallas fantasía es uno de los elementos más importantes en la evaluación de ellas, es necesario saber juzgarlo, la relación largo-ancho también afecta la durabilidad de la gema.

Para obtener la relación largo-ancho, se usa la siguiente ecuación:

$$Rl/a = \frac{l}{a}$$

El cociente indica el largo que se va a comparar con el ancho de la gema; a el ancho se le asigna en la relación el valor fijo, ejemplo:

Brillante marquise

Largo = 8,80mm

Ancho = 3,51 mm

Altura = 2.OO mm

$R\ l/a = \dfrac{8.80}{3,51} = 2.507 - Rl/a = 2,51 : 1$

(Se redondea al segundo decimal)

Cuadro de apariencia de las tallas fantasía en cuanto a la relación largo-ancho

Forma	Normal	Muy Larga	Muy Corta
Esmeralda	1.50-1.75	2.00	1.25 : 1
Corazón	1.00	1.25	menos de 1.00
Marquise	1.75-2.25	2.50	1.50
Ovalado	1.33-1.66	1.75	1.25-1.10
Pera	1.50-1.75	2.00	menos de 1.50

Una vez calculada la relación largo-ancho, compárela con el cuadro de apariencia, determine si el diamante es muy corto o muy largo, juzgue de acuerdo a su criterio y al cuadro, la apariencia y la estética de la gema. Anote los comentarios.

4. Los precios de las tallas fantasía

Las tallas fantasía generalmente cuestan menos que los brillantes redondos de calidades y pesos similares; se exceptúan los marquises, debido a su popularidad, usualmente tienen un 10% más de precio. El amplio rango de variación en las proporciones, que implica mayor retención de peso, se refleja en el precio por quilate. El mercado también incide en el precio, la demanda de las tallas brillante redonda, obligan la producción en masa y continua, no ocurre igual con las tallas fantasía, especialmente en tamaños superiores al quilate. Los precios suelen variar de un mayorista a otro.

Otro factor que incide sobre los precios de las tallas fantasía, es la evaluación poco estricta con que a veces son juzgados.

15
EL FACTOR PESO EN LOS DIAMANTES
PESO TAMAÑO Y DIMENSIONES

1. Generalidades

El peso al igual que la pureza y el color es otro de los factores determinantes del precio, del diamante tallado o en bruto.

Los cristales de buen tamaño, en calidad gema no abundan, a medida que aumenta el tamaño, la rareza eleva vertiginosamente el valor de ellos; al pasar del quilate, la diferencia de precios son muy marcadas. Ejemplo según listas de precios de la industria, en Junio de 2004, un diamante brillante redondo, en el rango de 1.00 quilate y 1,50 quilate, de óptima calidad, se cotizaba en $17.400 dólares americanos por quilate. Gemas de calidad similar en el rango de 5,00 a 5,99 cts. alcanzan el valor de 58.500 dólares americanos por quilate. Diamantes de mayor tamaño fuera de los rangos comerciales, alcanzan precios equivalentes a fortunas, dependerá de la demanda y de la oferta.

Aunque es la rareza la que determina los precios de los diamantes, la demanda del mercado también tiene su efecto sobre ellos.

2. Unidades de peso empleadas en la industria de las piedras preciosas

Siendo el precio un factor de tan relevada importancia en los precios de las gemas, aún en los albores de la industria, se trato de lograr una uniformidad en la terminología y en los implementos empleados para pesarlas.

Los primeros comerciantes de piedras preciosas usaron semillas secas de plantas como el algarrobo y granos de trigo, con el fin de tener un "patrón de peso" relativamente uniforme; ciertas unidades modernas derivaron, de la unidad de peso antiguo "trigo-grano", se puede citar la perla grano.

El término quilate, como unidad de peso de las piedras preciosas, parece ser, se origino del "patrón algarrobo"; la ambigüedad existente, carecía de la exactitud requerida en el comercio de objetos tan pequeños y de tan elevado valor.

Con el transcurrir del tiempo el uso del término "quilate" se fue internacionalizando y unificando, sin embargo no tenía igual valor, en todos los países; en algunos representaba el equivalente a 0,205 gramos, (este es el valor del quilate antiguo), en otros oscilaba entre 0,1885 y 0,2159 gramos.

En 1905, la comisión de instrumentos y trabajos del Comité Internacional de Pesos y Medidas propuso la adopción de una nueva unidad denominada quilate métrico, con un valor de 0,200 gramos. Hoy en día es una unidad de peso aceptada a nivel mundial.

El quilate métrico

Casi todas las piedras preciosas se pesan en una unidad métrica denominada "quilate"; es equivalente a 0,200 gramos, por ser empleada como unidad de peso, de objetos de tanto valor, la industria obliga, a obtener el peso hasta la milésima de un quilate, permitiendo redondearlo hasta la centésima inmediata o "punto"

$$0,200 \text{ gramos} = 1,00 \text{ quilate} = 100 \text{ puntos}$$

(La C.I.B.J.O.; admitió el uso internacional de "ct" como abreviación del término quilate métrico)

Las fracciones de quilate se expresan en puntos, es decir una gema de 0,90 ct., es equivalente a 90 puntos.

Algunos comerciantes emplean el término grano, representa la cuarta parte de un quilate, es decir 0,05 gramo.

La precisión requerida en el peso de las gemas, requiere el uso de balanzas muy sensibles, de gran exactitud y precisión.

El término quilate, también se emplea para denominar la pureza del oro y el contenido de oro puro en diferentes aleaciones de éste con otros metales; el oro puro es oro de 24 quilates; el oro de 18 quilates, contiene 18 partes de oro puro y 6 de aleación; el de 14 quilates contiene 14 partes de oro puro y 10 de otros metales y así sucesivamente; en algunos países se emplea el término "Karat" se usa como sinónimo de quilate y se usa para indicar la pureza del oro.

24 quilates = oro puro

18 Kt = 750 = 750 partes de oro puro + 250 partes de aleación de otros metales

3. Balanzas para pesar piedras preciosas

La precisión y exactitud requerida en el peso de las piedras preciosas, exige el uso de balanzas muy sensibles y de gran exactitud. Hoy en día se consiguen en el mercado desde las más sencillas, manuales y portátiles hasta las más sofisticadas.

Las manuales generalmente, constan de una armadura metálica en forma de "T" con dos platos suspendidos al final de los brazos en uno de los platos se coloca la gema y en el otro el contrapeso, el fiel en el centro de la "T", indica cuando la balanza se halla en equilibrio.

Una buena balanza portátil permite pesar con una exactitud cercana al "medio punto" 0,005 quilate. Figura 1

El funcionamiento de las más sofisticadas es similar al de las portátiles, sin embargo el peso se obtiene de manera más rápida y exacta.

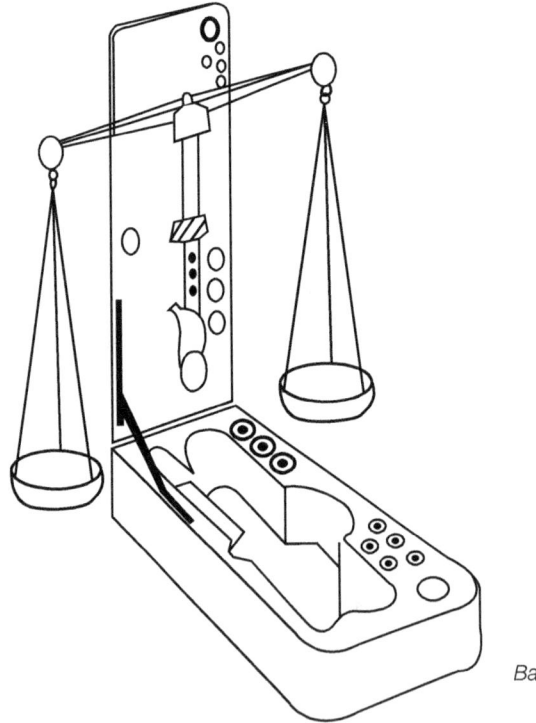

Figura 1
Balanza Portátil

Las balanzas con mecanismos sofisticados, constan de un plato; los contrapesos se encuentran en la parte interna y se controlan con diversos botones giratorios.

También existen balanzas electrónicas, pueden pesar hasta décimas de puntos (0,001 ct), con gran exactitud. (Figura 2)

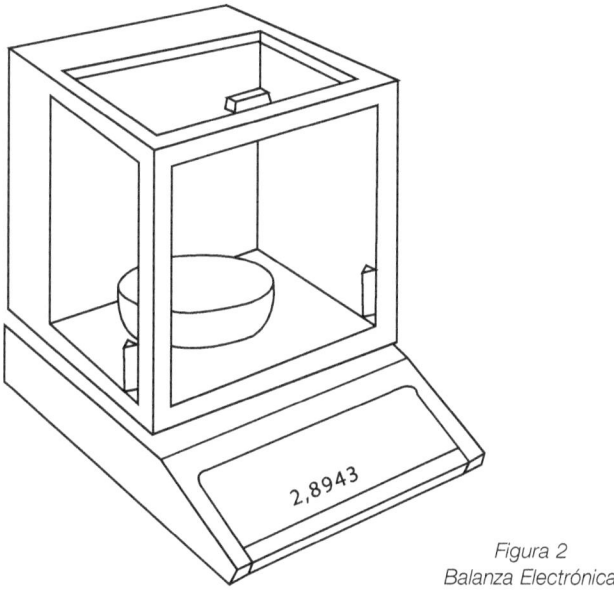

Figura 2
Balanza Electrónica

Todas las balanzas empleadas en joyerías son muy exactas y precisas, deben estar bien calibradas; para resultados óptimos, lea cuidadosamente las instrucciones de los fabricantes.

4. Pesos y medidas

Existe una relación entre el peso de una piedra preciosa y sus dimensiones. Debido a esto los pesos de las gemas sueltas ayudan a reconocer las imitaciones de los diamantes; las imitaciones, por lo general son más pesadas que los diamantes de dimensiones similares; además el peso y las dimensiones conjuntamente con un diagrama de características de pureza, describen y permiten identificar cada diamante de manera individual.

Los diamantes sueltos se pesan directamente, el peso de las gemas engastadas se obtiene por estimación, usando, una formula matemática; el resultado dependerá de la pericia y el cuidado con que se realice el trabajo.

En el mercado existen calibradores especiales para medir las dimensiones tanto de las gemas sueltas como las engastadas en joyas.

Joyeros y engastadores usan calibradores con reglilla móvil o con perforaciones redondas, para brillantes redondos; para tallas fantasía emplean aquellos que tienen perforado la forma y tamaño, todos tienen indicaciones del peso de acuerdo a las dimensiones, el mejor de ellos es el calibrador con regla móvil o pie de rey.

Los instrumentos más modernos y asequibles para medir gemas sueltas, son los micrómetros, miden centésimas de milímetro, la escala Vernier del mango permite obtener milésimas de milímetro; deben usarse con precaución, ya que si se ejerce mucha presión, existe el riesgo de romper el cinturón de la gema que se está midiendo. El más conocido es el palmer; otro calibrador muy empleado es el Moe tiene forma de compás , solo mide en unidades Moes; se le emplea para estimar el peso de brillantes redondos y brillantes vieja mina y vieja europea; no sirve para medir diamantes talla fantasía.

Otro calibrador muy usado es el Leveridge, se usa para medir gemas sueltas, posee algunos accesorios que permiten medir gemas engastadas; no tiene la exactitud de los micrómetros, las centésimas de milímetros deben ser estimadas, mide en milímetros. Consta de una esfera graduada, con una aguja que se mueve en el sentido de las agujas del reloj, cada vuelta completa representa 10 milímetros; el indicador de la izquierda registra múltiplos de diez, la medida total es la suma de las dos lecturas. Con este calibrador, se puede medir la altura de las gemas engastadas, siempre y cuando la montura sea abierta en la parte posterior. (Figura 3)

Todos estos instrumentos traen manual de operaciones, para un buen manejo, lea las instrucciones indicadas en ellos.

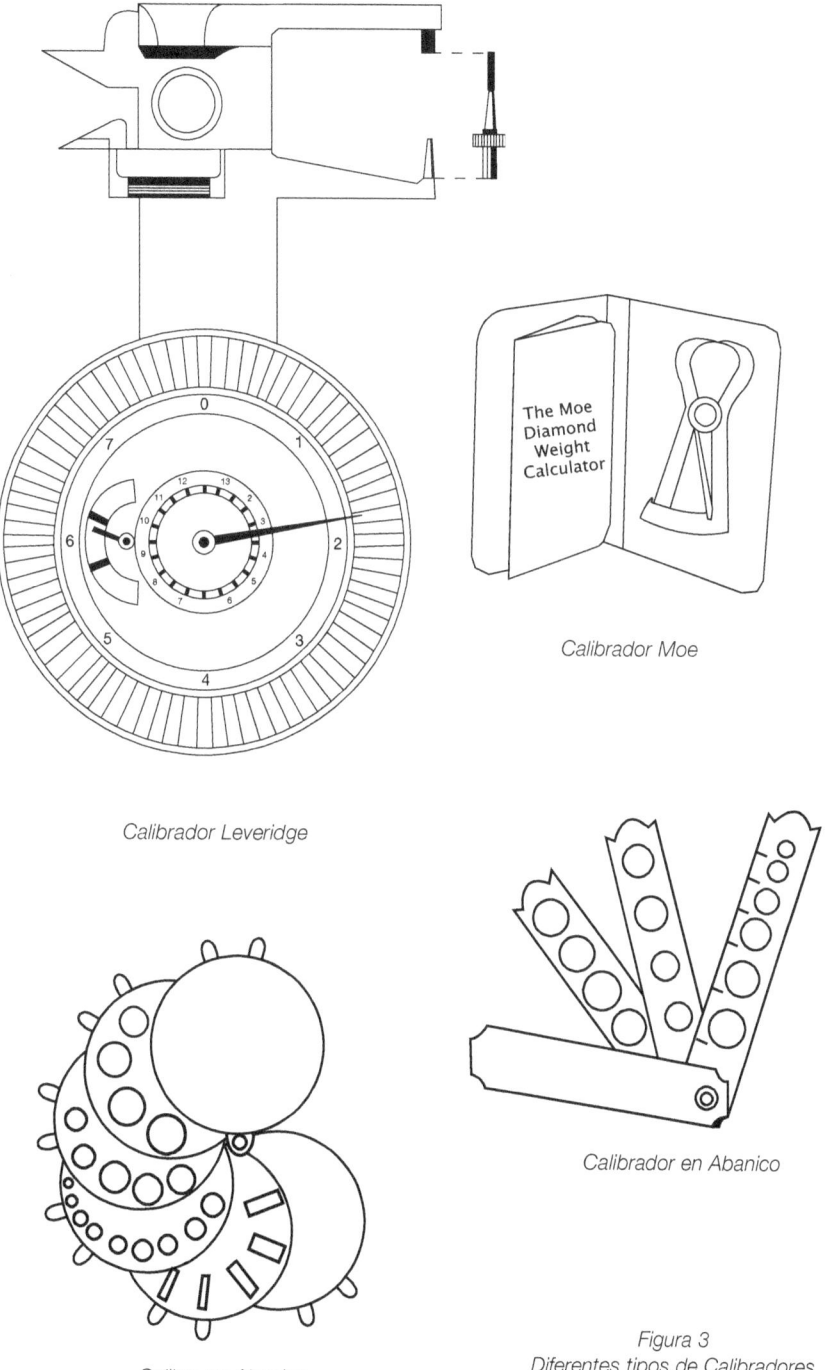

Calibrador Moe

Calibrador Leveridge

Calibrador en Abanico

Calibre en Abanico

Figura 3
Diferentes tipos de Calibradores

5. Dimensiones requeridas para describir un diamante tallado

En un diamante talla brillante redondo, las dimensiones que se miden son: el diámetro y la altura, como suelen variar, aún con gemas de pesos iguales, son características muy importantes en las descripciones, ya que permiten identificar cada gema individualmente. Además se emplean para estimar el peso de piedras preciosas engastadas.

Con el calibrador Leveridge, se puede medir la altura del diamante engastado, siempre y cuando la parte posterior de la joya sea abierta y permita colocar el tope del instrumento sobre el culet y la parte opuesta sobre la mesa; debe observar, que la gema no se halle inclinada. Cuando la abertura es muy pequeña, el accesorio, del calibrador, permite llegar hasta el culet. Si no puede medir la altura, deberá estimarla, según los métodos aprendidos en capítulos anteriores; como la mayoría de los diamantes, talla brillante redondo, tienen una altura entre el 57 y el 61 % del diámetro de la gema se puede verificar el resultado obtenido, multiplicando el diámetro promedio por 0,60 (porcentaje de altura total usual), el resultado debe aproximarse al de las medidas usuales.

$$\% \text{ altura total} = \frac{\text{Altura total en mm} \times 100}{\text{Diámetro promedio}}$$

El diámetro considerado es el diámetro promedio, ya que los brillantes redondos no son completamente redondos, por óptima que sea la talla, no son perfectamente redondos; deben obtenerse varias medidas. El diámetro promedio será la suma del mayor y el menor, dividido entre 2.

$$\text{Ejemplo}: \frac{6.40 \text{ mm} + 6.20 \text{ mm}}{2} = 6,30 \text{mm}$$

Con las tallas fantasía las dimensiones consideradas son: el largo, el ancho y la altura.

Con diamantes brillantes redondos, engastados en uñas, se mide el diámetro colocando el calibrador en los espacios no cubiertos por ellas.

Si la joya tiene engaste tipo "bisel", el diámetro se mide a través de las facetas romboidales opuestas, estimando el sitio donde terminan las puntas de dichas facetas.

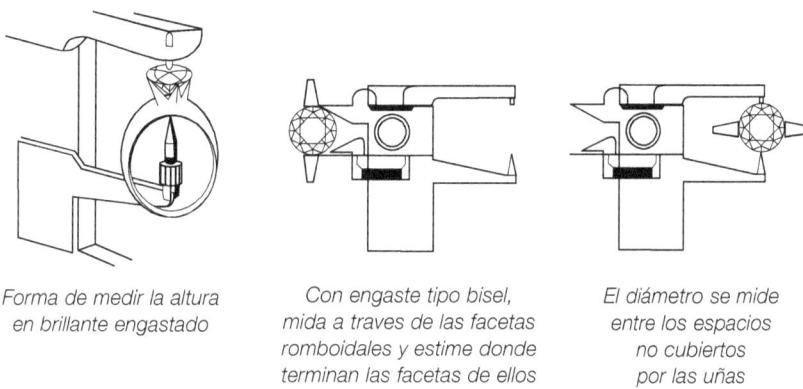

Forma de medir la altura en brillante engastado

Con engaste tipo bisel, mida a traves de las facetas romboidales y estime donde terminan las facetas de ellos

El diámetro se mide entre los espacios no cubiertos por las uñas

Figura 5
Uso del calibrador Leveridge para medir altura y diámetro en un diamante brillante redondo

En las tallas fantasía las dimensiones consideradas son largo, ancho y altura.

Los micrómetros y calibradores son instrumentos indispensables para los profesionales del ramo, sin embargo el uso de ellos requiere gran cuidado y destreza, ya que las dimensiones se obtienen a través de los sitios más vulnerables de las gemas: borde del cinturón, culet y puntas, un exceso de presión puede astillarlas y en el peor de los casos romperlas. Ejemplo, los topes del dispositivo del calibrador Leveridge operan con un resorte; para medir con él, deberán sostenerse firmemente, si se les deja sueltos, pueden cerrarse bruscamente, dañando el diamante o gema, colocada en él.

Las dimensiones obtenidas, deben concordar con la realidad; por lo tanto es necesario revisarlas, de esta manera, se evitan errores y situaciones embarazosas, tienen que coincidir con la gema que se está describiendo, permitiendo identificarlas individualmente y a su vez estimar el peso.

6. Estimación del peso

Los calibradores, permiten obtener un estimado del peso de las gemas engastadas y sueltas; casi todos van acompañados de tablas, que de acuerdo a las dimensiones, indican el peso. Una de las tablas más completas es la del calibrador Leveridge, (llamado así en honor a su inventor, ciudadano de nacionalidad norteamericana, 1937; hoy en día se fabrica en Suiza) están calculadas para diamantes de casi todos los tipos de talla, e inclusive se pueden usar con otras piedras preciosas, tomando en consideración las diferencias del peso especifico de la gema.

Estas tablas tienen calculados los pesos de diamantes melée desde los 0,01 ct hasta los 0,25 ct. en talla brillante y 8/8; con diamantes de estos pesos solo se considera el diámetro. Con diamantes de peso superior a 0,25 quilate, hasta los 7,50 quilates, las tablas indican el peso, en base al diámetro, altura y espesor del cinturón; también incluyen tablas similares para diamantes talla fantasía, tales como pera, marquise, esmeralda, baguett y otras. El margen de error generalmente es un 2% del peso real del diamante.

Tamaños aproximados de diamantes estilo brillante redondo, acorde al diámetro

Diámetro en mm	Altura media	Peso estimado
1.30		0.01 ct.
3.00		0.10 ct.
5.20		0.50 ct.
6.50		1.00 ct.
7.40		1.50 ct.
8.20		2.00 ct.
9.25		5.00 ct.

Tamaños y pesos estimados de diamantes tamaño melee

Talla brillante diámetro en mm		Talla 8/8 o talla simple		
En mm	Peso ct	Diámetro en mm	Cts.	No. Piedras por ct.
1.7	.02	.9	----	240
1.8	----	1.0	----	200
1.9	----	1.1	----	155
2	.03	1.2	----	125
2.1	----	1.3	.01	100
2.2	.04	1.4	----	85
2.3	----	1.5	----	73
2.4	.05	1.6	----	58
2.5	----	1.7	.02	48
2.6	.06	1.8	----	40
2.7	.07	1.9	.03	33
2.8	.08	2.0	----	30
2.9	.09			
3.7	.10			
3.1	.11			
3.2	.12 1/2			
3.3	.14			
3.4	.15			
3.5	.16			
3.6	.17			
3.7	.18			
3.8	.20			
3.9	.22			
4.6	.23			
4.1	.25			

Como la mayoría de los diamantes, brillante redondo son tallados de acuerdo a ciertos patrones de "tallas ideales", el peso puede estimarse, generalmente con solo considerar el diámetro.

7. Fórmulas para estimar el peso de diamantes engastados

El peso de los diamantes, puede estimarse sin recurrir a tablas mediante ciertas fórmulas matemáticas: a veces es necesario incluir algunos factores de corrección, en el caso de cinturones muy gruesos o de pabellones muy abultados.

La fórmula de Norman Harper para brillantes redondos es:

$$(\text{diámetro}) \times (\text{diámetro}) \times (\text{altura}) \times (0{,}0061) = \text{peso en cts.}$$

Leveridge presentó una fórmula para brillantes redondos superiores a los 12mm es: (radio) (radio) (altura)(0,0245) = peso en quilate.

Fórmulas para estimar el peso de brillantes redondos

Peso estimado = (diámetro promedio) (diámetro promedio) (altura) (0,0061) (factor de corrección del cinturón)

El factor de corrección del cinturón se considera en diamantes de acuerdo al tamaño de la gema con cinturones de espesor ligeramente grueso o extremadamente grueso, debido al exceso de peso que dichos cinturones producen en la gema.

Factor de corrección de peso considerando el cinturón

Ligeramente grueso	del 1 al 2%
Grueso	del 3 al 4%
Muy grueso	del 5 al 6%
Extremadamente grueso	del 7 al 9%

Ejemplo:

Diamante	Brillante redondo
Diámetro	5,20mm - 5,24mm
Diámetro prom.	$= \dfrac{5,20 + 5,24}{2} = 5,22$mm
Altura	3,02mm

Cinturón grueso

Fórmula = (diámetro) al cuadrado x (altura) (0.0061) (F.C.)

Peso estimado = (5,22)(5,22)(3,02)(0.0061)(1,04) = 0,522ct =

se redondea al punto más cercano.

Peso estimado = 0,52 ct.

Fórmula para estimar el peso de brillante ovalado

Peso estimado = (diámetro promedio) (diámetro promedio) (altura) (0.0062) x F.C.C.

$$\text{Diámetro promedio} = \frac{\text{largo + ancho}}{2}$$

F.C.C: Factor de Corrección del Cinturón

Ejemplo:

Diamante talla brillante ovalado

Largo = 9,12mm

Ancho = 5,18mm

Altura = 3,06mm, espesor del cinturón ligeramente grueso

$$\text{Diámetro promedio} = \frac{9,12mm + 5,18mm}{2} = 7.15mm$$

Peso estimado = (7,15) (7,15) (3,06)x(0,0062)x(1,01) = 0,98 ct.

Diamante estilo brillante corazón

Peso estimado = largo x ancho x altura x 0.0059 x F.C.C.

Ejemplo.

Largo = 5,85mm

Ancho = 5,77mm

Altura = 3,24mm

Cinturón medio

Peso estimado = 5,83 x 5,76 x 3,24 x 0,0059 = 0,645 ct.

Redondeado al punto más cercano, el peso es = 0,65ct.

Para obtener el peso estimado, en diamantes estilo brillante: marquise, pera y diamantes estilo escalonado esmeralda, debe calcularse la relación "largo-ancho"; se obtiene dividiendo el largo de la gema entre el ancho; la relación largo-ancho, indica el factor de ajuste requerido en la formula de peso estimado en estos tipos de talla.

Talla escalonada esmeralda

Peso estimado = largo x ancho x altura x factor ajuste (L-a) x F.C.C. factor pabellón abultado.

Relación largo ancho	Factor ajuste
1.00 : 1.00	0.0080
1.50 : 1.00	0.0092
2.00 : 1.00	0.0100
2.50 : 1.00	0.0106

Ejemplo

Diamante estilo escalonado esmeralda

Largo = 8,10mm

Ancho = 5,38mm

Altura = 3,21mm

Cinturón grueso:

Pabellón ligeramente abultado

Factor ajuste (L-a) = $\dfrac{8.10}{5.38}$ =1.506

redondeado = 1.51

Si el factor de ajuste (largo - ancho) no coincide con los indicados, se debe interpolar.

Peso estimado = (8.10) (5.38) (3.21) (0.0092) (1.03) (1.02)

Peso estimado = 1,35 ct.

Talla brillante marquise o navette

Peso estimado = largo x ancho x altura x F.A.(L-a)x F.C.C.

Factor de ajuste

Relación largo-ancho	Factor de ajuste
1.50 : 1.00	0.00565
2.00 : 1.00	0.00580
2.50 : 1.00	0.00585
3.00 : 1.00	0.00595

Ejemplo

Diamante brillante navette

Largo = 8,70mm

Ancho = 3.53mm

Altura = 1.99mm

Cinturón : medio

Factor de ajuste largo-ancho = $\dfrac{8.70}{3,53} = 2,465$

redondeando = 2,465

2,46 : 1, como 2,50 : 1 , es la relación más cercana se puede interpolar el factor de ajuste, se obtiene

Peso estimado : (8.70)(3,53)(1,99)(0,00584)=0,36.

Diamante estilo brillante pera

Peso estimado : largo x ancho x altura x F.A.(l-a)F.C.C.

Relación largo-ancho	Factor de ajuste
1.25 : 1.00	0.00615
1.50 : 1.00	0.00600
1.66 : 1.00	0.00590
2.00 : 1.00	0.00575

Peso estimado : largo x ancho x altura x F.A.(l-a)F.C.C.

Ejemplo

Largo = 5,97

Ancho = 3,75

Altura = 2,09

Cinturón extremadamente grueso:

Relación largo ancho = $\dfrac{5.97}{3,75}$ = 1,592 redondeando = 1,59

La relación se halla más cercana a 1,66 : 1 que a 1,50 : 1

interpolando el factor más cercano es :

Peso estimado = 5,97 x 3,75 x 2,09 x 0,00595 x 1,07

Peso estimado = 0,30 ct.

Las fórmulas para estimar pesos, son más exactas cuando las proporciones de talla se encuentran en los rangos normales; variaciones de las proporciones afecta la exactitud del estimado; el espesor del cinturón incide en los pesos estimados por fórmulas; pabellones abultados en las tallas fantasía, también afectan considerablemente los cálculos.

Cuando el diamante engastado es de tamaño superior a un quilate, de calidad óptima o buena, para una evaluación más exacta, es preferible desengastarlo, en caso contrario debe dejarse un margen de un 10% a un 12% en el peso estimado, en el caso de avalúos.

16
DIAMANTES Y SUS IMITACIONES

1. Generalidades

Los diamantes, al igual que muchas otras piedras preciosas han sido siempre sinónimo de riqueza. Su belleza conjuntamente con el poder económico que representan, han hecho que desde épocas antiguas, el hombre halla tratado de imitarlos y sustituirlos por otros materiales más abundantes de tipo natural o sintético.

El vidrio fue el primer material empleado para imitar ciertas gemas, fue muy usado por los egipcios, miles de años más tarde, en 1758 el Vienés Joseph Strasser, fabrico y popularizó en Europa un tipo de vidrio apto para la talla. No obstante, no es sino hasta el siglo XX cuando el avance de la ciencia, permitió alcanzar el sueño dorado de los alquimistas, no de transformar la materia en oro, pero si de convertirla en bellas y coloridas gemas sintéticas, y aunque esta evolución produjo muchas alternativas positivas en la industria de la joyería, fue también como la apertura de la siniestra "Caja de pandora" en el mercado de las gemas, sin embargo la misma ciencia dota de los conocimientos y de una gama de instrumentos sofisticados, indispensables, para permitir la identificación y separación de estas gemas y de las bellas y sin igual piedras preciosas creadas por la naturaleza.

2. Gemas sintéticas

Son las fabricadas por el hombre para reproducir piedras preciosas, análogas a las naturales, con igual composición química y propiedades físicas y ópticas idénticas

3. Métodos empleados en la síntesis de piedras preciosas

   a. **Técnica de fusión**
   b. **Crecimiento de cristales o recristalización**

a. **Técnica de fusión:**

Consiste en fundir una sustancia química o mezcla de ellas, con composición química similar al cristal que se quiere sintetizar. Los métodos empleados solo difieren en la forma de fundir el material y en la forma de solidificarlo para obtener los cristales sintetizados.

Las técnicas más usadas son:

I. **Fusión por llama**

Para fundir las sustancias químicas o material en polvo se usa el llamado horno de Verneuil (en honor a su inventor, quien lo diseño a comienzos del siglo XX. Consta de un soplete de oxigeno-hidrógeno, el material se deposita en la parte superior, en una especie de tolva, que tiene el soplete en su parte superior, se va fundiendo a medida que pasa a través de una llama que alcanza temperaturas de 2.200 °C, las gotas del material fundido, caen sobre una varilla que gira lentamente y va descendiendo a medida que el material se va cristalizando.

Por este proceso se fabrican: rubí estrella, zafiro estrella, rubí y zafiro.

II. **Técnica Czochralski**

En este proceso se emplea un aparato diseñado por Czochralski en 1918. El método consiste en fundir el material en polvo, usando temperaturas de casi 2.200 °C.

Consiste en un horno, un crisol de iridio y una varilla giratoria, cuyo extremo lleva un "semilla" (pequeño cristal).

Cuando el material se funde en el crisol, la varilla desciende lentamente hasta que toca el material, se saca y se eleva también de manera muy lenta, de esta forma ocurre la cristalización.

Con esta técnica se sintetiza: rubí, zafiro, alejandrita, y.a.g. y g.g.g, los dos últimos se fabrican en diversos colores.

III. **Fundido calavera**

Otra técnica de síntesis es el llamado "fundido calavera", se emplea con materiales; que funden a temperaturas muy elevadas o que son muy activos químicamente, que no permiten el uso de crisoles corrientes. Una de las mejores imitaciones del diamante, el óxido de zirconio cúbico comercialmente conocido con el nombre de "circonia cúbico sintético" con temperatura de fusión de 2750°C, se fabrica por este proceso :

Para este proceso se emplea un equipo llamado "calavera", está formado de un recipiente refrigerado por medio de agua; el cual se llena con el material que se va a fundir, para calentarlo se emplea un generador de radio frecuencia que se calienta a temperaturas extremas. Solo se funde la parte central del material, el resto queda formando una especie de corteza del mismo polvo; cuando el material se enfría, los cristales formados crecen hacia arriba.

b. **Crecimiento de cristales por disolución**

Se basa en la cristalización de una sustancia fundida o disuelta sobre un núcleo pequeño, ya cristalizado de material sintético o natural. Puede efectuarse por:

I. **Proceso hidrotérmico**
II. **Difusión en un medio fundido**

I. **Proceso hidrotérmico**

El material se disuelve en agua, se emplea un autoclave y elevada temperatura y presión, es el método que más semeja al proceso de formación de algunas gemas en la naturaleza.

II. **Difusión en un medio fundido**

El material se disuelve en una sustancia química fundente, el fundido se efectúa en un crisol de platino o iridio; los materiales fundentes empleados suelen ser molibdato ácido de litio o fluoruro de plomo, tienen un punto de fusión superior al del polvo del material empleado de la gema que se desea fabricar.

Con el método hidrotérmico se fabrica la esmeralda sintética "Linde".

Con el proceso de difusión en un medio fundido se sintetiza: esmerada, rubí. Los fabricantes más conocidos en el mercado que emplean este método son: "Chafan" en U.S.A y Gilson en Francia.

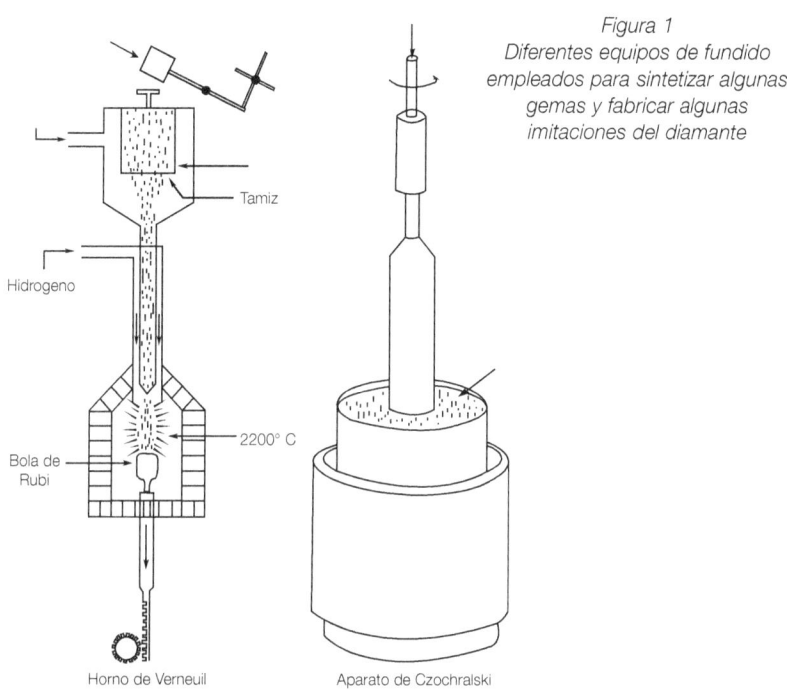

*Figura 1
Diferentes equipos de fundido empleados para sintetizar algunas gemas y fabricar algunas imitaciones del diamante*

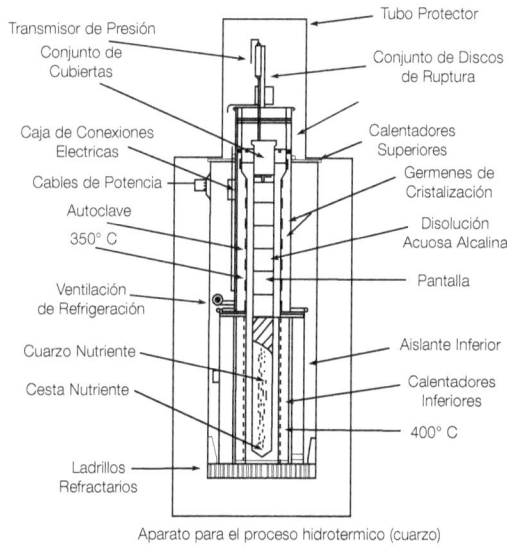

*Aparato para el crecimiento en fundente
Figura 2
Aparatos empleados en la Sintesis de Gemas por el proceso hidrotermico y por el proceso de crecimiento en fundente*

Los materiales fabricados, mediante las técnicas de fusión tienen precios muy bajos (centavos de dolar por quilate), se debe a que los procesos de producción son muy rápidos. No sucede igual con las gemas sintetizadas por cristalización hidrotérmica o por difusión en medio fundente, donde los procesos son sumamente lentos, de varios meses; los cristales así obtenidos llegan a los cientos de dólares por quilate (Figura 2).

4. El diamante sintético

Arduos y vanos fueron los esfuerzos de los alquimistas y posteriormente de algunos científicos por fabricar diamantes. Los primeros, carecían de los conocimientos y los últimos aún con ellos no disponían de los equipos requeridos para dicha síntesis.

A comienzos del siglo XIX los científicos interesados en sintetizar diamantes, sabían que debían usar materiales carbonosos, grandes presiones y elevadas temperaturas.

Una de las tareas más difíciles resulto ser la transformación del grafito a diamante, a pesar de ser dos minerales de composición química similar: carbono.

El grafito es una estructura hexagonal de carbono, en anillos planos hexagonales, colocados en capas con uniones débiles entre ellas. El diamante a diferencia tiene una estructura cúbica de anillos hexagonales, abultados con uniones fuertes (Figura 3).

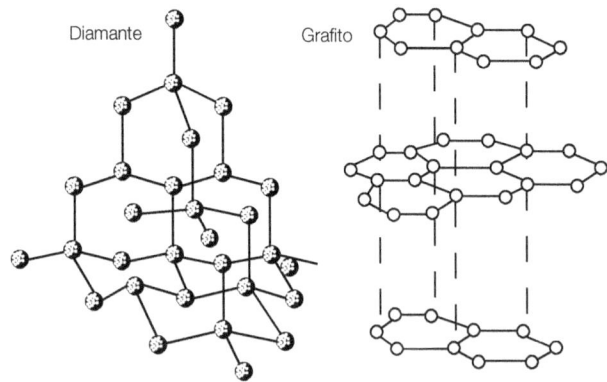

Figura 3
Estructura cristalina del diamante y el grafito, y distancia de separación de los atomos en las dos estructuras cristalinas

El mayor problema, es el de comprimir el grafito, hasta que la estructura adquiera la estructura atómica reducida del cubo, e impedir la reversión del proceso, al levantar la presión; durante la compresión se emplean temperaturas elevadas, para impedir el desplazamiento de los átomos, lográndose la posición de acuerdo a las nuevas uniones.

No es sino hasta 1955, cuando el hombre culminó exitosamente la síntesis del diamante. La General Electric, de los Estados Unidos, fue la primera empresa en anunciarlo, simultáneamente también lo hizo la empresa Sueca-Alemana Avenska Elektriska Aktieboleget, conocida con las siglas A.S.E.A.-

Para lograr la fabricación de diamantes sintéticos, la General Electric, desarrollo un aparato denominado "correa" el cual permitía crear y mantener temperaturas de mas de 2500°C y presiones de 1.500.000 libras por pulgada cuadrada; el diamante fabricado fue de tipo industrial.

En 1959 De Beers Consolidated Mines, también obtuvo la síntesis de diamante industrial.

Los diamantes sintéticos calidad industrial se separan por forma y tamaño para uso de abrasivos industriales. En 1969 la producción mundial de abrasivos sintéticos alcanzó la cifra de 40 millones de quilates, con precios por debajo del abrasivo natural.

No es sino hasta el año 1970, cuando la General Electric, logra sintetizar los primeros diamantes calidad gema, con pesos superiores al quilate. Para ello debió modificar el sistema de producción del diamante industrial, permitiendo mantener la presión y temperatura por varios días, requisito indispensable para producir cristales de mayor tamaño.

El mecanismo denominado "correa" consiste en una pieza con forma de anillo hecho de carburo de tungsteno. La presión se genera al colocar dos pistones cónicos de carburo de tungsteno, que actúan como cuña y tienen un relleno de pirofilita.

La presión sobre los pistones se ejerce mediante una prensa hidráulica.

Los diamantes se fabrican, llevando un cilindro corto de pirofilita con grafito u otra forma de carbono, con tántalo o níquel; el cual se coloca en el agujero de la correa; luego se aplica presión y corriente eléctrica que pasa a través del centro para obtener la temperatura requerida. La pirofilita fluye a presiones elevadas; lo que permite avanzar a los pistones y comprimir el carbono y el metal; la pirofilita también evita la pérdida de corriente y de calor cuando pasa la corriente. Las temperaturas empleadas se hallan por encima de los 2.000°C y la presión es cercana a 1.500.000 libras por pulgada cuadrada.

En 1970 los costos de los diamantes sintéticos calidad gema, se hallaban muy por encima de los diamantes naturales de calidades similares; aún hoy no existen en el mercado de las gemas, diamantes sintéticos calidad gema, la fabricación de éstos sigue siendo un proceso lento y costoso.

5. Imitaciones

Se da el nombre de imitaciones a todas aquellas gemas y materiales naturales o fabricados con apariencia casi idéntica o parecida, pero de composición química y propiedades físicas y ópticas diferentes a la piedra preciosa que se quiere imitar.

Entre los materiales fabricados para imitar al diamante se pueden citar: el vidrio de alta densidad, conocido con el nombre de strass, el circonio cúbico; el aluminato de itrio, conocido mundialmente con el nombre de Y.A.G., el titanato de estroncio; conocido con el nombre de "fabulita", la espinela sintética, el zafiro sintético, el óxido de galio y de gadolineo, conocido comercialmente por "G.G.G." y el rutilo sintético.

Las gemas naturales más usadas como sustitutos o imitaciones del diamante incoloro son: el circón, el topacio incoloro, el cristal de roca, y otras. Para sustituir diamantes fantasía, (saturados de color) se usa el demantoide, variedad de color verde del granate, el circón azul y dorado.

Otro tipo de imitaciones del diamante muy usadas son las piedras compuestas, suelen hacerse de dos capas de material, unido con un cemento o por fusión, a estos se les llama dobletes; también pueden estar formados por dos capas de material incoloro, unidos por un cemento que da color a la pieza, y se les conoce con el nombre de tripletes (más empleadas para imitar gemas de color).

Los dobletes se usaron mucho en el pasado, aunque también hoy pueden verse esporádicamente en el mercado.

Los dobletes que se emplean como imitaciones de diamantes pueden estar formados por diamante en la corona, y zafiro sintético incoloro, cuarzo o vidrio strass en el pabellón. Otra variedad de estos son los hechos con corona de granate y pabellón de vidrio incoloro. Los dobletes de fabricación moderna, tienen un pabellón de titanato de estroncio y una corona de espinela sintética incolora o de zafiro sintético incoloro; también puede tener un pabellón de titanato de estroncio y una corona de materiales fabricados, como el g.g.g. (oxido de galio y gadolineo).

Todas estas imitaciones pueden reconocerse por el reflejo del perfil de la mesa sobre la capa de pegamento.

Si el doblete no está engastado, se puede sumergir de lado, en yoduro de metileno, lo que hará visible las dos partes que lo forman.

Rutilo sintético:

Es óxido de titanio; apareció en el mercado de las gemas en 1.948. Sus propiedades físicas y ópticas son muy diferentes a las del diamante: su elevada dispersión, casi siete veces superior a la del diamante, lo distingue, además su marcado tono amarillento le hace diferente a la gema que pretende imitar. La elevada birrefringencia es evidente y puede observarse duplicación de las facetas a través de la mesa, al observarse con una lupa o microscopio de 10 aumentos.

Fabulita o titanato de estroncio:

Este material sintético (no existe en la naturaleza) apareció en el mercado en 1950; es una buena imitación del diamante, es incoloro y con índice de refracción casi igual al del diamante, por ello su similitud. Sin embargo, su baja dureza no permite dar a las facetas esa agudeza que caracteriza las del diamante: por lo general suelen ser romas y a veces rayadas; también pueden presentar burbujas gaseosas. Una lupa de 10 aumentos permite la observación de todas estas características. También presenta una dispersión mucho más alta que la del diamante y un peso específico muy superior.

YAG y el G.G.G.:

Son conocidos con el nombre de granate sintético por tener la estructura cristalina del granate sin llegar a serlo, ya que en su composición química no interviene el silicio. Son incoloros y buenas imitaciones del diamante. El YAG (granate de aluminio e itrio) se caracteriza por un brillo casi adamantino; su elevada dureza permite dar un buen pulido al material. El peso específico también es muy superior al del diamante, aunque la dispersión es menor. Apareció en la industria de la joyería en 1969 y adquirió gran popularidad por la réplica que con él se hizo del diamante en forma de gota (69,42 cm) que Richard Burton había obsequiado a su esposa Elizabeth Taylor. El G.G.G. (granate de galio y gadolinio) suele tener un matiz ligeramente marrón; no obstante, el índice de refracción y la dispersión, bastante cercanas a las del diamante, le hacen ser una buena imitación de esta piedra preciosa. Difiere notoriamente del diamante en cuanto a la baja dureza y elevado peso específico.

Zirconio cúbico sintético:

Fue hasta hace poco uno de los mejores substitutos del diamante; su aparición en 1976 creó, en sus comienzos, bastante desconcierto en el mercado de los diamantes y desplazó rápidamente a todos los substitutos anteriores. Su composición química es dióxido de circonio, más una pequeña cantidad de calcio; suele ser incoloro, aunque también se fabrican en diversos colores. Su elevado índice de refracción y dispersión, ambas propiedades cercanas a las del diamante, unidas a su alta dureza, le dan gran "similitud en apariencia" con el diamante; no obstante, su elevado peso específico al estar suelta (no engastada) y poderse pesar, le identifican de inmediato. La fluorescencia también es indicativa: es de color naranja, a diferencia del diamante que generalmente fluoresce azul. El probador térmico la separa inmediatamente. En ocasiones puede presentar inclusiones tales como pequeñas partículas, burbujas gaseosas (características del material sintético).

Moissanita sintético–carburo de silicio sintético:

Como todo substituto nuevo, ha creado cierta conmoción en el mercado del diamante, con el agravante de que ni siquiera el probador térmico, tan efectivo con los substitutos anteriores, logra identificarlo, esto se debe a su elevada conductividad térmica muy cercana a la del diamante. El creador del carburo de silicio sintético fue Edward G. Acheson, en 1893; fue obtenido accidentalmente, en la ansiada búsqueda del hombre por el diamante sintético, al pasar un arco eléctrico entre electrodos de carbón y arcilla fundida; posteriormente usó carbón y arena. Al producto obtenido le dio el nombre de "carborundum", el cual ha tenido gran relevancia en el mercado de los abrasivos. El procedimiento inicial de Acheson se usa todavía hoy con pocas modificaciones. Pocos años después, el químico Henry Moissan (1904) descubrió carburo de silicio natural en el meteorito del Cañón del Diablo (Estados Unidos); en 1905 el preeminente gemólogo norteamericano George F. Kunz le dio el nombre de Moissanita en honor a su descubridor. Por muchos años, desde su síntesis, el deseo de crear cristales individuales fue una inquietud constante, como material semiconductor de electricidad ó como substituto del diamante, apareciendo en diversas publicaciones de gemología artículos sobre la gema. No obstante, sólo recientemente se consiguió un dominio total en la síntesis de este producto, con la consecución de cristales casi incoloros en posición "mesa hacia arriba". La producción actual corresponde a la empresa Cree Research Inc., de Durham, Carolina del Norte (USA), y la distribución está a cargo de la empresa C3 Inc. Todos los substitutos anteriores mostraban diferencias evidentes con relación al diamante, no así la moissanita (SiC), la cual se caracteriza por tener un conjunto de propiedades físicas y ópticas muy cercanas al diamante. Sin embargo, como todos los otros materiales sintéticos, usados como imitación del diamante se reconoce por alguna propiedad; en el caso de la moissanita es su elevada birrefringencia y la ligera diferencia del peso específico las que ponen de manifiesto su identidad.

Características e identificación:
- Incolora
- Dispersión: superior a la del diamante, y por lo tanto, mucho más evidente
- Dureza: Se acerca a la del diamante, 9,25 en la escala de Mohs;
- Peso específico: 3,22. Flota en el líquido de densidad de 3,30, mientras

que el diamante se hunde. Con la gema suelta, esta es una prueba rápida y contundente

- Birrefringencia: 0,043. Duplica las facetas del pabellón, siempre que al observarse con lupa o microscopio de 10 aumentos se haga en cualquier posición no paralela al eje óptico.
- Inclusiones: Totalmente diferentes a las de los diamantes, tales como: agujas blancas, subparalelas unas a otras, y unas muy finas, reflexivas, subparalelas cuerdecillas.
- Líneas de pulido: Todas en la misma dirección, sobre facetas adyacentes, mientras que en el diamante corren en distintas direcciones ya que su extremada dureza direccional obliga al tallista a hacer cambios de posición del cristal mientras lo está tallando.
- Fractura: Un examen de fragmentos de moissanita demostró que presenta fractura concoidal; el diamante, a causa de la exfoliación, tiene una fractura muy característica, tipo "astilla de madera".
- Conductividad eléctrica: Evidente en muchas moissanitas sintéticas casi incoloras, es sólo un indicativo en su identificación, por existir diamantes naturales (tipo IIb) que también son conductores de electricidad. (no obstante tienen ligero matíz azul).

El probador térmico separa el diamante y la moissanita sintética de otros substitutos; no obstante, se requiere del uso de un nuevo instrumento, fabricado por la empresa C3 Inc: con él (modelo 590) se identifica, sin ninguna duda y sin recurrir a otras pruebas, el último substituto del diamante. La distribución y venta la está realizando la C3 Inc; los precios actuales de la moissanita (octubre 1999) se hallan en el rango del 5% de promedio de los precios al detal de diamantes de tamaños similares, en las escalas bajas de color y pureza.

6. Identificación del diamante

La mejor manera de reconocer un diamante, es la de familiarizarnos con todas sus características, son ellas las que van a permitir identificarlo y separarlo de las imitaciones. La apariencia general del diamante su brillo, dispersión y titilación son características difíciles de igualar aún por las mejores imitaciones.

Muchas de las propiedades de los diamantes no pueden ser medidas con los equipos empleados en la joyería, sin embargo, por observación constante de esta gema, se aprende a reconocer los efectos que producen estas propiedades.

Las propiedades físicas y ópticas al igual que las características de talla en el diamante o cualquier otra piedra preciosa son reflejo del tipo de átomos que lo forman y de su estructura cristalina y guardan relación entre ellas. Ejemplo el brillo es una propiedad óptica que depende en parte del índice de refracción, la dureza y el pulido.

Síntesis de las propiedades ópticas más notorias del diamante

I. Índice de refracción

2,417 superior a la de cualquier imitación, con excepción del rutilo sintético, que es un material birrefringente (2,61 - 2,90); es la propiedad más determinante del brillo de un diamante; no puede ser medido con los refractómetros comerciales. Ninguna imitación iguala el brillo de un diamante bien proporcionado, las tallas fantasía tienen menos brillo que algunas buenas imitaciones.

Cuando apareció el rutilo sintético en el mercado, se le promociono como un material con brillo superior al diamante, tal presunción se basaba en que entre mayor sea el índice de refracción de un material mayor es su brillo, sin embargo como el brillo no depende solo del índice de refracción, si no de la transparencia, proporciones, color intrínseco, dispersión, carácter óptico (monorrefringencia y birrefringencia) y pulido, el brillo del rutilo sintético no puede ser igual, ni siquiera semejante al del diamante por:

a. No tiene la transparencia del diamante.
b. El material usado para las imitaciones, tiene un color intrínseco amarillento, por absorción selectiva de las longitudes de ondas, se pierde parte de la reflexión interna de la luz.
c. Posee una dispersión muy elevada, por lo que un mayor porcentaje de la luz blanca se descompone en los colores espectrales, en su recorrido por el material, lo que hace que gran parte de la luz sea observada como dispersión y no como brillo.
d. El rutilo sintético es birrefringente, los rayos de luz que pasan a través del material se dividen en dos, en casi todas las direcciones, esto debilita la intensidad de la luz reflejada internamente por este material.
e. La poca dureza relativa de este material hace imposible pulirlo, de manera que el brillo no puede semejarse al del diamante.

Para concluir no hay ninguna imitación con brillo semejante al del diamante.

II. Dispersión

0,044 En la talla de los diamantes, se busca un equilibrio de esta propiedad, con el brillo y la titilación; exceso de fuego o dispersión puede indicar: que el diamante no tiene las proporciones de talla moderna, los diamantes talla vieja mina o viejo europeo, exhiben una dispersión superior a la de los diamantes de talla brillante moderna; también puede ser indicativo de una imitación con dispersión superior a la del diamante (el rutilo sintético 0,330).

III. Brillo

El brillo de los diamantes es adamantino. La apariencia del brillo o superficie de reflexión del diamante, se debe a la combinación de un índice de refracción elevado y de la extremada dureza de la gema, imposible de duplicar por ninguna imitación. La mayoría de las imitaciones del diamante tienen un brillo vítreo.

IV. **Transparencia : excepcional**

La transparencia de los diamantes usualmente es excelente, aunque puede ser afectada por: el pulido, color intrínseco de la gema, y líneas de crecimiento. Las imitaciones generalmente tienen apariencia nublada.

V. **Efecto de los rayos ultravioleta**

Algunos diamantes son afectados por los rayos ultravioleta, y emiten luz cuando se someten al efecto de estos rayos, bien de onda corta u onda larga, puede manifestarse en diferentes colores.

Algunos diamantes incoloros o de la serie cape, tienen una fluorescencia azulada, más fuerte en onda larga, que en la corta; la fluorescencia conjuntamente con otras características confirman la identidad del diamante, sin embargo aislada es solo un indicativo y no una evidencia definitiva para identificar la gema.

Las imitaciones, casi siempre fluorescen con mayor intensidad en onda corta que en la larga, por ejemplo el circonia cúbica tiene una fluorescencia color naranja, de más intensidad en onda corta.

Propiedades físicas más notorias del diamante

I. **Peso específico**

3,52 solo puede obtenerse con la gema suelta, casi todas las imitaciones tienen pesos específicos superiores al del diamante; de tal manera, que los diamantes sueltos, a través del peso y las dimensiones, se distinguen con facilidad de todas las imitaciones.

II. **Dureza**

10, superior a todas las imitaciones, sin embargo, la prueba de la dureza nunca debe hacerse en gemas talladas. La extremada dureza del diamante se hace evidente a través de ciertas características, como: brillo, calidad de pulido y apariencia de los bordes de las facetas.

III. **Inclusiones**

El tipo de inclusiones de los diamantes son muy características y diferentes de las imitaciones, se pueden citar:

a. Cristales internos, nudos
b. Exfoliación: el diamante presenta cuatro direcciones de exfoliación, paralelas a las caras del octaedro, ninguna de las imitaciones tienen planos de exfoliación. La exfoliación es una fisura, con aumento se observa dentro del cristal de diamante como una línea.
c. Fractura : el diamante teóricamente tiene fractura concoidal, sin embargo por causa de la exfoliación, la ruptura de esta gema tiene una apariencia similar a la astilla de un trozo de madera, ya que se combinan los dos tipos de ruptura. Las imitaciones tienen fractura de apariencia suave y concoidal.

Síntesis de ciertas características de talla

Ciertas características de talla al igual que las inclusiones pueden ser observadas al examinarse el diamante con aumento, en conjunto ayudan a identificar la gema; ellas son:

I. **Pulido óptimo:** La extremada dureza del diamante permite efectuar un pulido excelente difícil de igualar por ninguna imitación ya que todas tienen dureza inferior; las marcas de pulido son evidentes, en los sustitutos del diamante, no así en el diamante. Además como la dureza es direccional, las facetas del diamante se pulen siguiendo la dirección dodecaedral del cristal, por lo tanto cuando las marcas de pulido se observan en un diamante se muestran en diferentes facetas, mientras que en las imitaciones no ocurre asi, ya que la dureza direccional no tiene importancia en ellos, por lo tanto el tallista pule en la dirección que considere mejor.

II. **Facetas:** con bordes cortantes y definidos : Los diamantes casi siempre tienen facetas bien demarcadas, de bordes cortantes, este efecto se logra debido a la dureza de esta gema. No obstante debido al maltrato durante el uso o por abrasión que ocurre cuando los diamantes rozan entre si, en los sobres de papel donde se les mantiene, es posible que presenten facetas desgastadas. Las imitaciones usualmente exhiben facetas con bordes redondeados, además sufren mayor desgaste con el uso cotidiano.

III. **Cinturón:** En la mayoría de los diamantes el cinturón tiene una apariencia muy característica, luce como una superficie esmerilada, cerosa y a veces granular. Por causa de la exfoliación es muy difícil efectuar la operación de redondeo de la talla sin que se formen plumillas alrededor del cinturón, se producen de igual manera en los cinturones pulidos o con facetas; las imitaciones no poseen planos de exfoliación, ninguna de ellas puede exhibir este tipo de característica alrededor del cinturón.

IV. **Naturales:** Los diamantes presentan marcas de crecimiento muy características, como trigones o superficies originales del cristal en bruto; a un tipo de imitación del diamante, el yag suelen dejarle "naturales" parecidos a los de los diamantes.

V. **Facetas extras:** Las facetas extras también son frecuentes en los diamantes, no ocurre así con las imitaciones.

Otras propiedades que identifican un diamante

I. **Espectro**

El espectroscopio permite identificar con absoluta seguridad los diamantes.

Las siguientes líneas de absorción del espectro de una gema demuestran que es un diamante.

5690A; 5040A; 4980A; 4780A; 4650A; 4155A; las tres últimas se conocen con el nombre de serie "cape" y son características de los diamantes con ligera tonalidad amarilla, de tintes que van desde los tonos casi incoloros hasta los amarillos.

La línea 5940 y 5040 es característica del diamante amarillo irradiado.

II. **Baja tensión superficial**

Esta propiedad permite fluir de manera suave y continua los líquidos, sobre la superficie del diamante, en base a ella, se creo la pluma para diamantes, la tinta empleada en ella es especial; traza sobre los diamantes una línea sólida y corrida; con las imitaciones se rompe en cuentas.

III. Conductividad termal

La habilidad del diamante para transmitir calor, es muy superior a la de cualquier imitación; en el mercado existen varios tipos de medidores electrónicos de conductividad térmica. Cuando se coloca sobre una gema a temperatura normal, el probador registra la transferencia de una cantidad mínima de calor inducido, marcando una lectura sobre la escala, indicando si la gema analizada es un diamante o una imitación; puede usarse con diamantes engastados, con gemas de tamaños muy pequeños, siempre que no se toque el metal de la joya; y con cristales en bruto o tallados; no sirve para la moissanite última imitación del diamante; existe en el mercado un probador especial para esta imitación.

IV. Rayos X

Solo laboratorios de gemología muy sofisticados tienen los instrumentos requeridos para hacer este tipo de análisis, sin embargo; los resultados de los análisis indican: Virtualmente todos los diamantes fluorescen azul, cuando se someten al efecto de rayos X.

Características más notorias de las imitaciones o sustitutos del diamante

Dispersión: Solo hay tres imitaciones con dispersión superior a la del diamante: Rutilo sintético, titanato de estroncio comercialmente conocido por fabulita y circonia cúbico.

Inclusiones: Ningún material fabricado por el hombre tiene inclusiones que semejen las inclusiones del diamante. Algunos materiales sintetizados pueden tener burbujas de gas como inclusiones.

Índice de refracción: Las imitaciones del diamante, fabricadas en épocas recientes, tienen al igual que el diamante índices de refracción por encima de la escala de los refractómetros comerciales. Aquellas imitaciones con índices de refracción inferior al del diamante, tienen menos semejanza con dicha gema; por debajo de 2,41, muestran el efecto de "leer a través de ellos"

Peso específico: Casi todas las imitaciones son más pesadas que el diamante.

Características físicas, ópticas y otras propiedades del diamante
y de algunas imitaciones o sustitutos

	Dureza	Peso específico	Indice de refracción	Refringencia	Fluorescencia (rayos ultravioleta)	Dispersión	Colores de destello del pabellón	Caract. vistas con aumento lupa o microscopio
Diamante	10	3,52	2,417	Monorrefringente	Inerte o violeta claro a azul claro onda larga	0,044 Media	Naranja y azul en algunas facetas	Cristales incluidos plumillas diminutas en el cinturón; naturales, cinturón terso, unión de facetas cortante
Moissanita sintética	9,25	3,22	2,648 / 2,691	Birrefringencia media 0,043	Inerte o naranja	0,104 Fuerte	Naranja y azul	Duplicación aparente de unión de facetas, agujas blancas o reflexivas, unión de facetas redondeada, líneas de pulido en la misma dirección en facetas adyacentes
Oxido de zirconio (zirconio cúbico)	8-8,5	5,65	2,18	Monorrefringente	Anaranjado claro en onda larga; amarillo en onda corta	0,060 media	Naranja en casi todas las facetas	Burbujas de gas, polvo de óxido de zirconio sin fundir, unión de facetas cortante
Titanato de estroncio (fabulita)	5,5	5,13	2,41	Monorrefringente	Inerte	0,200 alta	Colores del espectro dispersos	Burbujas de gas marcas de pulido, unión de facetas redondeada, rayas, abrasión
Aluminato de itrio (y.a.g.)	8,25	4,55	1,83	Monorrefringente	Amarillo en onda larga	0,028	Azul, violeta y algo de naranja	Burbujas de gas, unión de facetas aguda
Granate de Galio y Gadolineo	6,5	7,05	1,97	Monorrefringente	Rosaceo naranja o inerte	0,045	Azul algo naranja	Brubujas de gas plateletas metálicas, marcas de pulido
Rutilo sintético	6,5	4,25	2,61 / 2,90	Birrefringencia Alta 0,287	Inerte	0,330 Alta	Colores del espectro dispersos	Duplicación aparente de unión de facetas, burbujas de gas, marcas de pulido union de facetas redondeada
Espinela sintética	8	3,63	1,727	Monorrefringente	Ninguna en onda larga; azul tiza en onda corta	0,020	Azul en la mayoria de las facetas	Inclusiones características de cristales sintéticos

Características físicas, ópticas y otras propiedades del diamante
y de algunas imitaciones o sustitutos

	Dureza	Peso específico	Indice de refracción	Refringencia	Fluorescencia (rayos ultravioleta)	Dispersión	Colores de destello del pabellón	Caract. vistas con aumento lupa o microscopio
Zafiro natural o sintético	9	3,99	1,760 / 1,768	Birrefringente 0,008	Inerte; a veces blanco azulado en onda corta	0,018		Inclusiones características del corindón natural o sintético
Zircón	7,5	4,69	1,9266 1,983	Birrefringente 0,059	Amarillo mostaza en onda larga Inerte	0,039		

Dureza: Todas las imitaciones del diamante tienen una dureza inferior a la del diamante, es por esto que tienen menos brillo, pierden belleza con el uso, las facetas no son precisas ni cortantes.

7. Procedimientos sugeridos para identificar un diamante

1. **Observación general de la gema a simple vista**
2. **Observación de la gema con instrumentos de aumento: lupa o microscopio.**

1. **Observación general a simple vista nos permite apreciar:**

a. El brillo tan característico del diamante. Las gemas compuestas (dobletes) se reconocen por el contraste de brillo entre el pabellón y la corona.

b. El brillo: solo los diamantes mal pulidos o con proporciones de talla fuera de las establecidas en los patrones de talla moderna, no tienen el brillo que identifica el diamante, una gema con poco brillo indica un índice de refracción bajo.

c. La dispersión: esta propiedad permite separar al diamante de algunas imitaciones con dispersión superior al de esta gema, ellos son el rutilo sintético, y el titanato de estroncio; el circonio cúbico no exhibe una dispersión tan evidente sin embargo al observarse por el pabellón se aprecia de manera más notoria y fuerte que la del diamante.

Las imitaciones con poca dispersión al examinarlas visualmente, no exhiben la dispersión que caracteriza al diamante.

d. Signos de desgaste, indican dureza inferior a la del diamante.

2. **Observación con lupa o microscopio**

a. Inclusiones

El diamante tiene inclusiones muy características:

Cristales incluidos, nudo, nube o agrupación de cristales diminutos, fisuras causadas por exfoliación, líneas de crecimiento, naturales o marcas de crecimiento; trigones, ninguna imitación natural o fabricada posee este tipo de inclusiones. También el tipo de fractura de los diamantes, tipo "astilla de madera" no la presenta ninguna imitación, todas ellas tienen fractura concoidal.

El cinturón del diamante, al ser observado con aumento, casi siempre presenta pequeñas plumillas, que se producen durante el proceso de redondear el diamante a causa de la propiedad de exfoliación.

Las inclusiones características de las imitaciones fabricadas suelen ser: burbujas de gas.

b. Características de talla: Buen terminado y precisión de las facetas son indicativos de que la gema observada es un diamante. Las facetas en las imitaciones generalmente no son tan precisas; ni tienen un buen terminado, y pueden lucir desgastadas, no obstante también los bordes de las facetas de los diamantes pueden desgastarse.

c. Facetas extras: Por lo general solo se usan en los diamantes, la presencia de ellas, unidas a otras características indican que la gema analizada es un diamante.

La identificación del diamante puede complementarse por:

a. Discrepancia de peso y dimensiones de la gema analizada. La relación entre peso y dimensiones de las gemas y toda imitación fabricada, permite identificarlas. Las imitaciones del diamante por lo general son más pesadas, por lo tanto, gemas de especies diferentes con iguales dimensiones tienen pesos distintos; ejemplo un diamante talla brillante redondo, de 6.5mm con proporciones de talla normal, pesa un quilate, cualquier imitación tendrá un peso muy superior. En ocasiones menor, como ejemplo: la moissanita sintética.

b. Por determinación del Índice de refracción con refractómetros, los refractómetros comerciales están limitados a la lectura de 1,81, las imitaciones con índices de refracción superiores, no pueden ser leídos con estos instrumentos Sin embargo, mediante la técnica de inmersión en líquidos de alto índice de refracción, se puede estimar el índice de refracción de la gema sumergida. El líquido más usado es el yoduro de metileno con un índice de refracción de 1,74.

La técnica consiste en sumergir la gema suelta o engastada en el líquido, algunas imitaciones del diamante lucen con un índice de refracción bajo, y tienden a desaparecer en el líquido; el diamante lucirá definido.

c. Con el uso de rayos ultravioleta de onda corta y onda larga.

d. Con el medidor de conductividad térmica.

e. Con el uso del espectroscopio, cada gema tiene un espectro característico.

17
Las Rocas-Formación del Diamante

1. Definición de roca

Las rocas son asociaciones de minerales.

2. Clasificación de las rocas

Según su formación las rocas se clasifican en:

I. **Ígneas**
II. **Sedimentarias**
III. **Metamórficas**

I. Rocas ígneas

Las rocas ígneas se forman por cristalización de minerales de una masa caliente y fundida de silicatos denominada magma. Varían de composición química según el lugar y la composición del magma del cual se formaron. De acuerdo al lugar de formación se subdividen en:

a. Intrusivas

b. Extrusivas o volcánicas

c. Pegmatitas

a. Las intrusivas ocurren por enfriamiento lento del magma debido a que se forman a grandes profundidades, los minerales cristalizados son de tamaño relativamente grande, el granito es, un ejemplo de éste tipo de roca.

b. Las rocas extrusivas se forman cuando el magma fluye al exterior de la corteza terrestre, el enfriamiento es rápido y producen numerosos cristales de tamaños muy pequeños, ejemplo de éste tipo de roca es el basalto.

La mayoría de las rocas ígneas están formadas por uno o varios de los siguientes minerales: cuarzo, feldespato, mica, olivino, anfibol y piroxeno. La clasificación de las rocas ígneas se hace en base a la cantidad relativa de éstos minerales base y a la presencia o ausencia de otro tipo de minerales.

Las rocas ígneas intrusivas contienen además de los minerales constituyentes o mayoritarios, otros en menor proporción denominados minerales accesorios, aunque su presencia no tiene efecto en la clasificación de la roca, sin embargo, al cristalizar del magma pueden dar origen a la formación de cristales tipo gema; el diamante es el mejor ejemplo de citar, puede presentarse como mineral accesorio de la Kimberlita, viene transportada en ella, esta roca está básicamente constituida de olivino alterado.

La mayoría de las rocas de la corteza terrestre están constituidas químicamente, en su mayor parte, de silicatos (silicio y oxigeno combinados con diferentes elementos metálicos). El contenido de dióxido de sílice de las rocas ígneas varía del 40 al 75 por ciento, el olivino, por ejemplo, tiene un bajo contenido de sílice.

c. La roca pegmatita es un tipo especial de roca ígnea compuesta de minerales de cristales muy grandes con elevado porcentaje de elementos raros poco comunes, se cree que representan la fase final de cristalización del magma. Frecuentemente se encuentran formando vetas o filones que atraviesan las rocas ígneas granulares (como el granito) o salen de ellas hacia otras rocas que las rodean.

Al irse separando los minerales que se forman lentamente en el proceso, del material fundido, el agua, otros constituyentes volátiles y elementos raros diseminados originalmente en el magma se concentran en la porción aún líquida, éste fluido móvil, del cual se forma la pegmatita, sale expulsado de la cámara magmática hacia el granito ya formado y hacia las rocas vecinas, la cristalización de éste tipo de magma eventualmente origina cristales muy grandes, a veces gigantes, como ejemplo de éste tipo de roca se pueden citar algunas variedades del berilo, aguamarina, morganita y berilo dorado.

II. **Rocas sedimentarías**

Se originan de la alteración de rocas ígneas metamórficas y sedimentarias preexistente en la superficie de la tierra, debido al efecto de los agentes atmosféricos (agua, tiempo, aire) que producen la erosión de ellas. La erosión puede ser mecánica o química.

En la Erosión Mecánica no hay cambios en los minerales que componen la roca, ésta simplemente se rompe en fragmentos más pequeños.

La erosión química forma nuevos compuestos, el agua de lluvia trae disuelto dióxido de carbono, con los ácidos del suelo producen una reacción química en algunos minerales, transformándolos en otros, por ejemplo el feldespato se convierte en arcilla, el cuarzo y muchos minerales de tipo gema no son alterados, la erosión química les permite liberarse de la roca madre.

El material erosionado algunas veces es transportado por el viento o los glaciares y forman grandes depósitos a nivel del suelo, sin embargo, es más frecuente que sea transportado por arroyos y corrientes oceánicas para después ser depositados eventualmente en capas o lechos paralelos, al solidificarse los sedimentos forman las rocas sedimentarias, éstas se dividen en sedimentarias mecánicas y sedimentarias químicas.

Las Sedimentarias Mecánicas las forman materiales integrados de partículas muy pequeñas transportadas al sitio de deposición y forman:

a. Fango: constituido por sedimento muy fino como la arcilla.
b. Pizarra: Fango compactado
c. Areniscas: Capas de arena firmemente cementadas.
d. Conglomerados. Se consideran gravas consolidadas, formadas de guijarros gruesos redondeados por la acción de las corrientes de agua.

Las rocas sedimentarias químicas se precipitan en el fondo de las aguas, generalmente del mar, por ejemplo: el yeso y las rocas salinas.

Placeres

Son depósitos fluviales que contiene piedras preciosas (el platino y el oro también se extraen de éste tipo de depósitos), se producen cuando los minerales que forman las rocas atacadas por erosión química, son liberados de ellas sin ser afectados y son arrastrados por corrientes de agua hasta formar parte del aluvión, es decir de la arena y grava del lecho del río, la mayoría de las piedras preciosas por ser más densas que la arena y la grava se van al fondo del lecho fluvial depositándose en ellos.

Cuando la arena y grava más antigua se consolidan en arenisca o conglomerados, las gemas se cementan a las rocas duras.

III. **Rocas metamórficas**

Se forman por recristalización de rocas ígneas y sedimentarias preexistentes, debido a cambios de temperatura y presión, el proceso ocurre casi siempre en estado sólido, pero las disoluciones ayudan a producir reacciones químicas que originarán nuevos minerales de dos tipos: regional y de contacto.

El Metamorfismo Regional afecta zonas y origina cambios en grandes masas de rocas, cuando una roca ígnea o sedimentaria se entierra a gran profundidad las altas presiones y temperaturas a las que va a ser sometida alterará sus características, ejemplos de gemas formadas en éste proceso: el corindón, espinela, etc.

El Metamorfismo de Contacto es la alteración que se produce por el contacto de rocas con un magma ígneo, el calor del magma produce una recristalización en la roca afectada, ejemplo de minerales formados por éste proceso puede ser el granate.

3. Génesis del diamante

El proceso de formación de los diamantes, dentro de la tierra, ha sido uno de los más estudiados y debatidos por los científicos de nuestro siglo, al igual que el lugar donde éstos cristalizaron. Aún hoy la génesis del diamante no ha sido esclarecida y se mantiene todavía en hipótesis.

La cristalización del diamante, existiendo el elemento químico requerido, sólo puede darse bajo condiciones muy especiales de temperatura y presión. Los científicos suponen que estas condiciones sólo pueden existir en ciertas partes del manto superior de la tierra entre los 145 y 200 Kilómetros de profundidad, se basan en:

- Toda la información aportada de la síntesis del diamante
- Las temperaturas y presiones bajo las cuales el carbono cristaliza en grafito o en diamante
- Estudios del magma original en que probablemente se formaron los diamantes, hallado en algunos cristales de diamantes

- Estudio de las inclusiones de los diamantes han aportado datos muy importantes acerca de la profundidad y las condiciones de temperatura y presión bajo las cuales dichas inclusiones cristalizaron.

El análisis de la Kimberlita que transporta los diamantes a la superficie también ha proporcionado muchos datos acerca del manto superficial de la tierra.

Se cree que el carbono de donde se formaron los diamantes venía de rocas fusionadas, preexistentes en el manto superior de la tierra, al volver a descender la temperatura, si las condiciones existentes eran favorables, presión y elementos químicos, pudo ocurrir que los átomos de carbono de las rocas disueltas, se unieran para formar cristales de diamantes.

La roca que sirvió de transporte a los diamantes fue la Kimberlita y otro tipo de roca similar en los (diamantes australianos). Se supone que bajo condiciones especiales de temperatura y presión, usando una vía de escape, parte de la corteza terrestre permite que la Kimberlita salga hacia la superficie, arrastrando con ellas peñas tipo nódulos con diamantes incrustados en ellos, trozos de rocas de las profundidades; gases de elevada presión como el metano y líquidos ricos en agua y dióxido de carbono presentes en la Kimberlita, debieron actuar como refrigerantes, expandiéndose a medida que ésta subía y disminuyendo la temperatura, evitando que los diamantes transportados se convirtieran en grafito o dióxido de carbono, durante su paso a través de los diferentes niveles del manto superior de la tierra, en donde existen temperaturas muy altas en relación a la presión.

Al comienzo, el avance hacia la superficie pudo ser lento, sin embargo, al llegar cerca de ella, la Kimberlita tomó velocidad y fuerza y, miles de metros antes de llegar a la superficie, irrumpió a través de la corteza formando las conocidas chimeneas con aspecto de zanahoria ramificada, la Kimberlita que llega a la superficie ya no es líquida, ni fluye fuera de la chimenea para formar un cono de lava, como ocurre con los volcanes, forma un cráter en la parte superior de la corteza y regresa a la chimenea.

4. La Kimberlita

Geológicamente las Kimberlitas son simas verticales o casi verticales, estudiosos de ellas afirman que pueden llegar a tener longitudes hasta de 48 kilómetros, los ensanchamientos de las simas cercanas a la superficie algunas veces toman forma cónica, las cuales se conocen con el nombre de "Chimenea", varían en tamaño.

Minerales que componen la Kimberlita

La Kimberlita es una variedad de la roca peridotita, el mineral constituyente más importante es el olivino, se halla alterado, por lo cual se convierte en serpentina, también lo forman otros minerales: ilmenita, flogopita, magnetita, apatito. Como minerales secundarios se pueden mencionar, serpentina magnetita, calcita, clorita, talco, anfiboles, etc. Entre los minerales que pudieron haber sido transportados por la roca, se pueden citar: granate piropo, diópsido crómico, ilmenita, horneblenda, espinela crómica, rutilo, magnetita y, evidentemente diamantes.

El aspecto y minerales componentes de la Kimberlita varía de una chimenea a otra, inclusive en una misma chimenea. Los materiales que la forman a veces pueden ser de tipo granular, fino y compacto, como también pueden ser grandes rocas; de igual manera ocurre con los diamantes que ellas contienen, varían en calidad, color y hábitos cristalinos.

La profundidad también incide en la apariencia y el color que presenta, cuando se halla superficial al ser afectada por los agentes atmosféricos tiene coloración amarilla, se le conoce con el nombre roca amarilla, con la profundidad se va convirtiendo gradualmente en roca azul, es más dura y resistente, a los 90 metros de profundidad es muy dura y no presenta ningún tipo de alteración.

5. Diferentes tipos de yacimientos o depósitos diamantíferos

Los yacimientos de donde se extraen los diamantes son de dos tipos:

1. **Depósitos primarios**
2. **Depósitos secundarios**

1. **Depósitos primarios** son los yacimientos diamantíferos que se hallan dentro de las chimeneas de Kimberlita; en un sentido estricto no lo son, ya que éstos fueron transportados de su lugar de origen a ellas, formando los grandes depósitos.

2. **Depósitos secundarios** son los que se forman como consecuencia de la erosión que afecta a la Kimberlita cercana a la superficie de la chimenea.

Como ésta roca no es resistente a los agentes atmosféricos (agua, sol, aire, tiempo), la parte más superficial de la chimenea es erosionada, se descompone (puede ocurrir que los diamantes se queden dentro de la chimenea concentrándose en ella en capas enriquecidas de ellos) siendo arrastrada por las aguas fuera de ella a diferentes regiones muy distantes de su lugar de origen (Figura 1). Los depósitos secundarios que se conocen son: Depósitos aluviales conglomerados. Placeres, Terrazas fluviales. Marinas y las Plataformas.

Las Terrazas Fluviales se forman por muchos factores naturales; en sí, son la acumulación de detritos transportados por corrientes turbulentas. Cuando un río transporta muchos detritos y tiene aguas vertiginosas, al llegar a una llanura reduce la velocidad, deposita los sedimentos, si se inunda nuevamente los residuos se esparcen en la llanura, posteriormente puede abrir un nuevo canal, a un nivel inferior, si las lluvias aumentan nuevamente el volumen del río, los detritos pueden ser removidos de nuevo o depositados en la llanura aluvial, al bajar las aguas, las terrazas pueden seguir los pocos usuales cambios de niveles o el curso de las aguas.

También puede suceder que cuando un río llega al mar, el curso de las aguas puede ser frenado y la carga de sedimentos depositada, si ocurren tormentas que aumenten el flujo del agua el río tomará nuevamente su cauce, dejando los residuos de anteriores llanuras aluviales las que forman las terrazas. *(Figura 2)*

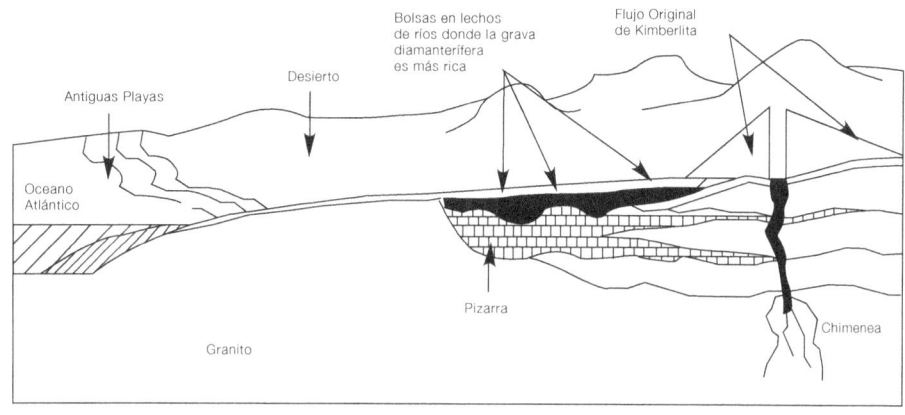

Figura 1
Muestra la forma como los diamantes son transportados por los ríos, desde la superficie de la chimenea hasta el mar

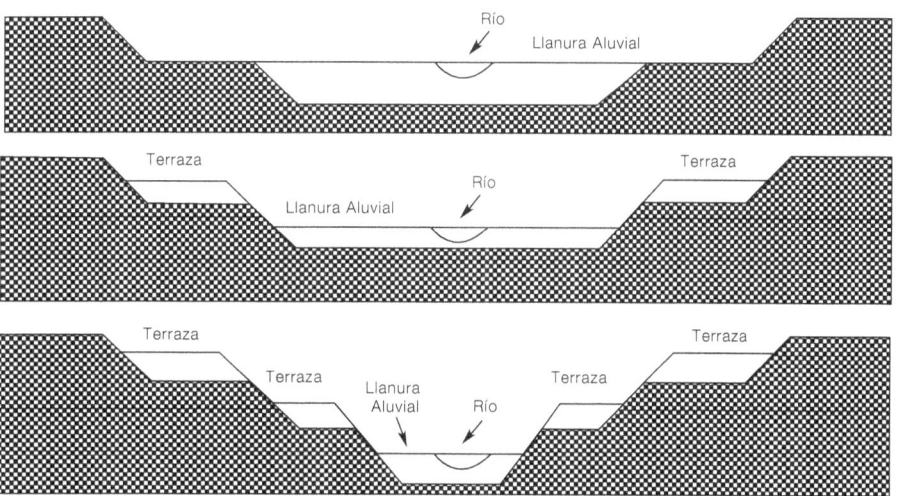

Figura 2
Formación de terrazas fluviales

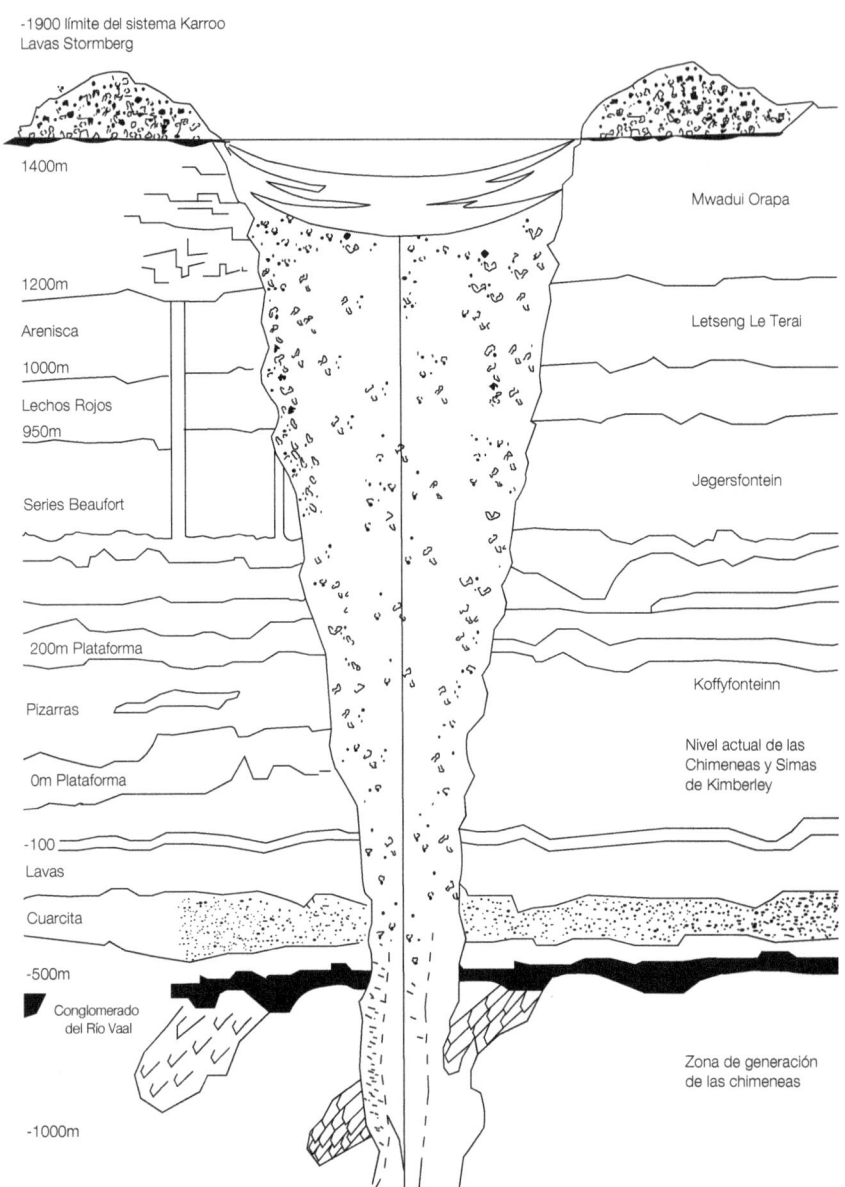

Figura 3
Sección de una chimenea Kimberlita segun modelo de J.B. Hanthorne geólogo de Beers Consolidated Mines. Muestra depósitos de diamantes sobre y alrededor de la chimenea

Las gravas diamantíferas transportadas hasta el mar en las costas de África Sur Occidental ha sido de tal magnitud que muchos de ellos fueron depositados dentro del mar.

Terrazas marinas

En las costas de África Sur Occidental grandes corrientes marinas provocadas por el viento han llevado la grava a lo largo de las costas, la acción de las mareas y del oleaje concentraron los diamantes en zonas al límite del agua y en las playas, el continuo avanzar y retroceder de las aguas del mar forman las plataformas en las rocas cortadas por las olas.

A la orilla norte de la desembocadura del río Orange, en África Sur Occidental, las terrazas marinas han cubierto las terrazas fluviales. Los depósitos aluviales y marinos tienen mayor contenido de diamantes calidad gema.

El rendimiento y calidad de los diamantes gemas obtenido de los depósitos aluviales y marinos es superior al que se obtiene de las chimeneas de Kimberlita, se debe a una selección natural que ocurre durante el recorrido de ellos, la turbulencia de las aguas, los vuelcos dados por las gemas en ellas rompe los cristales incluidos, dejando sólo los de óptima calidad.

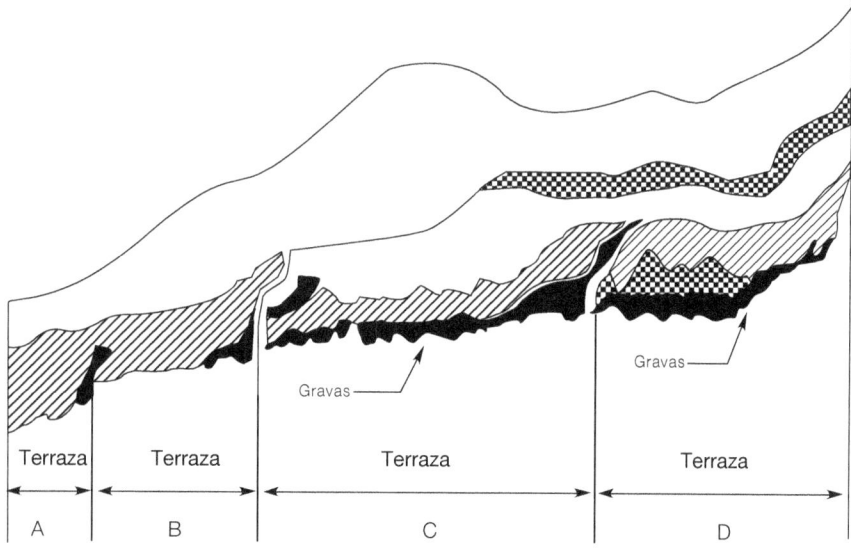

Figura 4
Terrazas de un depósito marino

18
EL MUNDO DEL CRISTAL

1. Definición de mineralogía

La Mineralogía es la ciencia que se ocupa del estudio de las sustancias cristalinas que se encuentran en la naturaleza, los minerales; sin embargo, para penetrar el asombroso mundo de ellos se necesita de la Cristalografía.

2. Definición de la cristalografía

Esta ciencia estudia los cristales y las leyes que rigen su crecimiento, forma externa y estructura interna.

La mayoría de las piedras preciosas y minerales a los cuales pertenecen, suelen presentarse en simétricas y caprichosas formas geométricas, reflejo de un orden y distribución, casi perfecto, de los diferentes átomos o iones que los constituyen.

3. Clasificación de las sustancias acorde a la estructura cristalina

La estructura interna de un mineral permite clasificarlos en tres tipos:

a. **Cristal**
b. **Sustancia cristalina**
c. **Mineraloide**

a. **Cristal:** Es un sólido homogéneo el cual presenta un orden interno tridimensional, forma geométrica regular, limitada por caras planas (ocurren cuando las condiciones del medio ambiente, durante el proceso de formación, son favorables o ideales), expresión externa de la distribución ordenada de los átomos o iones que lo forman. Los cristales pueden ser naturales o sintéticos, hechos por el hombre.

b. **Sustancia cristalina:** (El término cristalino se utiliza para indicar una estructura interna caracterizada por una distribución ordenada de los átomos o iones que los constituyen). Son aquellas que a pesar de tener una estructura interna caracterizada por una distribución ordenada de los átomos o iones que las constituyen, se presentan en fracciones tan finas que su naturaleza cristalina sólo puede determinarse con microscopio de alto poder de resolución, éstos se denominan agregados microcristalinos. A veces los agregados cristalinos se hallan tan finamente divididos que los componentes no pueden determinarse sino a través del patrón de difracción de Rayos X de ellos, reciben el nombre de agregados criptocristalinos.

c. **Mineraloide:** Son sustancias naturales no cristalinas, carecen de una estructura interna ordenada, por lo que se dice son amorfos, el vidrio es un ejemplo. Pertenecen también a éste grupo los minerales de tipo metamíctico, estas sustancias generalmente presentan estructura cristalina, sin embargo, la presencia en ellos de elementos radioactivos destruye la estructura interna, convirtiéndoles en sustancias amorfas, como ejemplo se puede citar el zircón.

4. Cristaloquímica

I. Composición química de los minerales

Los minerales presentan una composición química definida, en algunos es variable, esta composición puede ser expresada en fórmulas que indican los elementos químicos presentes y las proporciones de ellos, ejemplo, el berilo es un silicato de aluminio y berilio, su fórmula química ($Si_6O_{18}Al_2Be_3$). El diamante es carbono puro (C), todo el cristal esta formado por átomos de carbono aunque a veces la estructura cristalina muestra la presencia de otros elementos químicos en proporciones tan insignificantes, pero de gran efecto sobre algunas propiedades del mineral así, la presencia del nitrógeno o del boro en la red atómica, cambia en el mineral la habilidad de absorción de las diferentes longitudes de ondas de la luz, por lo que lo percibimos con tonalidades amarillentas o tenuemente azules.

Las propiedades que caracterizan a cada especie mineral las determinan: la composición química, la distribución y posición en la red cristalina de los diferentes átomos que la constituyen y el tipo de enlace que une entre sí a los átomos de dicha estructura.

- La composición química se refiere, como ya lo dijimos, a los elementos químicos que constituyen el mineral y a las proporciones de ellos.

El tipo de enlace que une entre sí a los átomos de una sustancia constituyen los denominados enlaces químicos. Se puede definir como la capacidad de combinación de un elemento químico para unirse con otros, dependerá de la estructura electrónica de los átomos y es ésta en sí la que determinará el tipo de enlace requerido por el átomo para alcanzar una configuración electrónica estable.

Para comprender ligeramente los mecanismos que mantienen unidos los átomos entre sí de la materia en general, bien sea que se presenten en sustancias cristalinas u otras formas, es necesario definir las partículas elementales que la forman.

II. Definición de: átomo, partes que lo integran

La materia en general está formada de átomos. El átomo se puede definir como la subdivisión más pequeña de la materia que conserva las características y propiedades de cada elemento químico.

III. Definición de elemento químico

Los elementos químicos son los constituyentes elementales de la materia, no pueden descomponerse químicamente en otros más sencillos, se conocen alrededor de cien elementos naturales, difieren entre sí por el número de protones y, por consiguiente de electrones, ya que el átomo neutro contiene igual número de ambos. El número de protones de un átomo es característico para cada elemento y constituye el número atómico de éste, de acuerdo al número atómico creciente se les ha ordenado en una tabla que se conoce con el nombre de tabla periódica, en ella aparecen todos los elementos químicos conocidos.

El átomo se encuentra formado por un núcleo muy pequeño y macizo, éste está constituido a su vez por partículas subatómicas, unas con cargas eléctricas positivas denominadas protones y otras de carga eléctrica neutra llamadas neutrones. La masa del átomo se concentra en el núcleo, el peso del protón es 1857 veces superior al del electrón.

Tabla periódica de los elementos químicos

Períodos	Ia	IIa										IIIa	IVa	Va	VIa	VIIa	VIIIa
1	1 H																2 He
2	3 Li	4 Be										5 B	6 C	7 N	8 O	9 F	10 Ne
3	11 Na	12 Mg	IIIb	IVb	Vb	VIb	VIIb	VIIIb		Ib	IIb	13 Al	14 Si	15 P	16 S	17 Cl	18 Ar
4	19 K	20 Ca	21 Sc	22 Ti	23 V	24 Cr	25 Mn	26 Fe	27 Co	28 Ni	29 Cu	30 Zn	31 Ga	32 Ge	33 As	34 Se	35 Br	36 Kr
5	37 Rb	38 Sr	39 Y	40 Zr	41 Nb	42 Mo	43 Tc	44 Ru	45 Rh	46 Pd	47 Ag	48 Cd	49 In	50 Sn	51 Sb	52 Te	53 I	54 Xe
6	55 Cs	56 Ba	57 *	72 Hf	73 Ta	74 W	75 Re	76 Os	77 Ir	78 Pt	79 Au	80 Hg	81 Tl	82 Pb	83 Bi	84 Po	85 At	86 Rn
7	87 Fr	88 R	89 **	104 Unq	105 Unp	106 Unh	107 Uns											

Lantánidos

57 La	58 Ce	59 Pr	60 Nd	61 Pm	62 Sm	63 Eu	64 Gd	65 Tb	66 Dy	67 Ho	68 Er	69 Tm	70 Yb	71 Lu

** *Actínidos*

89 Ac	90 Th	91 Pa	92 U	93 Np	94 Pu	95 Am	96 Cm	97 Bk	98 Cf	99 Es	100 Fm	101 Md	102 No	103 Lw

Símbolos de los elementos químicos

N.	Nombre	S.	P.A.	N.	Nombre	S.	P.A.	N.	Nombre	S.	P.A.
1	Hidrógeno	H	1,0080	37	Rubidio	Rb	85,467	73	Tantalo	Ta	180,947
2	Helio	He	4,0026	38	Estroncio	Sr	87,62	74	Tungsteno	W	183,85
3	Litio	Li	6,941	39	Ytrio	Y	88,9059	75	Renio	Re	186,2
4	Berilio	Be	9,0122	40	Zirconio	Zr	91,22	76	Osmio	Os	190,2
5	Boro	B	10,811	41	Niobio	Nb	92,906	77	Iridio	Ir	192,2
6	Carbono	C	12,0111	42	Molibdeno	Mo	95,94	78	Platino	Pt	195,09
7	Nitrógeno	N	14,0067	43	Tecnesio	Tc	99	79	Oro	Au	196,967
8	Oxígeno	O	15,9994	44	Rutenio	Ru	101,07	80	Mercurio	Hg	200,59
9	Flúor	F	18,9984	45	Rodio	Rh	102,905	81	Talio	Tl	204,37
10	Neón	Ne	20,179	46	Paladio	Pd	106,4	82	Plomo	Pb	207,19
11	Sodio	Na	22,9898	47	Plata	Ag	107,868	83	Bismuto	Bi	208,081
12	Magnesio	Mg	24,305	48	Cadmio	Cd	112,40	84	Polonio	Po	210
13	Aluminio	Al	26,9815	49	Indio	In	114,82	85	Astatinio	At	210
14	Silicio	Si	28,086	50	Estaño	Sn	118,69	86	Radon	Rn	222
15	Fósforo	P	30,9738	51	Antimonio	Sb	121,75	87	Francio	Fr	223
16	Azufre	S	32,064	52	Telurio	Te	127,60	88	Radio	Ra	226,025
17	Cloro	Cl	35,453	53	Iodo	I	126,9045	89	Actinio	Ac	227
18	Argón	Ar	39,948	54	Xenón	Xe	131,30	90	Torio	Th	232,038
19	Potasio	K	39,102	55	Cesio	Cs	132,905	91	Proactinio	Pa	231,036
20	Calcio	Ca	40,08	56	Bario	Ba	137,34	92	Uranio	U	328,029
21	Escandio	Sc	44,956	57	Lantanio	La	138,91	93	Neptunio	Np	237
22	Titanio	Ti	47,90	58	Cerio	Ce	140,12	94	Plutonio	Pu	242
23	Vanadio	V	50,9414	59	Praseodimio	Pr	140,907	95	Americio	Am	243
24	Cromo	Cr	58,9332	60	Neodimio	Nd	144,24	96	Curio	Cm	247
25	Manganeso	Mn	54,9380	61	Prometio	Pm	147	97	Berkelio	Bk	249
26	Hierro	Fe	55,847	62	Samario	Sm	150,4	98	Californio	Cf	251
27	Cobalto	Co	51,996	63	Europio	Eu	151,96	99	Einstenio	Es	254
28	Níquel	Ni	58,71	64	Gadolinio	Gd	157,25	100	Fermio	Fm	253
29	Cobre	Cu	63,546	65	Terbio	Tb	158,9254	101	Mendelevio	Md	256
30	Zinc	Zn	65,37	66	Disprosio	Dy	162,50	102	Nobelio	No	254
31	Galio	Ga	69,72	67	Holmio	Ho	164,930	103	Laurencio	Lw	257
32	Germanio	Ge	72,59	68	Erbio	Er	167,26	104	Unnilquadio	Unq	
33	Arsénico	As	74,9216	69	Tulio	Tm	168,934	105	Unnilpentio	Unp	
34	Selenio	Se	78,96	70	Yterbio	Yb	173,04	106	Unnilhexio	Unh	
35	Bromo	Br	79,904	71	Lutecio	Lu	174,97	107	Unnilseptio	Uns	
36	Kriptón	Kr	83,80	72	Hafnio	Hf	178,49				

S = Símbolo   P.A. = Peso Atómico

Alrededor del núcleo en igual número que los protones, se encuentran otras partículas subatómicas de masa extremadamente pequeña y carga eléctrica negativa, los electrones giran a grandes velocidades, y la posición que ocupan está restringida a niveles energéticos específicos o capas orbitales, expresado de manera muy simple, se puede decir que cada orbital esta formado de un número específico de electrones, el nivel energético más próximo al núcleo sólo puede contener dos electrones, las otras capas pueden llegar a acomodar hasta 32 electrones aunque, el número de electrones de la última capa nunca podrá contener más de 8.

El número de electrones que contiene la capa más externa de un átomo determina la capacidad de combinación de éste con otros átomos y el tipo de enlace que le caracteriza.

Cuando un átomo presenta 8 electrones en su último orbital es químicamente inerte, es decir, ha alcanzado una configuración electrónica estable, para conseguirla puede ceder electrones adquirirlos de otros átomos o compartirlos, dando origen a los cuatro diferentes tipos de enlace químicos que conocemos.

IV. Diferentes tipos de enlaces químicos

Los tipos de enlaces químicos son:
a. **Enlace iónico**
b. **Enlace covalente**
c. **Enlace metálico**
d. **Enlace de vander waals**

Como los enlaces que unen entre sí los diferentes átomos o iones de las sustancias tienen naturaleza eléctrica, la clase e intensidad de éstas fuerzas son determinantes de las propiedades físicas y químicas de los minerales.

a. **Enlace iónico:** Se produce en aquellas sustancias o minerales formadas por elementos químicos cuyos átomos individuales requieren o les sobra electrones en el último orbital para alcanzar una configuración electrónica estable, cargándose de cargas eléctricas negativas y positivas llamadas iones, éste es el caso de una solución acuosa de cloruro sódico o sal común, en ella se encuentran presentes iones positivos de sodio (denominados cationes) (Na+) e iones negativos de cloro (Cl-) (denominados aniones), al reducirse el volumen de la disolución, por evaporación, las cargas eléctricas opuestas se atraen, lo que une entre sí a los iones para formar un núcleo cristalino en crecimiento hasta formar el cristal, el cual se separará de la disolución, éste es el tipo de enlace más frecuente de los minerales. (Figura 1)

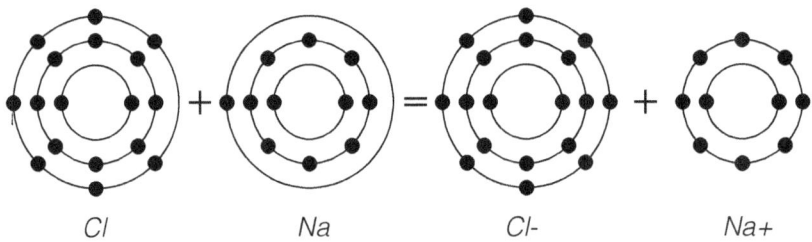

Figura 1
Representación esquemática del intercambio electrónico entre los átomos de cloro y sodio para la formación de sal común

b. **Enlace covalente:** Algunos átomos, para alcanzar la configuración electrónica estable, comparten entre sí electrones, los átomos quedan enlazados mediante pares de electrones comunes, es el más fuerte de todos los enlaces químicos, éste es el enlace que une entre sí los átomos de carbono del diamante, el carbono tiene cuatro electrones en su último nivel orbital, para alcanzar la estructura electrónica estable comparte 4 de sus electrones con otros 4 átomos de carbono.

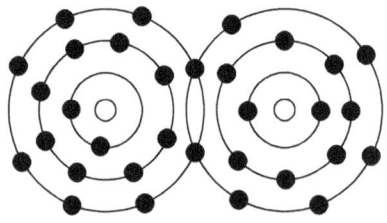

Figura 2
2=Compartición de Electrones
molécula de Cloro

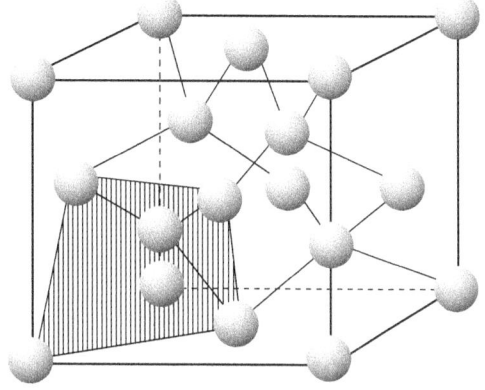

Figura 3
Enlace covalente: estructura cristalina del diamante.

c. **Enlace de Vander Waals:** Es un tipo de enlace que fija partículas neutras y unidades estructurales sin carga en una red, mediante cargas débiles residuales de su superficie, es poco frecuente en los minerales, los que lo presentan tienen una zona de exfoliación fácil y de poca dureza, por ejemplo: el grafito, presenta capas formadas por átomos de carbono unidos entre sí por enlace covalente, mientras que las capas se unen unas a otras por el enlace Vander Waals. (Figura 4)

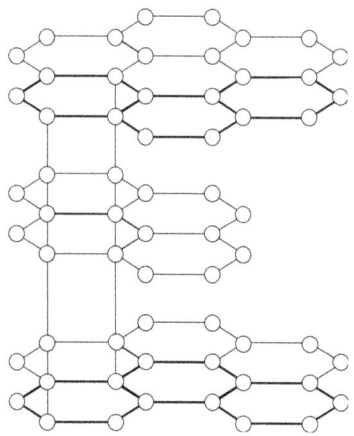

Figura 4
*Estructura de Grafito: Los átomos se unen sí con enlace covalente
y las capas por enlace Van Der Waals*

d. **Enlace metálico:** Es el que da cohesión a los metales, se puede decir que las unidades estructurales de los metales son los núcleos atómicos unidos por la carga eléctrica de la nube de electrones que los circundan, muchos de éstos electrones no pertenecen a un núcleo determinado, tienen libertad de moverse por toda la estructura, éste tipo de enlace es el que da a los metales las propiedades de tenacidad, ductilidad, conductividad y baja dureza.

Es poco frecuente que las sustancias naturales presenten un solo tipo de enlace químico, en la mayoría de los minerales coexisten dos ó más, en el ejemplo del grafito para describir el enlace de Vander Waals lo pudimos apreciar, en estos casos el cristal va a exhibir las propiedades originadas por el efecto de cada tipo de enlace. La cohesión de las delgadas capas de grafito se debe a la fuerza del enlace covalente, mientras que la exfoliación de este mineral es efecto del débil enlace (Vander Waals) que une a las diferentes capas entre si.

5. Cristalografía

Para comprender un poco el mundo interno de los cristales es necesario describir brevemente ciertas características de las diferentes redes tridimensionales que los forman:

a. **Redes espaciales**

Cada sustancia cristalina esta constituida por la unión entre sí de átomos o iones, los cuales integran una unidad estructural tridimensional repetitiva que forma el cristal (éste se puede visualizar como una masa compacta de minúsculos cristales), las superficies limitantes dependen de la forma de la unidad, de los efectos del medio externo, temperatura, presión, tipo de solución en donde crecen, al igual que del espacio disponible para el crecimiento.

b. **Celdilla unidad**

Se puede definir como el paralelepípedo más pequeño de la red cristalina que conserva aún las características de simetría del cristal, son diferentes para cada mineral, pueden diferenciarse en las longitudes de las aristas o por los ángulos entre ellas.

La disposición espacial de los planos del cristal y, como consecuencia, su forma geométrica, se basan en la constancia de los ángulos interfaciales y en las leyes de simetría; según los elementos de simetría los cristales se agrupan en 32 grupos de simetría o clases cristalinas sin embargo, como algunos de ellos tienen características de simetría comunes se les agrupa en seis sistemas cristalinos; el sistema hexagonal posee dos subdivisiones (hexagonal y romboédrica).

c. **Morfología de los cristales**

La forma externa (hábito) de un cristal depende del sistema cristalino al cual pertenece.

Caras de un cristal: dependen de la celdilla unidad y de la colocación de éstas en el cristal en crecimiento. Cuando una celda cúbica se repite en tres dimensiones, para formar un cristal con "n" unidades, el cristal será un cubo (Figura 6) formado por todas las unidades contenidas a lo largo de cada eje. Es decir, contendrá "N al cubo" unidades; por variaciones del medio externo: temperatura, presión, tipo de disoluciones, movimiento de ellas, el ordenamiento regular de las unidades básicas puede afectarse originando gran variedad de formas.

Apilamientos irregulares producen cristales tabulares o alargados (Figura 7). Cristalográficamente, ambos se consideran cubos con seis caras que forman ángulos rectos entre sí; cuando la distribución deja vértices o lados sin cubrir, el aspecto externo ya no tendrá forma de cubo como la unidad básica, presentará caras inclinadas (Figuras 8 y 9).

Figuras 6,7,8,9: Formas externas de acuerdo al ordenamiento de celdas unitarias cúbicas

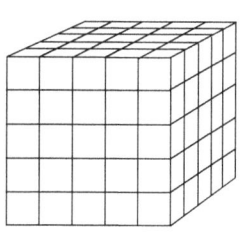

Figura 6
Cubo perfecto.
Las unidades básicas son ordenadas
de manera regular

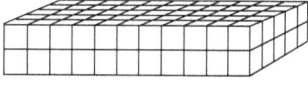

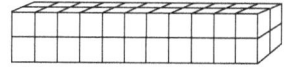

Figura 7
Cubos imperfectos

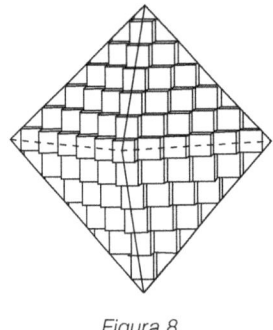
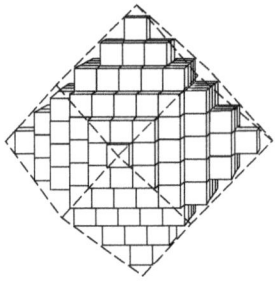

Figura 8
Octaedro

Figura 9
Dodecaedro

Para determinar la distribución de las caras de un cristal, se consideran las unidades estructurales que puedan ser representadas esquemáticamente mediante puntos reticulares o nodos, la posición de las caras es determinada por aquellas direcciones a través de la estructura que tienen gran densidad de nodos.

Las caras cristalinas son el despliegue exterior del orden interno y reflejan la simetría de la estructura del cristal, es debido a ésta simetría que se pueden ordenar los cristales en cada uno de los sistemas cristalográficos.

d. **Simetría cristalina**

Externamente los cristales exhiben tres tipos de simetría denominados elementos de simetría, éstos son:

1. *Simetría en torno a un plano o Plano especular*
2. *Simetría en torno a un eje o Eje de simetría*
3. *Simetría en torno a un punto*

1. *Simetría en torno a un plano o Plano Especular*, es un plano imaginario que pasa a través de un cristal dividiéndolo en dos partes iguales, cada uno de ellos es un cristal perfectamente desarrollado, es como si se viera la imagen especular de la otra parte.

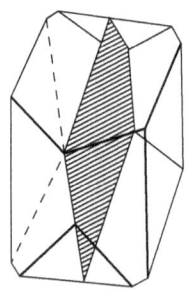

Figura 10
Plano de simetría
ó Plano Especular

2. *Simetría en torno a un eje o eje de simetría* es una línea imaginaria a través del cristal, alrededor del cual puede hacerse girar en una rotación completa de forma que el cristal puede repetirse dos ó más veces. Durante la rotación los ejes de simetría pueden ser del orden de 1, 2, 3, 4 ó 6 (Figura 11).

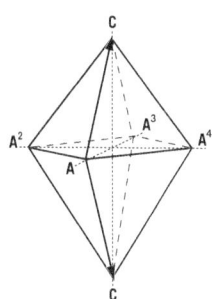

Figura 11
Eje de simetría

3. *Centro de Simetría:* Es un punto en el interior del cristal que permite distribuir de dos en dos todos los vértices del cristal, cuando un cristal lo presenta se puede pasar una línea imaginaria que parta de un punto de la superficie, pase por el centro y puede encontrar un punto idéntico en el lado contrario (Figura 12).

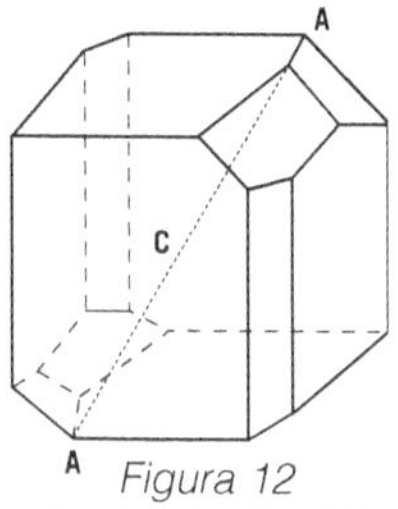

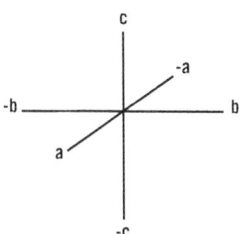

Figura 12
Centro de simetría

e. **Clases cristalinas**

Los cristales se agrupan de acuerdo a su simetría en clases cristalinas, son 32, las unidades de construcción o celdillas unitarias tienen la misma forma y algunos aspectos de simetría en común, por lo que pueden agruparse en seis sistemas cristalográficos.

f. **Ejes cristalográficos**

Los cristales pueden describirse a través de líneas imaginarias que pasan por su interior y sirven de ejes de referencia. Los ejes cristalográficos son líneas imaginarias, paralelas a las aristas de la celdilla unidad y proporcionales a sus longitudes; los cristales en los cuales no se conocen ni las dimensiones de la celdilla, ni la orientación, los ejes se consideran paralelos a la intersección de las caras principales, la simetría también es útil ya que los ejes cristalográficos suelen ser ejes de simetría o perpendiculares a los planos de simetría (Figura 13).

Figura 13
Ejes cristalográficos

g. **Hábito cristalino**

Designa la forma externa general de los cristales, cúbica, octaédrica, prismática, como es controlado por el medio ambiente en que crecen los cristales, es posible que varíe según el lugar. En algunos sitios puede ser normal, en otros tabular. Es poco usual, que los cristales presenten una forma geométrica ideal, sin embargo, aún cristales defectuosos, mantienen evidente la simetría en el aspecto físico de las caras y en la disposición simétrica de los ángulos interfaciales.

En cristalografía el término "Forma" se usa de manera más restringida, se refiere a la estructura cristalina, define un grupo de caras cristalinas, todas con la misma relación a los elementos de simetría y ejes cristalográficos; todas las caras de una forma tienen la misma distribución de átomos, por lo que su aspecto es similar. En un cristal malformado las caras de una forma son diferentes en tamaño y forma, pero la similitud se observa a través de ciertas propiedades como el brillo, estrías o ralladuras.

h. **Sistemas cristalinos**

De acuerdo a la simetría que presenten los cristales, se agrupan en seis sistemas cristalinos y cada uno de ellos adopta un hábito definido. Estos sistemas son: cúbico o isométrico, hexagonal, tetragonal, ortorómbico, monoclínico y triclínico.

Sistema cúbico o isométrico: La celdilla unidad del sistema cúbico es el cubo, por lo tanto, éste sistema tiene tres ejes cristalográficos iguales que forman ángulos rectos entre sí. Las diferentes formas exhibidas por éste sistema son: cúbica, octaedro, dodecaedro, trapezoedro; es de notar que a pesar de las formas diferentes, todas tienen la misma simetría (Figura 14).

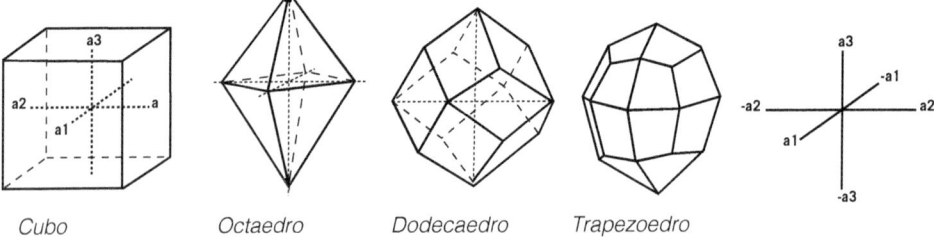

Cubo   Octaedro   Dodecaedro   Trapezoedro

Figura 14: Ejes cristalográficos y diferentes formas del sistema cristalino cúbico

Entre las gemas que cristalizan en el sistema cúbico se encuentran el diamante, la espinela, el granate.

Sistema hexagonal se divide en dos grupos el hexagonal y el romboédrico, los cristales de ambas divisiones se distinguen entre sí por su simetría.

Los cristales de ambos grupos tienen 4 ejes cristalográficos a diferencia de los otros sistemas que sólo tienen 3. Tres de éstos ejes a1 - a2 - a3, tienen igual longitud y están en un plano horizontal formando ángulos de 120 grados entre sí, el cuarto eje, el C, es vertical, puede ser más largo o más corto que los ejes "a". Las formas más comunes de este sistema suelen ser: prismas, pinacoides, romboedros, escalenoedros. Entre las gemas que cristalizan en éste sistema se pueden citar el berilo, el corindón, cuarzo, etc. (Figura 15)

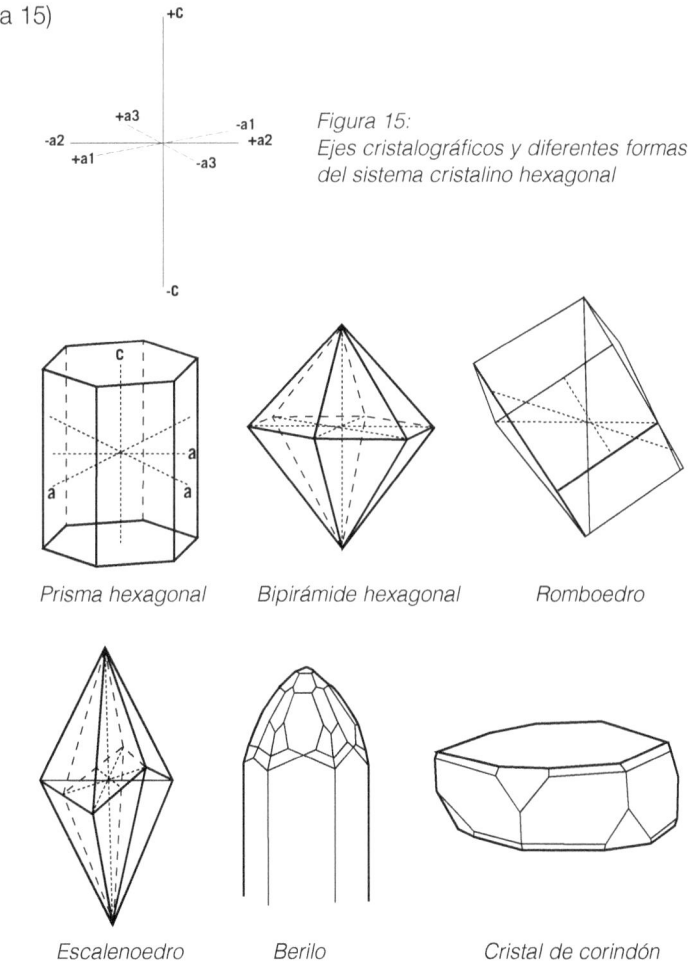

Figura 15:
Ejes cristalográficos y diferentes formas del sistema cristalino hexagonal

Prisma hexagonal   Bipirámide hexagonal   Romboedro

Escalenoedro   Berilo   Cristal de corindón

Sistema Tetragonal: Tiene tres ejes cristalográficos los cuales se interceptan a 90 grados, los ejes horizontales a1 -a2, son iguales e intercambiables, el eje vertical "C" es de diferente longitud. Las formas características a este sistema son: prismas tetragonales, bipirámides tetragonales, pinacoides. (Figura 16)

Figura 16: Ejes cristalográficos y diferentes formas del sistema cristalino tetragonal

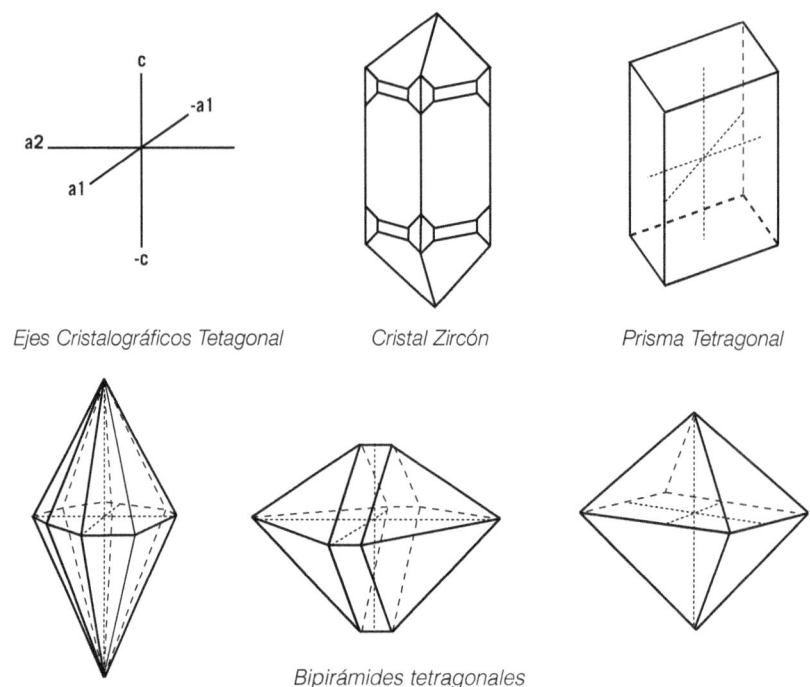

Ejes Cristalográficos Tetagonal   Cristal Zircón   Prisma Tetragonal

Bipirámides tetragonales

Sistema Rómbico: Las formas de los cristales de éste sistema se refieren a tres ejes cristalográficos desiguales, los cuales se interceptan entre sí a ángulos de 90 grados. Formas: prismas rómbicos, bipirámides rómbicos, pinacoides. Ejemplo de gema que cristaliza en éste sistema; el topacio. (Figura 17)

Figura 17: Ejes cristalográficos y cristal rómbico

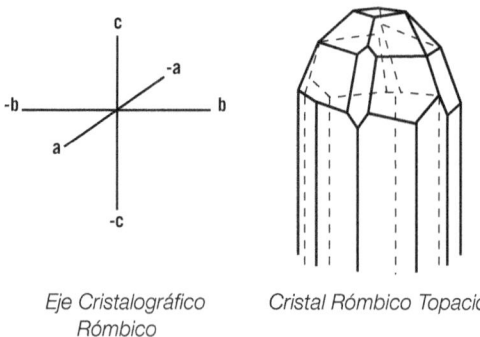

Eje Cristalográfico Rómbico   Cristal Rómbico Topacio

Sistema monoclínico: Los cristales monoclínicos presentan tres ejes cristalográficos desiguales -a. b. c-. El eje "C" es vertical. Dos ejes se interceptan a ángulos diferentes de 90 grados, el tercero es perpendicular a éstos dos. Sólo presenta dos tipos de formas: prismas y pinacoides, entre las gemas que cristalizan en éste sistema se pueden citar: jade, epidoto, etc. (Figura 18)

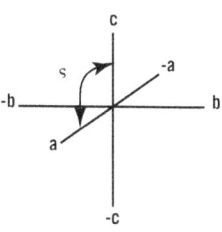

Ejes Cristalográficos Monoclínicos

Figura 18: Diferentes formas del sistema monoclínico

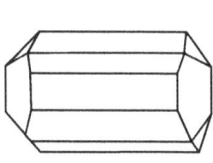 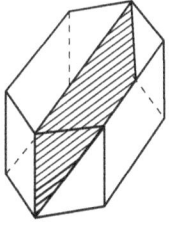 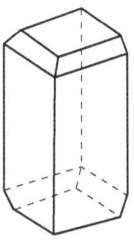 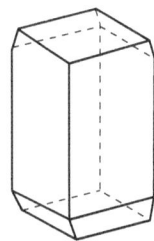

Cistal monoclínico epidoto   Simetría monoclínica   Prismas monoclínicos

Sistema triclínico: Los cristales de éste sistema presentan los tres ejes cristalográficos desiguales, los cuales se interceptan en ángulos diferentes a 90 grados, es el sistema cristalino más asimétrico, no existen ejes, ni planos de simetría, el único elemento presente es el centro de simetría. La única forma es el pinacoide. Entre las gemas que cristalizan en él se encuentran la albita, la rodonita, etc.

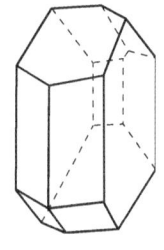

Figura 19: Cristal Triclínico Albita

i. Cristales gemelos o maclas

Los cristales que se describieron en la breve síntesis de cristalografía morfológica son sólo cristales bien formados, perfectos, sin embargo, en la naturaleza las condiciones no siempre son ideales por lo que las formas geométricas ideales no son usuales, los cristales hallados normalmente son en forma de agregados, crecimientos paralelos, también pueden hallarse dos ó más cristales que han crecido juntos, lo que hace que algunas direcciones de la red sean paralelas y otras se hallen en posición revertida, éstos cristales reciben el nombre de maclas o cristales gemelos.

Este tipo de cristales se relacionan entre sí de dos formas:

1. Por reflexión sobre un plano, como si uno derivara del otro, llamado plano gemelo.

2. Por rotación alrededor de una dirección del cristal común a ambos, como si una parte hubiera girado 180 grados respecto a la otra. El plano de la macla acostumbra a ser paralelo a la cara común, pero nunca paralelo al plano de simetría.

Los cristales maclas se designan con el nombre de maclas de contacto y maclas de penetración; las de contacto tienen una superficie de unión definida que separa los dos cristales y la macla viene definida por un plano de macla. Las maclas de penetración están formadas por distintos cristales interpenetrados que tienen una superficie de unión irregular.

Las maclas se presentan en cristales de todos los sistemas cristalográficos, sin embargo, son más frecuentes en los de baja simetría.

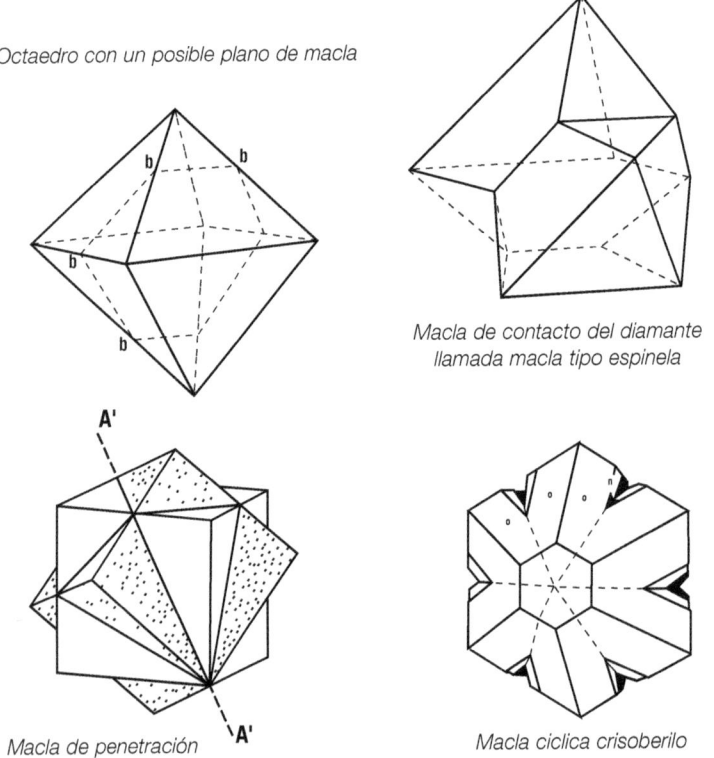

Octaedro con un posible plano de macla

Macla de contacto del diamante llamada macla tipo espinela

Macla de penetración

Macla cíclica crisoberilo

Figura 20: Diferentes tipos de cristales gemelos o maclas

19
HÁBITO Y FORMAS DEL DIAMANTE

1. Hábito normal y otras formas externas comunes del Diamante

El hábito normal del cristal de diamante es el octaedro, siempre y cuando, las condiciones ambientales durante su proceso de formación y crecimiento sean las ideales, los cristales más regulares tienen caras planas y lisas y aristas rectas, en la industria se les conoce con el nombre de "Glassie", sin embargo, como en la naturaleza no siempre ocurre así, es común que adopte otras formas externas. Las caras del cristal original pueden mostrarse burdas, curvas o distorsionadas, también pueden ocurrir combinaciones de dos ó más formas de cristales y, en ocasiones, los cristales pueden aplanarse adoptando formas tabulares. Las formas externas más comunes, además del octaedro, suelen ser:

a. **Cubo o hexaedro**
b. **Rombododecaedro**
c. **Hexacisoctaedro**
d. **Hábito tabular**
e. **Cristales irregulares**
f. **Cristales múltiples**

a. **Cubo o hexaedro:** Poco común en los diamantes tipo gema, frecuente en los diamantes de calidad industrial, las aristas de los cubos se muestran redondeadas, las caras suelen ser curvas y cubiertas con marcas de crecimiento.

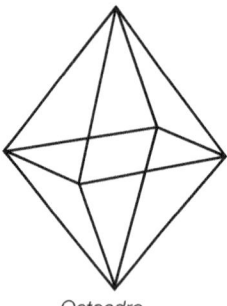
Octaedro

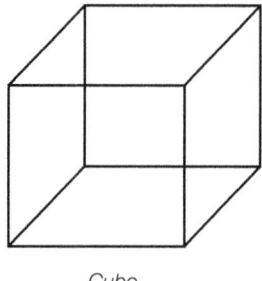
Cubo

b. **Rombododecaedro:** Cuando las aristas de un octaedro se desarrollan más de lo normal originan cristales con forma de rombododecaedro, a veces también pueden formarse por el desarrollo de la arista del cubo. En ambos casos, las caras del octaedro original o del cubo disminuyen de tamaño hasta desaparecer. Generalmente no tienen forma exacta de dodecaedro, sino formas intermedias ligeramente esféricas.

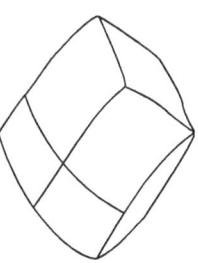
Rombodecaedro

c. **Hexacisoctaedro:** Presenta 48 caras con forma de triángulos escalenos.

d. **Hábito tabular:** Cuando ciertas caras paralelas de un octaedro tienen poco desarrollo en contraste con otras mucho más desarrolladas, originan cristales muy delgados, usualmente presenta un perfil hexagonal. En ocasiones una cara es hexagonal y otra triangular, aquellos cristales que presentan un espesor adecuado para ser tallados reciben el nombre de "Flats".

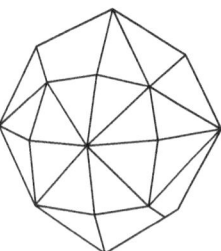
Hexacisoctaedro

e. **Cristales irregulares:** Muchos cristales de diamantes no tienen forma externa determinada, son irregulares, algunos pueden presentar una ó más caras de exfoliación, el ejemplo más conocido de éste tipo de cristal es el célebre diamante Cullinan.

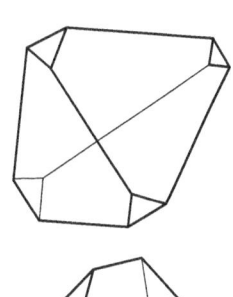

f. **Cristales múltiples:** Son aquellos que presentan dos ó más cristales unidos entre sí, los extremos pueden ser dos cristales como en el caso de las maclas y, masas de cristales diminutas o agregados. Cuando un material de estructura cristalina cambia la orientación de su estructura durante el crecimiento, como ocurre en las maclas, la forma externa también cambia e incide en las propiedades físicas, especialmente en la dureza, el cambio de orientación en la estructura atómica, origina un cristal compuesto o doble con algunas de sus aristas y/o de sus caras paralelas y con

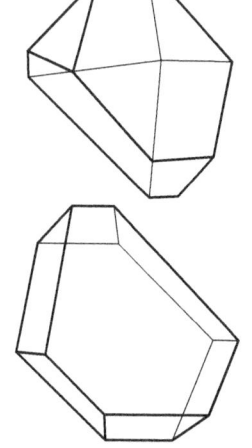
Octaedros deformados

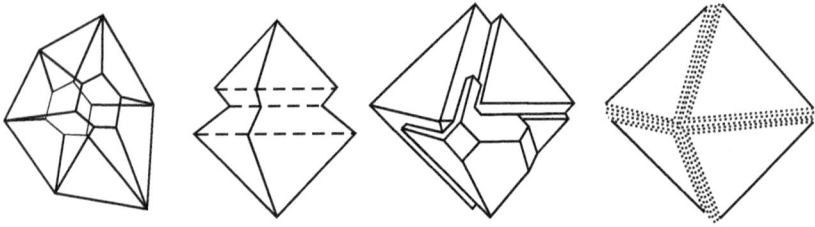

*Macla: Reorientación de la estructura Cristalina
Varias Formas de Maclas*

otras invertidas. Son de dos tipos de interpenetración y de contacto.

g. **Boart:** Se le da éste nombre a masas de diamantes de cristalización diminuta e irregular, no transparente, de color verde amarillento o gris, de tono casi negro, son de extremada dureza y triturados constituyen excelentes abrasivos.

h. **Carbonado:** Es un material de estructura criptocristalina, formado de grafito y carbón amorfo, a veces es bastante poroso, negro y opaco, la forma suele ser irregular aunque puede aparecer en octaedros, rombododecaedros y cubos, suele hallarse casi exclusivamente en yacimientos brasileros.

Diferentes formas que se presenta el diamante en bruto

2. Marcas de crecimiento en los diamantes

Mediante la aplicación de difracción por rayos X, se ha demostrado que los diamantes crecieron en la naturaleza en una serie de capas concéntricas de átomos sobre las caras del octaedro, los otros átomos distintos al carbono dentro de la red interrumpieron el proceso ideal, creando posiblemente dislocaciones de la red cristalina que conjuntamente por efectos del fenómeno de corrosión (destrucción de las caras del cristal, producidas por vía mecánica, química y fisicoquímica), crean una serie de características y modificaciones en la forma del cristal original.

El crecimiento normal favorece el cristal de hábito octaédrico, a causa del efecto de corrosión, las aristas vivas de los octaedros originales, en algún momento de su desarrollo, se disolvieron paralelos a las direcciones para formar cristales con caras curvas, como las del dodecaedro.

Las irregularidades en el crecimiento se manifiestan sobre las caras de los cristales en depresiones en forma triangulares, cuadrados o rectángulos, estrías paralelas a los lados del cristal, hendiduras a lo largo de las aristas, material internamente "maclado" denominado "grano" por los tallistas.

Las marcas de crecimiento más comunes en las caras del octaedro son las depresiones triangulares llamadas trígonos, son triángulos equiláteros, con aristas rectas, orientados de manera opuesta a las caras del cristal, los vértices apuntan a las aristas de las caras y se hallan alineados entre sí.

Las marcas de crecimiento en las caras del dodecaedro son surcos o estrías paralelas al eje largo, suelen verse en los cinturones de los diamantes tallados como áreas brillantes de material en bruto no removido en el proceso de talla.

Las características de crecimiento en las caras de los cristales en forma de cubo, son depresiones en forma de cuadrados o rectángulos.

El material internamente maclado de los diamantes, se debe a que parte del material ha crecido con una dirección cristalina opuesta, esto crea problemas en la talla, cuando se van a hacer los cortes de aserrado o de exfoliación y para pulir la gema ya que las direcciones duras de la parte maclada son opuestas a las del resto del cristal; éstas áreas macladas, llamadas también "nudos" o "granos", producen líneas paralelas, secciones ligeramente levantadas sobre la superficie del diamante tallado, se distinguen de las líneas de pulido causadas durante la talla, porque pasan de una faceta a otra, cambiando de dirección, a veces varían de dirección en una misma faceta.

El grano también incluye las líneas de crecimiento que a veces se observan dentro de un diamante, son el resultado de distintas fases de crecimiento del cristal, generalmente se observan con aspecto de pliegues de papel celofán o bandas incoloras o amarillentas.

Las marcas de crecimiento facilitan la identificación del diamante y ayudan al tallista a determinar la orientación adecuada para la talla o cortes a efectuar en el cristal.

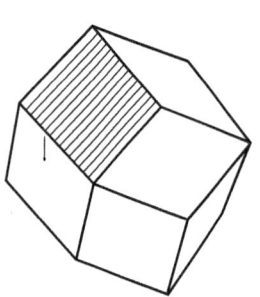
Estrías Paralelas
propias del Dodecaedro

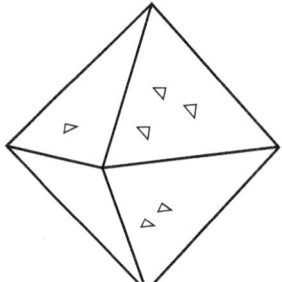
Trigones, Depresiones
comunes en las Caras
del Octaedro

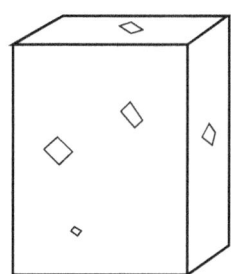
Depresiones de un Cristal
en forma de Cubo

20
PROPIEDADES FÍSICAS DEL DIAMANTE

1. Generalidades

Exuberante belleza y ostentoso valor son los atributos por los cuales el diamante siempre ha sido una de las gemas más preciadas por el hombre.

Es simple carbono, cristalizado en el sistema cristalino de mayor simetría, el sistema cúbico o isométrico. Su estructura cristalina esta formada por una red cúbica con cada átomo de carbono rodeado de otros cuatro situados en los vértices de un tetraedro regular o en los vértices alternos de un cubo, cada par de átomos de carbono está unido por un par de electrones en enlace covalente (los electrones se comparten para lograr una estructura electrónica estable), no hay en toda la estructura electrones libres o móviles, es por esto que cuando el diamante no presenta otro tipo de átomos diferentes al carbono, no es conductor de electricidad. Como en la red cada átomo de carbono se halla tan cercano a sus cuatro vecinos, los espacios interatómicos en algunas direcciones son sumamente reducidos. Todo el cristal semeja una molécula gigante, es éste tipo de estructura cristalina, éste empaquetamiento lo que da al diamante las notables propiedades físicas y ópticas.

Las resaltantes propiedades físicas y ópticas del diamante se deben al empaquetamiento compacto de su estructura cristalina, la cual contrasta con la del grafito, mineral de composición química similar pero de estructura cristalina diferente. En el grafito, a diferencia del diamante, cada átomo de carbono se halla rodeado de otros tres, situados en el mismo plano formando grupos hexagonales de seis átomos, éstos planos se hallan distanciados entre sí, tres de los cuatro electrones de cada átomo de carbono están compartidos, el cuarto electrón une los planos, lo que deja un plano de electrones móviles entre los planos de los átomos. Debido a ésta estructura, el grafito se exfolia con facilidad y es buen conductor de electricidad y de calor.

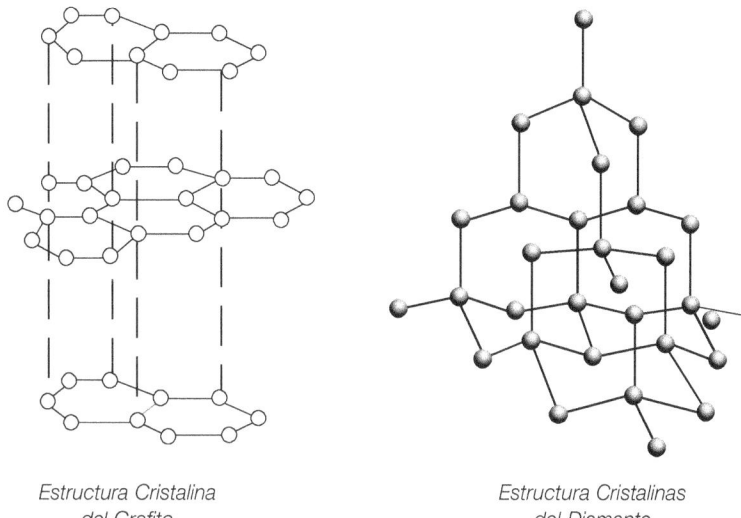

Estructura Cristalina del Grafito

Estructura Cristalinas del Diamante

2. Composición química

La composición química del diamante es esencialmente carbono, sin embargo, incluyen en su red unos cuantos átomos de otros elementos químicos, entre éstos se pueden citar: nitrógeno, boro, aluminio, éstos elementos químicos extraños a la estructura cristalina van a tener marcados efectos en sus propiedades físicas y ópticas ya que tienen diferentes tipos de enlaces y también afectan la disposición regular de la estructura cristalina.

Análisis químicos de los residuos dejados por la combustión del diamante, muestran que contienen cerca de 30 elementos químicos diferentes, presentes en cantidades minúsculas en diamantes incoloros, en proporciones de 0,02 al 0,5%. Los residuos del bort y el carbonado tienen del 2,2 hasta el 4%.

3. Propiedades físicas del diamante

Dureza

Es la resistencia que ofrece la superficie lisa de un mineral a ser rayada por otros, la definición no tiene un sentido absoluto sino comparativo, ya que depende de la dureza relativa de una sustancia con respecto a otras. La estructura cristalina del mineral determina la dureza, entre más fuerte sea el enlace químico de los átomos, más duro será. La dureza varía según la dirección en la cual se raye el mineral, de acuerdo a la dirección cristalográfica; por ser una propiedad direccional es que el diamante puede ser tallado. El grado de dureza se determina observando comparativamente la facilidad o dificultad como un mineral es rayado por otro o, por una lima o punta de acero.

Existe una escala de dureza "de rayado" creada por el minerólogo Mohs, en ella, él agrupo 10 minerales, por comparación de la dureza de éstos se puede obtener la de cualquier otro mineral, recibe el nombre de escala de dureza de Mohs.

Escala de dureza de Mohs

Al final de la escala se halla el diamante, el enlace de los átomos de dicho mineral es tan fuerte que ningún otro mineral puede separarlos para poder rayarlo.

Existen métodos técnicos más cuantitativos para obtener la dureza absoluta de los minerales.

Un instrumento de gran precisión para medir la dureza es el esclerómetro.

En un sentido amplio la dureza se puede definir como resistencia al rayado, a la abrasión y a las melladuras.

Mineral	Dureza	Mineral	Dureza
Talco	1	Feldespato	6
Yeso	2	Cuarzo	7
Calcita	3	Topacio	8
Fluorita	4	Corindón	9
Apatito	5	Diamante	10

Las pruebas de dureza no deben ser usadas en cristales de gemas talladas.

4. Exfoliación

Es la propiedad de algunos minerales de romperse en forma regular, es la ruptura entre planos atómicos, es direccional. Las superficies de exfoliación son siempre paralelas a caras reales o posibles caras del cristal y sólo se produce en direcciones paralelas a los planos atómicos, por lo que depende de la estructura cristalina del mineral. Se produce cuando un conjunto de planos atómicos presentan una unión débil entre ellos, la poca fuerza de unión de los planos puede ser causada por un enlace químico débil, por un mayor espacio reticular entre los planos o por efecto combinado de los dos.

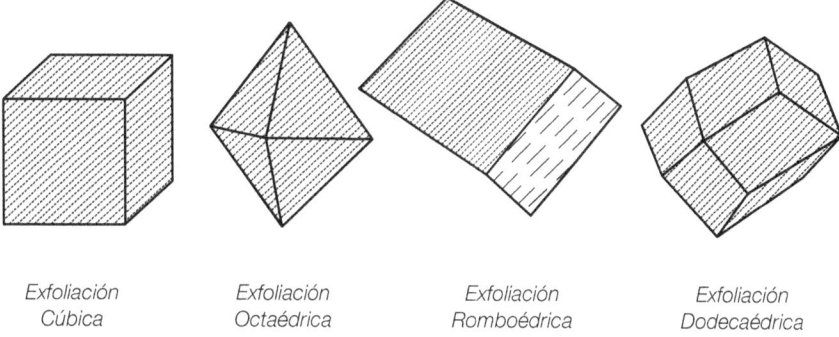

| Exfoliación Cúbica | Exfoliación Octaédrica | Exfoliación Romboédrica | Exfoliación Dodecaédrica |

La exfoliación se describe según la mayor o menor facilidad en producirse, los términos empleados son: perfecta, buena, regular y también con el nombre de la forma a la que es paralela, ejemplo: cúbica, octaédrica, romboédrica dodecaédrica (Figura 2).

La exfoliación del diamante es perfecta octaédrica; son las cuatro direcciones paralelas a las caras originales del octaedro.

La dureza y exfoliación son dos propiedades muy importantes para la talla del diamante.

Antes de iniciarse la talla del cristal en bruto, éste debe ser aserrado y a veces exfoliado y después, durante el proceso de talla, debe ser pulido.

Aserrado: Son los cortes hechos al cristal en bruto, para dividirlo en dos, cada porción dará al final del proceso de talla, un diamante talla brillante. Estos cortes se pueden efectuar en nueve direcciones, tres paralelas caras del cubo y las otras seis paralelas a las caras pares del rombododecaedro, las últimas son poco usadas, por presentar una dureza ligeramente superior a las otras direcciones, lo que haría el proceso de serrado más lento, además, las formas que se obtienen son poco prácticas, las direcciones de serrado descritas pueden usarse sin importar la forma externa del cristal ya que ellas se refieren a la forma cristalina. En el diamante con forma de octaedro las tres direcciones paralelas a las caras del cubo son las que se encuentran paralelas a los planos del cinturón. Las direcciones del serrado pueden ser determinadas con facilidad, siempre y cuando exista algún indicio de exfoliación, o que alguna cara del cristal pueda ser observada.

La Exfoliación: Se emplea para reducir el tamaño de cristales muy grandes, eliminar algunas inclusiones o con cristales muy distorsionados, no se usa con la misma frecuencia del serrado ya que las direcciones de exfoliación del octaedro en las formas más comunes no presentan ángulos que permitan retener más material del cristal en bruto. El diamante puede exfoliarse con facilidad en las cuatro direcciones paralelas a los cuatro pares de caras del octaedro.

Pulido: Como la dureza del diamante no es igual en todas las direcciones, para poder pulir las facetas el tallista debe usar la dirección menos dura de ellas las más cercanas a la cara del rombododecaedro. La verdadera cara del octaedro no puede ser pulida.

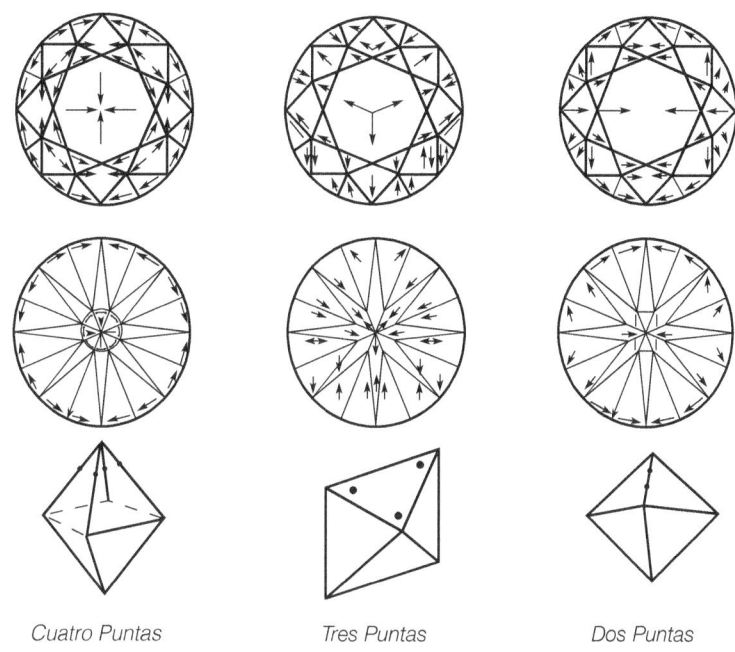

Cuatro Puntas   *Tres Puntas*   *Dos Puntas*

Posibles Direcciones del pulido en un cristal octaedrico y sobre las caras del rombo dodecaedro

5. Fractura

Es la manera irregular de romperse una sustancia cuando no sigue los planos de exfoliación, es decir, no es paralela a los planos de átomos del material, puede ocurrir en cualquier dirección, menos en la de un plano de exfoliación. Materiales amorfos como el vidrio, por la carencia de una estructura interna ordenada y regular, sólo presentan este tipo de fractura.

El diamante tiene un tipo de fractura característica, generalmente se produce conjuntamente con la exfoliación, se observa como escalonada, la superficie se puede describir como astillada.

6. Tenacidad

Es la resistencia que ofrece un mineral a romperse, bien sea de manera regular, por exfoliación o, irregular por fractura, depende de la fuerza de los enlaces que unen los átomos entre sí. El diamante tiene una tenacidad excepcional, ofrece gran resistencia a separarse, cuando se le aplica una presión no paralela a la dirección de exfoliación, aún en éstas direcciones tiene buena tenacidad en comparación con la mayoría de las gemas.

Es friable: Facilidad de desmoronarse al recibir un golpe fuerte, el diamante es frágil, puede volverse polvo al romperse.

7. Peso específico o densidad relativa

El peso específico o densidad relativa (cuando se habla de densidad debe ir acompañada de las unidades respectivas, ellas son gramos/centímetro cúbico) de una sustancia es la relación que existe entre el peso de un volumen cualquiera de la sustancia y el de un volumen igual de otra usada como patrón, indica cuantas veces la sustancia a examinar pesa más que la usada como referencia, la sustancia patrón suele ser agua destilada a temperatura de 4 grados centígrados.

El peso específico de un diamante calidad gema es de 3,52, este número indica que un volumen determinado de éste mineral pesa 3,52 veces más que un volumen igual de agua a la temperatura indicada, en trabajo rutinario se acepta hasta los 20 grados centígrados.

El peso específico de un mineral de composición determinada es constante, la determinación de él tiene gran importancia para ayudar a identificar el mineral, especialmente en el caso de las piedras preciosas, con las cuales no pueden usarse ensayos que las dañen o afecten.

El peso específico de una sustancia cristalina depende de:

a. La clase de átomos de que esté formada.

b El tipo de empaquetamiento que presenten los átomos.

La aplicación de esta propiedad en el campo de la joyería, resalta cuando se tienen dos gemas de dimensiones iguales y apariencia similar, como el circonio cúbico sintético (imitación del diamante) y el diamante, u otras piedras preciosas de diferentes especies, con dimensiones iguales, en el caso del circonio cúbico con un peso específico de 5,6 a 6.0 y el diamante de 3,5, una simple pesada en la balanza determinará la identidad de cada gema, un diamante de 6,5 mm., de diámetro debe tener un peso de 1,00 quilate, el circonio deberá pesar 1,60 quilate ó más.

El peso específico de una sustancia cristalina depende básicamente de dos factores:

a. La clase de átomos de que esté formado
b. La forma como los átomos estén empaquetados o unidos entre sí.

Por lo general, los minerales compuestos de elementos químicos pesados tienen pesos específicos más elevados que los correspondientes a los formados por elementos más livianos, siempre y cuando la estructura cristalina sea la misma. La fuerza de enlace de los átomos entre sí determinan la dureza del mineral y el peso específico, entre más empaquetados se hallen los átomos y más fuerza tengan los enlaces, mayor será el peso específico, un ejemplo que ilustra el caso es el grafito y el diamante, el grafito, con capas espaciadas de átomos iguales unidas entre sí por enlaces débiles, tienen una dureza de 1,5 y un peso específico de 2,23, mientras que el diamante con sus átomos estrechamente empaquetados y sus fuertes enlaces tienen una dureza de 10 y un peso específico de 3,52.

Determinación del peso específico

El peso específico se calcula dividiendo el peso de la gema entre el peso de un volumen igual de agua. El peso de la gema es fácil determinarlo, sin embargo, obtener el peso de un volumen equivalente de agua es menos sencillo, para conseguirlo se usa el principio que todo cuerpo sumergido en el agua, recibe un empuje hacia arriba y pesa menos que si estuviera en el aire, la pérdida de peso es igual al peso del agua desplazada; expresado en una relación matemática:

$$\text{El Pe} = \frac{\text{Peso en el aire...}}{\text{Pérdida de peso en agua}}$$

Pérdida de peso en agua = Peso en aire - Peso en agua (peso de volumen de agua desplazado)

Así, si una gema pesa en el aire = 9, y en el agua = 6,05, el peso de volumen de agua desplazada será de = 2,95.

El peso específico será igual a 3,05

$$\text{El Pe} = \frac{9}{9-6,05} = \frac{9}{2,95} = 3,05$$

Otro método empleado para determinar el peso específico de un mineral es el de los líquidos pesados, cuando un cuerpo se sumerge en un líquido, se hunde, si su densidad es superior; flota cuando es inferior y esta en equilibrio si su densidad es igual a la del líquido.

Existen en el mercado, líquidos de densidades relativamente altas, que pueden ser empleados para determinar el peso específico de las gemas, dos de ellos son: el bromoformo, con un peso específico de 2,89 y el ioduro de metileno con peso específico de 3.33. Los dos líquidos son miscibles con tolueno, peso específico 0,865 y acetona de peso específico de 0,792, mediante dilución con ellos se puede obtener todo peso específico por debajo de 3,33.

Los líquidos pesados se pueden usar de dos formas:

1. La gema se coloca en un líquido de densidad superior, por lo que quedará flotando, puede irse agregando el líquido diluyente, hasta que la gema quede suspendida, para conocer el peso específico del mineral que en este caso es igual al del líquido usado, es necesario determinar el peso específico del líquido, se puede obtener con indicadores de peso específico que llevan grabada la densidad de ellos, por lo tanto al ser colocados dentro de la solución se hundirán, flotarán o quedarán suspendidos, permitiendo conocer el peso específico del líquido y el de la gema, que será igual al impreso en el indicador, éste método es poco práctico y costoso.

2. Preparando diluciones patrones de los líquidos pesados, los cuales permanecen inalterados durante largo tiempo, dejando en cada uno de ellos un trozo de mineral muestra, así en un líquido de densidad 2,65 se dejará un fragmento de cuarzo el cual flotará, en uno de 2,71 se dejará un trozo de calcita y así sucesivamente.

Cuando se trabaja con los líquidos pesados debe evitarse la contaminación de ellos, se requiere de lavar las pinzas y la gema antes de pasar de un líquido a otro. Cuando no se usen deben ser guardados bien cerrados y en lugar oscuro. Al manipularlos se debe tener gran cuidado, ya que algunos de ellos son tóxicos y corrosivos.

Las soluciones de líquidos pesados más usados son:

	Peso Esp.	Indicador
Solución saturada de sal	1,15	
Bromoformo diluido	2,65	Cuarzo
Bromoformo puro	2,88	
Yoduro de metileno diluido	3,06	Turmalina verde
Yoduro de metileno puro	3,33	
Solución clerici diluida	3,52	Diamante
Solución clerici diluida	4,00	Corindón

Los líquidos pesados no deben ser empleados con materiales de tipo poroso, como la turquesa.

8. Otras propiedades físicas y químicas del diamante

a. Combustión:

La combustión en el aire ocurre a temperaturas cercanas a los 850 grados centígrados, cesa al alejarse el calor. En presencia del oxígeno puede quemarse totalmente, aún después de haberse retirado la fuente de calor, el proceso tiene lugar entre los 800 y 820 grados centígrados. El diamante se calienta en ausencia de oxígeno, y en el vacío a temperaturas muy altas cercanas a los 2000 grados centígrados, se vuelve incandescente y se convierte en grafito.

Al elaborarse o repararse joyas con diamantes se debe recordar el efecto que el calor puede producir en los diamantes:

1. **Daño superficial del diamante**
2. **Desarrollo de fracturas o exfoliaciones ya presentes**

1. Cuando un diamante se caliente en exceso con un mechero de joyero, puede ser afectado superficialmente, tornándose opaco y de color plomizo, sin embargo, el daño puede corregirse puliendo nuevamente la gema sin mayor pérdida de peso. Para evitar este tipo de problema es conveniente, si el valor de la joya lo amerita, desengastar la gema, en el caso de una reparación y en la elaboración, los diamantes se deben engastar en la joya terminada. En las reparaciones donde el costo no amerita el trabajo de desengastar los diamantes, deben recubrirse con una capa de bórax en polvo y agua, al secarse esta pasta impedirá que el oxígeno del aire este en contacto con los diamantes, de esta manera las joyas podrán resistir mayores temperaturas sin riesgo de dañar las gemas.

2. Cambios abruptos de temperatura, enfriamiento o calentamiento muy rápido, pueden propiciar el desarrollo de fracturas o exfoliaciones ya presentes, o aumentar el número de ellas a causa de la expansión desigual de los minerales incluidos. El diamante tiene muy poco cambio de volumen con el aumento de temperatura por lo que los cambios bruscos de ésta le afectan menos que a otros tipos de piedras preciosas, sin embargo deben evitarse los riesgos.

b. Expansión térmica:

En el diamante es extremadamente baja, a 39 grados centígrados es casi nula.

c. Conductividad térmica

Superior a la de cualquier material conocido.

d Compresibilidad

De todos los materiales conocidos es el menos comprimible.

Otras Características de los diamantes es su poca afinidad por el agua y su gran afinidad por la grasa, ésta última tuvo gran importancia y aplicación en las plantas de procesamiento de la tierra azul y recolección de diamantes, su descubrimiento se le atribuye a Fred Kirsten y a Labran en el año de 1897. Los comerciantes de diamantes, y en especial los joyeros, deben tenerla presente cuando la grasa se adhiere al pabellón del diamante, la gema pierde brillo y belleza, los clientes deben estar al corriente de ello.

9. Clasificación de los diamantes en tipos I y II

En el año de 1934, los físicos R. Roberstson, I. J. Fox y A. E. Martín, observaron que los diamantes presentaban marcadas diferencias en su transparencia a la luz ultravioleta y en sus espectros de absorción de los rayos infrarrojos. En base a estas diferencias los diamantes fueron clasificados en dos categorías denominadas tipo I y tipo II. Los del tipo I muestran continua absorción de luz ultravioleta de longitudes de onda más cortas de 3300 A (diezmillonésima parte de un milímetro), presentan una banda de absorción en el infrarrojo a los 7800 A.

Los del tipo II, no absorbían la luz ultravioleta sino cerca de los 2250 A, no presentan bandas de absorción en el infrarrojo, estos son bastante raros, es decir, escasos.

En 1952 el Dr. J. F. H. Custers propuso la división de los diamantes del tipo II en IIa y IIb basados en diferencias de luminiscencia y fotoconductividad, otra característica de los diamantes IIb es que son semiconductores de electricidad debido a la presencia del elemento boro y la ausencia del nitrógeno, las uniones que faltan en la red permiten el paso de los electrones.

El tipo IIb incluye todos los diamantes de color azul natural, inclusive el célebre diamante Hope. Representan una proporción muy pequeña del tipo II.

Los diamantes del tipo II son esencialmente carbono, no presentan átomos de otros elementos químicos en su red, cristalográficamente representan el tipo ideal de cristal, por lo general los diamantes de gran tamaño pertenecen a este tipo.

Los del tipo I son los menos puros en cuanto a la presencia de átomos diferentes al carbono en su estructura cristalina, son los que contienen nitrógeno en su estructura, en los tipos II el contenido de nitrógeno es casi nulo.

El nitrógeno es el elemento químico que al hallarse dentro de la estructura cristalina del diamante, determina la clasificación de éstos en los dos tipos conocidos.

La valencia del nitrógeno es 5, mientras que la del carbono es 4, su presencia liberaría electrones y haría al diamante conductor de electricidad, sin embargo, como todos los diamantes contienen algunos átomos de aluminio, cuya valencia es 3, éstos recogen los electrones libres, impidiendo el paso de la electricidad.

El nitrógeno y el aluminio en la red cristalina del diamante son los responsables de muchas de sus propiedades ópticas. Si la concentración de nitrógeno es muy baja, ellos se hallan dispersos en la red, el diamante absorbe luz en la región del azul, lo que hace que el color de la gema se perciba como amarillento, mayores concentraciones de nitrógeno disperso producen un tono verde.

Cuando la concentración de nitrógeno aumenta, los átomos de éste elemento se concentran en pequeñas placas, el efecto que producen sobre la luz es diferente, en lugar de absorber las longitudes de ondas de la zona azul visible, se desplazan a la zona ultravioleta, la luz visible queda inalterada, dando un color base incoloro, inclusive hasta los grados de colores óptimos, según la absorción de cada gema.

De acuerdo a la distribución de los átomos de nitrógeno bien en placas o dispersos, los diamantes tipo I se subclasifican en Ia y Ib.

Sumario de los tipos de diamantes

Tipo Ia: La red cristalina contiene nitrógeno, en cantidades considerables, las cuales posiblemente se concentran en placas dentro de la estructura cristalina. Constituyen la mayor parte de los diamantes naturales.

Tipo Ib: Contienen nitrógeno disperso en toda la red cristalina.

Tipo IIa: El contenido de nitrógeno en la red es casi nulo, son escasos y poseen propiedades ópticas y térmicas elevadas.

Tipo IIb: Se cree que contienen boro en la red cristalina, representan una porción muy pequeña del tipo II, son semi-conductores de electricidad y generalmente son de matiz azul.

Conductividad térmica

Es la habilidad de una sustancia para conducir calor. El diamante posee una elevada conductividad térmica superior a la de cualquier otro material conocido, a temperatura ambiente los diamantes del tipo I son dos veces mejores conductores del calor que el cobre y los del tipo IIa, 6 veces.

Los diamantes IIb además de ser semi-conductores de alta conductividad térmica, son muy sensitivos a los cambios de temperatura, por lo que se usan como sensores de temperatura.

21
EL DIAMANTE Y LA LUZ

1. Introducción

De todas las propiedades que caracterizan cada tipo de gema, son las que dependen de la luz, las que revisten la mayor importancia, por ser las responsables de la belleza que despliegan las piedras preciosas.

Comprenden los fenómenos ópticos que podemos apreciar, cuando la luz se refleja en la superficie de la gema y aquellos menos perceptibles que dependen del efecto que produce la estructura cristalina al transmitir la luz.

La belleza del diamante estriba en la relación que forman entre sí el complejo y misterioso mundo de los cristales y el fenómeno físico, más fascinante, la luz; sin embargo, para lograr el mejor efecto de ésta singular alianza, las proporciones de talla deben ser las indicadas o establecidas en los modelos "patrones" de acuerdo al estilo escogido. Con ellas se obtienen las superficies apropiadas en las diferentes facetas, para lograr los mejores ángulos de incidencia, que van a permitir el juego continuo de la reflexión total dentro del diamante, el escape de luz planificada a través de la corona de la gema, logrando un brillo óptimo en ella, conjuntamente con haces de luz dispersa y destellos de luz blanca, proveniente de las diferentes facetas.

2. La luz.

Para poder explicar los fenómenos de la luz, los científicos debieron desarrollar la teoría cuántica del campo electromagnético, la cual considera la luz compuesta de fotones (fotón: o cuanto de luz, es la partícula elemental de energía luminosa), partículas que presentan características de onda al igual que de corpúsculos, es decir, abarca la teoría corpuscular o cuántica y la teoría ondulatoria.

La teoría corpuscular considera la luz como granos discontinuos de energía, llamados fotones o cuantos, los rayos de luz se propagan en línea recta (a la velocidad de 300.000 Kilómetros por segundo).

La teoría ondulatoria considera la luz como ondas electromagnéticas, que transmiten la energía oscilando en una propagación longitudinal o vibrando en ángulos rectos a la dirección de propagación del rayo, es decir, en movimiento de onda sinusoidales las cuales se producen al vibrar las partículas verticalmente sobre la posición de equilibrio y por su desplazamiento en forma longitudinal. Si se observa la Figura 1, una partícula situada en el origen E, oscilaría en dirección a - b y se desplazaría en dirección R.

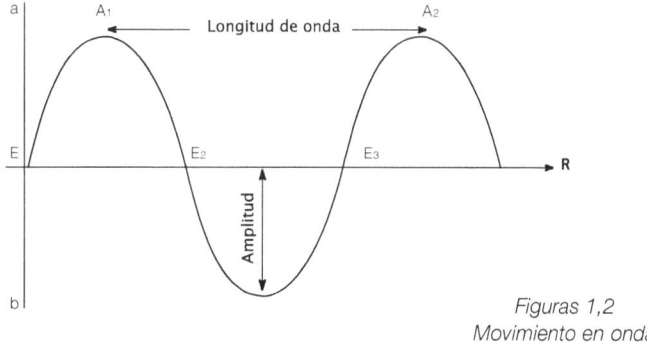

Figuras 1,2
Movimiento en onda

Para describir una onda sinusoidal se requiere de los siguientes términos:
a. **Amplitud**
b. **Período**
c. **Frecuencia**
d. **Longitud de onda**

a. **Amplitud:** Es la altura máxima que puede alcanzar una partícula, es decir, la distancia recorrida desde el punto de reposo al punto extremo de su vibración.

b. **Período** (T): Tiempo que toma una partícula en recorrer una vibración completa, en la figura 1, el tiempo empleado por la partícula para pasar de la posición E_1 a la posición E_3. Expresado matemáticamente

$$T = \frac{1}{\gamma}$$

c. **Frecuencia:** γ Es el número de vibraciones por unidad de tiempo, matemáticamente se puede decir que $\gamma = \dfrac{1}{\tau}$

d. **Longitud de Onda:** Es la distancia entre posiciones correspondientes en la onda, figura 1, la distancia Al - A2; es la distancia entre crestas sucesivas esta distancia se expresa en angstroms (A): 1 A $=1/10^7$ mm.

En la luz natural las oscilaciones de las partículas tienen lugar en todas las direcciones perpendiculares al rayo de propagación, sin embargo, mediante polarizadores como un prisma de Nicol puede ser polarizada, para que las vibraciones ocurran en un sólo plano, este tipo de luz es muy útil en análisis de identificación de gemas (Figura 2).

La luz visible, bien sea emitida por el sol u otras fuentes de energía radiante, constituyen solamente una pequeña fracción del espectro electromagnético formado por radiaciones visibles de distintos colores, o diferentes longitudes de ondas, que van desde los 7000 A (la roja) las más largas, hasta las 4000 A (violeta) la más corta. La porción restante del espectro esta formado por longitudes de ondas mucho más largas o extremadamente más cortas, todas ellas invisibles para el ojo humano.

Todo el espectro electromagnético que abarca desde las ondas de radio hasta los rayos cósmicos, presenta dos propiedades en común.

1) Viajan en el aire a una misma velocidad 300.000 Kilómetros por segundo
2) Viajan en forma de onda, (figura 3).

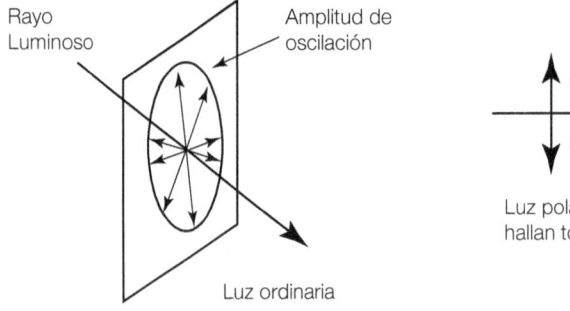
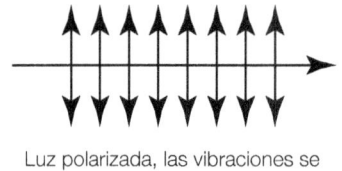

Luz polarizada, las vibraciones se hallan todas sobre el mismo plano

Figura 2

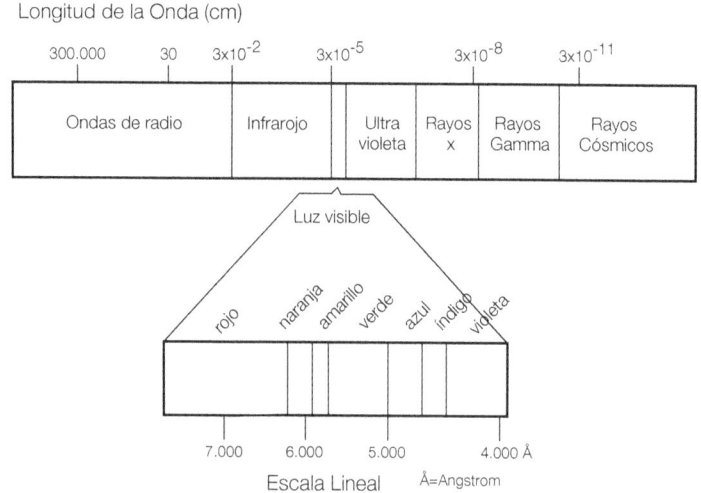

Figura 3
Espectro Elestromagnético

Velocidad de la luz

La velocidad se define como la relación que existe entre el espacio recorrido por un móvil y el tiempo requerido para recorrerlo, matemáticamente se expresa como:

$$V = \frac{e}{t}$$

al aplicar esta ecuación a la luz se tiene que

$$C = \frac{\lambda}{T}$$

C = Velocidad de la luz;

λ = Longitud de onda;

T = Período

como el período es el inverso de la frecuencia, sustituyendo en la ecuación inicial la velocidad de la luz (C), será igual a:

$$C = \frac{\lambda}{1/\gamma} \quad \text{por lo tanto} \quad C = \lambda\gamma$$

Como la frecuencia de una determinada radiación es constante, la velocidad de la luz variará según la longitud de onda, por lo tanto, luces de distinto color (monocromático), se transmitirán con distinta velocidad en un mismo medio.

La velocidad de la luz en el vacío o en el aire es constante viaja a 300.000 Kilómetros por segundo; la luz visible o luz blanca esta compuesta por radiaciones de diferentes longitudes de onda, cada una de ellas tiene un color característico y van desde el rojo pasando en forma continua a través del naranja, amarillo, verde, azul hasta llegar al violeta, de lo expuesto comprendemos que la longitud de onda define el color de la luz y cada una de ellas constituyen la luz monocromática(de un sólo color), si la luz blanca atraviesa sustancias de densidad óptica superior a la del aire ejemplo, el diamante u otra piedra preciosa, la luz se descompondrá en las diferentes longitudes de ondas que la forman, las distintas radiaciones viajarán a velocidades diferentes, de acuerdo a la longitud de onda que les caracterice; algunas de éstas longitudes de ondas, pueden ser absorbidas por la gema u objeto, dando origen al color de la piedra preciosa. El color en sí es la interrelación existente entre la luz, los objetos y nuestros ojos, el tipo de longitudes de ondas absorbidas depende del material, de la estructura cristalina (en el caso de las gemas), del tipo de átomos que lo forman, de la distribución de ellos y del tipo de enlace que una los átomos entre si, si no ocurre absorción alguna de luz, ni de la reflejada ni de la refractada, la gema se percibirá incolora.

3. Comportamiento de la luz al cambiar el medio

a. Reflexión

Cuando un rayo de luz blanca incide sobre la superficie de separación de dos medios ópticamente diferentes, si la superficie es reflexiva, como lo son las facetas de un diamante, una parte de la luz penetrará la gema y otra parte será reflejada (Figura 4), ambas porciones se comportarán de acuerdo a leyes ópticas definidas. La que concierne a la luz reflejada expresa que el ángulo de incidencia y el ángulo de reflexión son iguales, se hallan en el mismo plano y se miden respecto a la normal. La normal es un término usado en geometría, significa perpendicular; en lo que concierne al estudio de la luz, es una línea imaginaria trazada perpendicular a la superficie de un medio ópticamente denso, se puede trazar en cualquier punto de la superficie.

b. **Refracción**

Se puede definir como un cambio de la dirección original del rayo de luz incidente, cuando entra en contacto con la superficie de dos sustancias de distinta densidad óptica, ejemplo, aire y diamante, aire y agua. La figura 4 muestra como el rayo refractado, no sigue en una dirección paralela a la del rayo incidente original, sino que se desvía acercándose a la normal. Debido a ésta propiedad de la luz es que las inclusiones de un diamante se ven en posiciones diferentes a las que realmente tienen dentro de la gema, hay ocasiones en que una misma inclusión puede ser observada en distintas posiciones, como si se tratase de varias inclusiones. La cantidad de luz refractada depende de las diferencias de densidad óptica entre los medios, ejemplo, aire y diamante y de la oblicuidad del rayo incidente. Entre mayor sea la diferencia de densidad de los medios y la oblicuidad del rayo, mayor será la refracción.

La luz que se refracta dentro del diamante, es la que tiene mayor consideración cuando se escogen las proporciones de los diferentes estilos de talla.

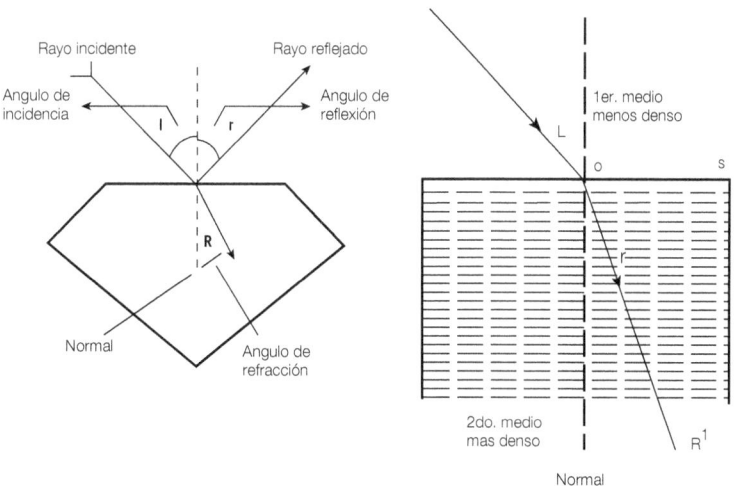

Figura 4
Comportamiento de la luz al incidir sobre la superficie de un diamante o sobre superficies de densidades ópticas diferentes

Para entender el fenómeno de la refracción y por qué ocurre, se debe considerar la luz no como una partícula individual viajando en forma de onda, si no como un número infinito de ellas, todas viajando como ondas y que al combinarse forman un rayo de luz con determinada anchura, similar a grandes olas de agua, desplazándose hacia una orilla. Las líneas largas se llaman frente de onda, la dirección de propagación es perpendicular (en ángulos rectos) al frente de onda del rayo, es decir, tienen propagación longitudinal y vibración transversal (figura 5.)

Como la velocidad de la luz depende del medio en que esté viajando, al

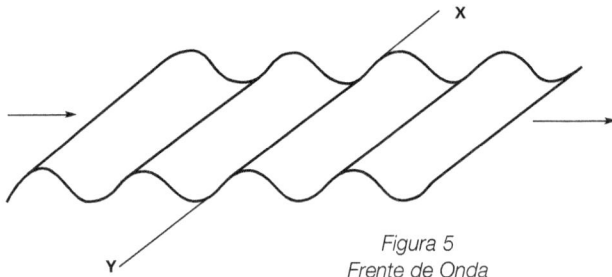

Figura 5
Frente de Onda

pasar del aire al interior de la gema, la velocidad, debido a la mayor densidad óptica del diamante se reduce notablemente, es esta disminución de la velocidad la que produce la refracción.

Si un haz de rayos de luz viaja en línea paralela y produce un frente de ondas perpendicular a la dirección de transmisión (Figura 6), e inciden perpendicularmente sobre la superficie de una placa de vidrio de láminas paralelas, al penetrar en la placa la velocidad se reducirá, como la frecuencia es constante lo que cambiará será la longitud de onda del rayo, acercando el haz frontal de luz en el interior del vidrio, al salir de él, adquirirá la velocidad inicial.

Cuando el rayo penetra la superficie del vidrio en un ángulo diferente a 90 grados (Figura 7) siguiendo las ondas, su dirección de transmisión, al penetrar el haz frontal en el vidrio, disminuirá la velocidad, pero como todas no pasan simultáneamente, aquellas que se encuentran en el aire tendrán la velocidad original, al penetrar todas, la dirección ha cambiado y, como la

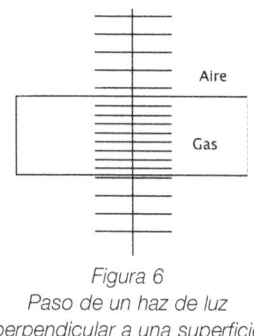

Figura 6
Paso de un haz de luz perpendicular a una superficie

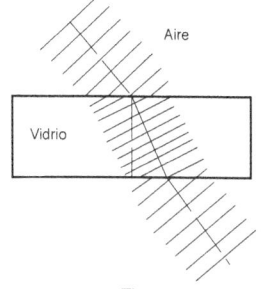

Figura 7
Angulo de incidencia a la superficie de una placa de vidrio con lados paralelos

dirección en que viaja el rayo luz es siempre perpendicular al haz frontal, el rayo de luz dentro del vidrio tendrá una dirección diferente a la original, y dependerá de la diferencia de la velocidad de la luz en los dos medios: aire - vidrio, tomando en consideración el comportamiento del rayo de luz en éste caso, se podría definir la refracción, como el cambio de dirección que tiene el rayo incidente cuando atraviesa una superficie de diferente densidad óptica a la original, a ángulos distintos de 90 grados, la Figura 7 ilustra ésta situación.

Como la refracción se describe en relación a la desviación del rayo luminoso con respecto a la normal, de acuerdo al medio óptico que atraviese, y el medio original, el comportamiento del rayo luminoso que sale del vidrio a un medio menos denso a ángulos oblicuos puede explicarse de manera similar, sólo varía en que el rayo de luz que sale de un medio ópticamente más denso a uno de menor densidad, se aleja de la normal.

Cuando el objeto atravesado por el rayo de luz no presenta lados paralelos, la dirección de la luz al salir de él no será paralela a la que tenía al entrar, como ocurre con aquellos objetos que tienen lados paralelos, éste es el efecto que se produce cuando un rayo de luz atraviesa un prisma (Fig.8).

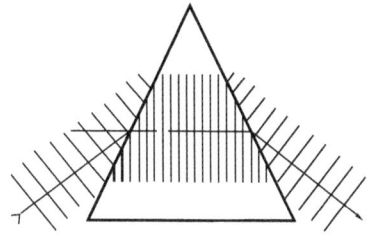

Figura 8
paso de una rayo luminoso a traves de un prisma

Resumen del fenómeno de refracción

1. Es el cambio de la dirección original del rayo de incidencia al penetrar el interior de una gema.
2. La refracción depende de la oblicuidad del rayo incidente sobre la superficie.
3. La refracción depende de la diferencia de las densidades ópticas de los dos medios.
4. El rayo refractado en un medio ópticamente más denso se acerca a la normal, ejemplo, del aire al diamante.
5. El rayo refractado en un medio ópticamente menos denso se aleja de la normal, ejemplo, del diamante al aire.

c. **Índice de refracción**

Es la habilidad que tiene una gema de desviar la dirección original del rayo de luz que la atraviesa, es decir, de refractar el rayo de luz, es una constante para cada tipo de piedra preciosa. La velocidad de la luz en el aire es de 300.000 Kilómetros por segundo y disminuye cuando viaja en otros medios de mayor densidad óptica, por lo que el índice de refracción se puede expresar en términos de los ángulos de incidencia y refracción y, también en términos de la velocidad de la luz en el aire y la velocidad de ésta al transmitirse en otro medio más denso.

La relación matemática en términos de los ángulos de incidencia y refracción es:

$$IR = \frac{Sen\ i}{Sen\ r}$$

IR: Es el Índice de refracción (IR)
i : Angulo de incidencia
r : Angulo de refracción

Los rayos de incidencia pueden tocar la superficie de la gema a diferentes ángulos, pero la relación de los senos del ángulo de incidencia y refracción es una constante.

El índice de refracción expresado en término de la velocidad de la luz, en dos medios ópticamente diferentes es:

$$IR = \frac{Velocidad\ de\ la\ luz\ en\ el\ aire}{Velocidad\ de\ la\ luz\ en\ el\ medio\ denso}$$

El índice de refracción en el diamante es de 2,417, con luz de sodio.

Un índice de refracción de 2,417 indica que la luz viaja en el aire con una velocidad 2,42 veces más rápido de la que viaja en el diamante. El índice de refracción expresa la densidad óptica del medio, por lo tanto, entre mayor sea esta constante, mayor será la desviación de la dirección del rayo original.

Cuando la luz pasa de un medio menos denso a otro de mayor densidad óptica (aire - diamante), tendrá un ángulo de incidencia superior al ángulo de refracción (el rayo de luz se acerca a lo normal).Si la luz se refracta del diamante hacia el aire, éste rayo se aleja de la normal.

Todas las gemas son ópticamente más densas que el aire, por lo tanto, el índice de refracción de ellas será siempre mayor a la unidad, para determinar los valores del índice de refracción se utiliza luz monocromática de sodio con longitud de onda de 5.893 A., radiaciones de otros colores tienen diferentes longitudes de onda, lo que cambiaría la velocidad de la luz dentro de la gema y, por consiguiente, el índice de refracción, el cual variará según el tipo de radiación.

d. **Gemas monorrefringentes y birrefringentes.**

De acuerdo a la forma como un material transparente afecte la luz que penetra en él, se les puede dividir en sustancias isotrópicas y anisotrópicas. Los isotrópicos son aquellos donde la luz se mueve en todas las direcciones con igual velocidad, entre los isotrópicos se encuentran el diamante y todas las otras piedras preciosas que cristalizan en el sistema cúbico, al igual que las sustancias amorfas. Se caracterizan por tener un único índice de refrac-

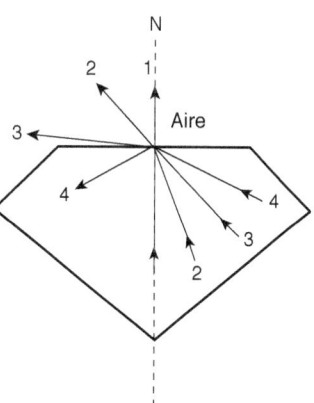

Figura 9
Comportamiento de un rayo de luz cuando pasa de un medio opticamente mas denso a otro de menor densidad optica

ción; en ellos un rayo incidente produce un sólo rayo refractado, se debe a que la luz viaja dentro de ellos a igual velocidad en todas las direcciones del cristal. El efecto de refracción simple se le denomina monorrefringencia y las gemas que lo presentan se les da el nombre de monorrefringentes.

Los anisotrópicos son aquellas sustancias en las cuales la velocidad de la luz varía según el eje cristalográfico originando varios índices de refracción con excepción de algunas direcciones cristalográficas. Comprenden todas las gemas que cristalizan en sistemas diferentes al cúbico, la luz que atraviesa este tipo de cristales se divide en dos rayos polarizados, perpendiculares entre sí, los cuales viajan a velocidades diferentes, esta propiedad se denomina doble refracción y las gemas se les llama birrefringentes.

Esta propiedad puede ser observada cuando se mira una figura a través de ellos, se verán dos imágenes, el espato de Islandia (calcita) es un mineral que permite observar ésta propiedad con facilidad. La Figura 10 muestra el comportamiento de la luz en gemas birrefringentes.

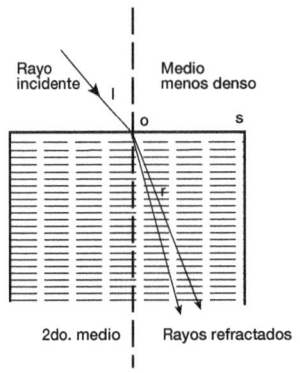

Figura 10
Comportamiento de la luz
en gemas BirrefrigentesDoble

Figura 11
Refracción en la Calcita

4. Comportamiento de un rayo de luz que incide sobre la superficie de un diamante

Cuando un rayo de luz incide sobre una superficie de densidad óptica superior a la del aire, una porción de él será reflejado y otra porción será refractado dentro de la gema. La cantidad de luz reflejada y por consiguiente, la refractada, va a depender del índice de refracción de la superficie que toca. Gemas de estructura cristalina compacta como el diamante, y por lo tanto ópticamente densas exhiben superficies mayores de reflexión; el ángulo de incidencia también determina la cantidad de luz reflejada al igual que la refractada, si el rayo de luz incide sobre la superficie a un ángulo muy oblicuo, la mayor parte de la luz será reflejada, si por el contrario, el rayo incide casi perpendicular a la superficie la porción de luz refractada será mucho mayor que la reflejada (ver Figura 12 y 13).

La característica de la superficie, también tiene efecto sobre la cantidad de luz que se refleje o refracte de dicha superficie. Una superficie plana, lisa de pulido perfecto reflejará mejor la luz.

5. Ángulo crítico

Se puede definir como el mayor ángulo que un rayo incidente puede formar al pasar de un medio más denso a uno menos denso, se mide desde la normal hasta la superficie que toca, ejemplo, el mayor ángulo que forma el rayo de luz y la normal cuando dicho rayo sale del diamante hacia el aire; cuando el ángulo de incidencia es superior al ángulo crítico, el rayo de luz no sale de la gema, es decir, no se refracta sino que se refleja totalmente dentro del cristal. Los diamantes son tallados de manera tal que la luz que penetre en ellos a través de las facetas de la corona incida en ángulos mayores al ángulo crítico para lograr una reflexión interna total y que salga de las facetas del pabellón hacia la corona, formando ángulos iguales o menores al ángulo crítico, de esta manera se planifica el escape de luz de la gema logrando así un brillo óptimo en el diamante.

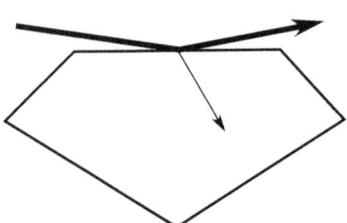

Figura 12
El rayo de luz incide formando un ángulo muy oblicuo, la luz reflejada es mucho mayor que la refractada

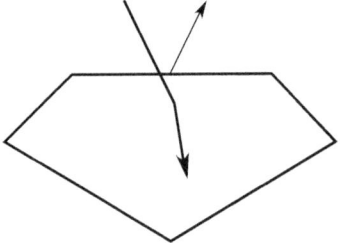

Figura 13
El rayo incidente es casi perpendicular, la luz refractada será mucho mayor que la reflejada

El ángulo crítico esta relacionado directamente con el índice de refracción de la sustancia y es una característica constante para cada especie de gema.

Existe una relación entre el ángulo de incidencia y el ángulo de refracción que forma el rayo al penetrar en el diamante.

Cuando la luz penetra perpendicularmente en un diamante no hay cambio de dirección en ella, ya que esta viajando paralela a la normal, para que halla refracción, el rayo de luz debe incidir en direcciones que formen ángulos con la normal y la superficie que toca, cuando así ocurre el rayo de luz que penetra en la gema se refracta, es decir, cambia de dirección y se acerca a la normal, éste ángulo formado por la normal, la superficie dentro de la gema y el rayo de luz se denomina ángulo de refracción. A medida que el ángulo de incidencia aumenta, también aumenta el de refracción, aquel rayo que escasamente toque la superficie externa originará el mayor ángulo de refracción que se puede formar dentro del diamante o cualquiera otra gema, por lo tanto, todo rayo de luz que incida sobre un material transparente sin importar el valor del ángulo de incidencia al entrar en el material estará confinado a éste ángulo, recibe el nombre de ángulo crítico. Entre mayor sea el índice de refracción de una sustancia, mayor será la desviación de la luz al penetrar en el material, es decir, se acercará más a la normal y por lo tanto tendrá un ángulo crítico muy pequeño. El rayo refractado continuará su viaje dentro del diamante (o cualquier otro material) hasta tocar una nueva superficie y podrá refractarse fuera de la gema o reflejarse totalmente dentro de ella, dependiendo del ángulo de incidencia; si es menor o igual al ángulo crítico se refractará y si es mayor se reflejará, continuará así sucesivamente, hasta que pueda salir del cristal. Cuando un diamante tiene las proporciones de talla indicadas en los patrones de talla moderna permitirá que la luz refractada de las facetas de la corona se refleje totalmente en las facetas del pabellón y finalmente se refracte o escape a través de la corona, proporcionando así un brillo máximo en el diamante (ver Figura 14).

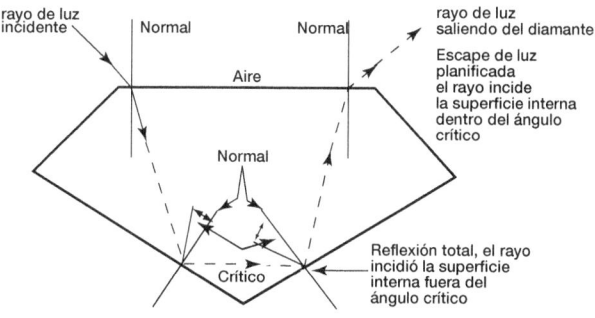

Figura 14
Escape de luz planificada para obtener un brillo óptimo

El ángulo crítico del diamante tiene un valor aproximado de 24,5°.

El comportamiento de los rayos de luz al salir del diamante hacia el aire es similar al que tienen cuando penetran en la gema, difiere en que los rayos refractados al exterior se alejan de la normal, se debe recordar que el ángulo de incidencia siempre es igual al de reflexión, sin importar el medio óptico, y que los rayos que salen de la gema en dirección paralela a la normal, no cambian de dirección.

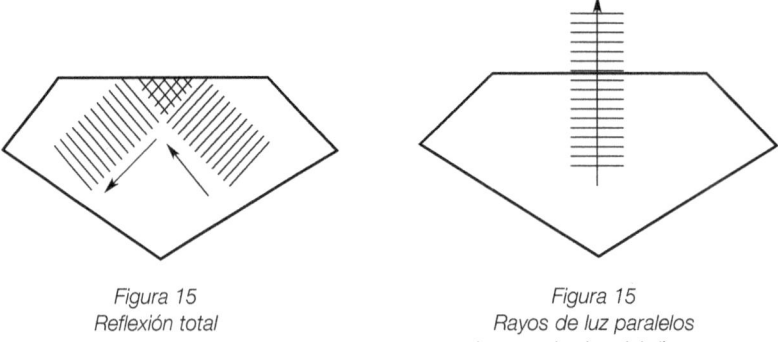

Figura 15
Reflexión total

Figura 15
Rayos de luz paralelos
a la normal salen del diamante
sin variar la dirección

El comportamiento de la luz se explicó considerando el objeto en un sólo plano, sin embargo, como las gemas son tridimensionales se debe considerar a la luz incidiendo sobre un punto de la superficie en todas las direcciones, por lo tanto el ángulo crítico no queda reducido a un punto sino a una área cónica, dentro del material y toda la luz que penetre en un punto dado, estará confinado a éste cono llamado "cono crítico", la luz que incida dentro del diamante fuera de éste cono, tendrá un ángulo de incidencia superior al ángulo crítico por lo que será totalmente reflejada dentro del cristal. Lo mismo sucede con la luz que penetra del exterior, será refractada a un ángulo dentro del cono, los rayos que incidan perpendiculares a la superficie pasarán por el centro del cono (Figura 17).

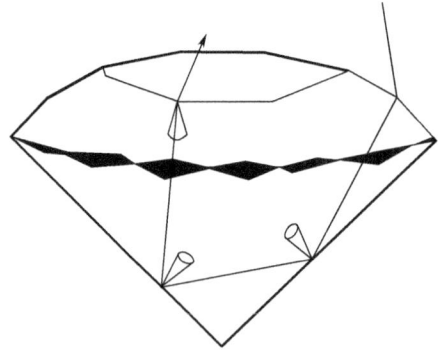

Figura 17
Comportamiento de la luz en una gema "Cono Crítico"

6. Talla y relación de ella con el escape de luz planificada en un diamante.

El objetivo de la talla de las piedras preciosas es destacar la belleza de ellas, por lo tanto, la posición, ángulos y tamaño de las diferentes facetas de la corona y el pabellón se hacen de manera que permitan aprovechar al máximo la reflexión interna de las facetas del pabellón y el escape de luz a través de la corona, logrando un brillo máximo en la gema. A medida que aumenta el ángulo crítico de una piedra preciosa, mayor es la dificultad para tallarla, ya que no puede planificarse el escape de luz a través de la corona, la luz se sale a través del pabellón, por lo que se pierde gran parte del brillo.

Efecto de la gema y el sucio adherido al pabellón de un diamante

Cuando un diamante tiene el pabellón recubierto de grasa y sucio cambiará el comportamiento de la luz que incida sobre él, variará el ángulo crítico (la porción cubierta) y como consecuencia también afectará la reflexión total interna y el escape de luz planificada a través de la corona, es de esperar ya que la refracción dentro y fuera del diamante (o de cualquier otra gema) depende del índice de refracción constante que resulta de la relación que existe entre la velocidad de la luz en los dos medios, como la grasa es ópticamente más densa que el aire, la relación de las dos velocidades cambiará, el ángulo crítico del área cubierta aumentará de valor, por lo que gran parte de la luz que normalmente era reflejada, totalmente de las facetas del pabellón, se escaparán a través de ellas, perdiéndose gran parte del brillo del diamante.

7. Transparencia

Se puede definir como la facilidad con que la luz se transmite o pasa a través de una piedra preciosa, si no en toda ella, al menos por los extremos o bordes delgados. La cantidad de luz transmitida depende de la cantidad reflejada por la superficie o absorbida en sí por ella; influye la estructura cristalina, las inclusiones, el color, el grosor del material. Para denotar el grado de transmisión de la luz en una gema se usan los siguientes términos:

- Transparente: Cuando se puede observar a través de ella claramente un objeto, (los diamantes de calidad óptima son transparentes).
- Semitransparente: No se distinguen bien los perfiles del objeto, se observan borrosos.
- Translúcido: Hay transmisión de luz, pero no se distinguen los objetos a través, como ejemplo tenemos el ópalo.
- Semitranslúcida: La luz pasa sólo a través de los bordes delgados, ejemplo la turquesa.
- Opacos: No hay transmisión de luz ni siquiera a través de los bordes delgados, ejemplo minerales de brillo metálico como la hematita.

8. Dispersión

Se puede definir como la separación de la luz blanca o visible en los diferentes colores o longitudes de ondas que lo forman. Cuando se pasa la luz blanca a través de un prisma y se dispone de una pantalla, se pueden observar los diferentes colores que componen la luz, los cuales pasan en forma continua del rojo al violeta. (Ver figura).

Fuego

Es el haz de diferentes colores espectrales que a veces se observa en el diamante u otras piedras preciosas, debido a la dispersión de la luz. Las distintas radiaciones que componen la luz blanca (no dispersa) viajan en el aire a la misma velocidad, sin embargo, en un medio ópticamente denso se separan, cada radiación tiene la longitud de onda que le caracteriza, y por lo tanto, una velocidad acorde a ella, por lo que el índice de refracción de una sustancia es diferente para cada color, como la refracción del rayo incidente depende del cambio de la velocidad de la luz cuando pasa de un medio a otro, cada color tendrá una refracción diferente.

La medida de dispersión de una sustancia viene dada por la diferencia de la velocidad que exista entre la luz roja y la violeta. Se puede expresar en términos de la diferencia del índice de refracción de la radiación roja y la violeta de la luz blanca dispersa. La dispersión del diamante es de 0,044.

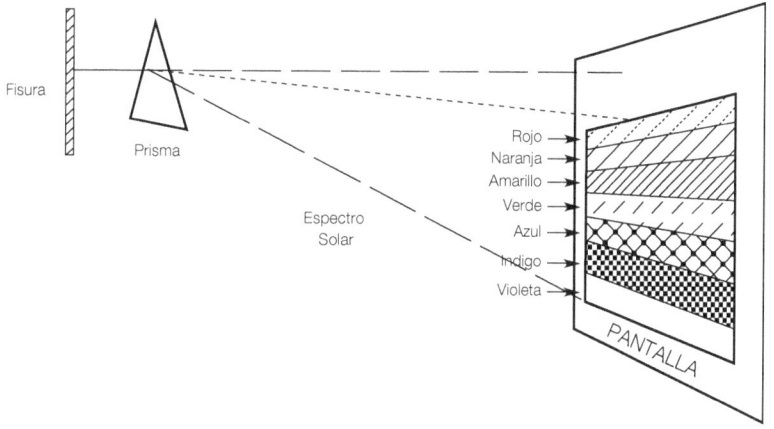

Figura 19
Dispersión de la luz blanca

Cuando se talla un diamante, se busca que los rayos de luz que escapan por la corona, incidan en las facetas cerca del ángulo crítico, dentro del cono para lograr una buena dispersión del rayo.

El tamaño de las facetas de la corona también tiene importancia, en la luz dispersa que exhiba la gema. Si la mesa es muy grande y la corona es chata, la luz proveniente del pabellón incide sobre la mesa casi perpendicular, la luz no se dispersa. Si la mesa es muy pequeña y la corona muy alta, como ocurre con los diamantes de talla brillante antigua, vieja "mina" o talla antigua europea, el rayo de luz tiene gran dispersión; el equilibrio ideal de brillo y luz dispersa se logra con las proporciones usadas en los patrones de talla de hoy, donde la luz es refractada a través de las facetas de la corona, en los límites del ángulo crítico (Figura 18).

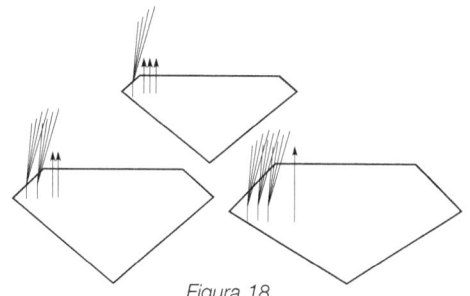

Figura 18
Talla con las proporciones de los patrones de talla de hoy

9. Brillo

En un sentido amplio se puede definir como la apariencia de una superficie cuando la luz se refleja sobre ella, por lo tanto, también se puede observar en los materiales opacos. Cuando la luz incide sobre un diamante, o cualquier material ópticamente más denso que el aire, una porción del rayo se refleja sobre la superficie y otra porción penetra en la gema y se refracta. El porcentaje de luz reflejada sobre la superficie depende del índice de refracción, de lo plana y pulida que sea la superficie, entre menos pulida se halle una superficie, más difusa será la luz reflejada en ella lo que reducirá el brillo de la gema. El brillo adamantino del diamante tallado es muy difícil de duplicar, ni siquiera por aquellos materiales que presentan índices de refracción muy alto, como el rutilo sintético (2,61-2,90) y el titanato de estroncio (2,409) debido a la baja dureza que tienen (6 a 6,5 y 5 a 6) que impide dar a las facetas el terminado que se da a los diamantes, los cuales tienen facetas planas de pulido óptimo. La mayoría de las piedras preciosas tienen brillo vítreo, parecido al del vidrio (Figura 19). Las piedras preciosas presentan los siguientes tipos de brillo:

a. **Metálico:** Característico de los minerales metálicos, entre las gemas se puede citar la hematita.

b. **Adamantino:** Propio de los diamantes tallados y de las gemas transparentes de alto índice de refracción, ejemplo el rutilo sintético.

c. **Sub-adamantino:** De menor intensidad que el anterior, ejemplo el granate demantoide.

d. **Vitreo:** Característico de las piedras preciosas con índice de refracción no muy alto. Como ejemplo se pueden citar el cuarzo, berilo, topacio.

e. **Resinoso:** El lustre característico de la resina, ejemplo el ámbar.

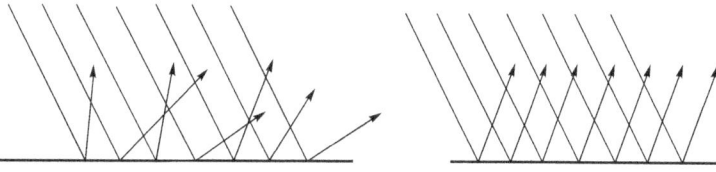

Brillo Regular
Reflexión de la luz en una superficie mal pulida

Brillo Óptimo
Reflexión de la luz en una superficie plana y pulida

Figura 19

Brillo también es la reflexión de la luz que ocurre tanto en la superficie como en el interior de la gema o de la sustancia. Se puede definir como la luz blanca que percibe una persona que emana de un diamante u otra piedra preciosa cuando se observa "Mesa hacia Arriba", entre las gemas transparentes el diamante es la que posee más brillo.

No hay ninguna gema transparente que iguale el brillo de un diamante, que halla sido tallado con las proporciones correctas y tenga un pulido óptimo, esto se debe a:

1. **Pulido**
2. **Índice de refracción**
3. **Transparencia**
4. **Proporciones de talla**

1. **Pulido:** Este afecta el brillo y la reflexión interna; un diamante bien pulido muestra un brillo superior al de cualquier otra gema.

2. **Índice de refracción:** Determina la cantidad de luz reflejada inicialmente sobre la superficie y también determina el tamaño del ángulo crítico. De éste ángulo dependerá la luz totalmente reflejada en las facetas del pabellón, y de que la luz que escape por el pabellón o por las facetas de la corona. Se puede decir que el diamante tiene el índice de refracción más alto de todas las piedras preciosas. Entre las imitaciones del diamante se halla el rutilo sintético y la moissanite sintética con índice de refracción superior, sin embargo, por ser ellos birrefringente, el rayo de luz refractada se debilita.

3. **Transparencia:** Afecta la transmisión de la luz. El diamante de calidad óptima y buena tiene gran transparencia, absorbe menos luz.

4. **Proporciones de talla:** Estas determinan la cantidad de luz reflejada y la que pueda perderse a través del pabellón "Escape de luz no planificada".

Por estas razones es que el diamante posee el mejor brillo entre todas las piedras preciosas.

10. Titilación

Son los haces de luz blanca o destellos de ella que exhiben las facetas pulidas de una gema, cuando el observador, la gema, o la fuente de luz se mueve.

Entre más grande sea la faceta, mayor será el titilar. Depende de:

1. El número de facetas, ya que cada una de ellas reflejará la luz de manera individual cuando la gema sea movida.
2. La calidad de pulido de las facetas, entre mejor sea el pulido de ellas, habrá menos difusión de la luz, por lo que la titilación será mayor.
3. De los ángulos de las facetas y de las proporciones de talla para lograr el mayor número de reflexiones visibles.

Aunque la titilación es más importante en el diamante, debido a que tienen mayor número de superficies reflexivas, también se considera en la talla de otras piedras preciosas.

El mejor efecto de titilación se obtiene haciendo facetas de tamaño normal, no muy grandes ni muy pequeñas, las facetas muy grandes producen haces de luz blanca muy grandes, mientras que las facetas muy pequeñas dan un aspecto poco nítido a la gema, es por esto que los diamantes melee de tamaño entre 0,005 y 0,015 se tallan en talla simple (16 facetas en total) y no en talla completa (58 facetas), ya que la multitud de facetas tan pequeñas, impide observar la reflexión de ellas.

La importancia de la titilación en diamantes de gran tamaño, se puede apreciar en algunos diamantes célebres, muchos de ellos presentan titilación deficiente, a pesar de su capacidad reflexiva, algunos han sido retallados de nuevo para anexarles más facetas.

Bibliografía

Bruton Eric
Diamantes - España 1983
Publicacions i Edicions de la Universitat de Barcelona

Babor Joseph y Aznáres - José Ibarz
Química General Moderna - 2da reimpresión España - 1968

Cavenago Bignami Moneta Speranza
Gemología Barcelona España - 1991

Gaal Robert A.P.
The Diamond Dictionary - Second Edition Gemological Instítute of América
Santa Monica - California U.S.A. - 1977

Gemological Institute of América
Diamond Course Santa Monica California U.S.A. - 1982

Hurlbut Cornelius S.Jr. y Kammerling Robert C.
Gemology - Second Edition U.S.A. - 1992

Hurlbut Cornelius S., Jr. y Klein Cornelis
Manual de Mineralogía de Dana
Tercera Edición - España - 1985

Hurlbut Cornelius S. Jr. y Switzer Georges S.
Gemología Ediciones Omega S.A. Barcelona - 1980

Instituto Gemológico Español
Estudios de Gemología - Madrid - España - 1973

Liddicoat T. Richard
"Handbook of Gen Identification" Eleventh Edition -1981 - USA

Marcos y Bartual, Aurelio
Piedras Preciosas y sus Imitaciones
Málaga - España - 1970

Revistas

Gems and Gemology Quarterly Journal of the Gemological Institute of America "GIA". California - USA

Rapaport Diamonds Report. New York, NY, USA

www.ingramcontent.com/pod-product-compliance
Lightning Source LLC
Chambersburg PA
CBHW080729300426
44114CB00019B/2527